* **Beisl:** kleine Kneipe, zweites Wohnzimmer. Dort, wo der Wiener noch Bürgermeister, Teamchef und der Herr im eigenen Haus ist ... bis er zahlt und heimgeht.

Besuchen Sie uns auf www.facebook.com/conbook

1. Auflage
© 2011 Conbook Medien GmbH, Meerbusch
Alle Rechte vorbehalten.

www.conbook-verlag.de
www.heimatbuch.de

In der Reihe »**Heimatbuch**« bisher ebenfalls erschienen:

Berlin	Murat Topal	ISBN 978-3-934918-84-9
München	Sarah Hakenberg	ISBN 978-3-934918-91-7
Ostfriesland	I. Lienemann, K. Jakob	ISBN 978-3-934918-87-0
Rheinland	Christan Bartel	ISBN 978-3-934918-89-4
Schwabenland	Holger Hommel	ISBN 978-3-934918-90-0
Westfalen	Mischa-Sarim Vérollet	ISBN 978-3-934918-93-1

Projektleitung und Lektorat: Christiane Barth
Einbandgestaltung: Linda Kahrl
unter Verwendung des Bildmotivs © istockphoto.com/Brasil2
Satz: David Janik

Druck und Verarbeitung: Ebner & Spiegel GmbH, Ulm

Printed in Germany

ISBN 978-3-934918-88-7

Die in diesem Buch dargestellten Zusammenhänge, Erlebnisse und Thesen entstammen den Erfahrungen und/oder der Fantasie der Autoren und/oder geben deren Sicht der Ereignisse wieder. Etwaige Ähnlichkeiten mit lebenden Personen, Unternehmen oder Institutionen sowie deren Handlungen und Ansichten sind rein zufällig. Die genannten Fakten wurden mit größtmöglicher Sorgfalt recherchiert, eine Garantie für Richtigkeit und Vollständigkeit können aber weder der Verlag noch die Autoren übernehmen. Lesermeinungen gerne an feedback@conbook.de

**Martin Buchgraber
& Joachim Brandl**

Im Beisl* Ihrer Majestät
WIEN
ein Heimatbuch

Wien hat eine öffentliche Seite: charmant, mit Schmäh, mit Fiakern, dem Riesenrad, mit Johann Strauß, den Schrammeln, dem Walzer und der Walzerseligkeit. Wien hat aber auch eine private Seite, die weniger glamourös ist: mit Würstelständen, dem Gürtel, den Beisln, Hundstrümmerln, Taxifahrern und den Nudisten auf der Donauinsel.

Als Rest-Österreicher (also als Nicht-Wiener) mag man Wien nicht besonders - weil man das so macht, weil die Eltern das schon so gemacht haben und weil das immer so war. Doch wenn man dann aus beruflichen Gründen aus der Provinz (alles, was nicht Wien ist) in die Hauptstadt zieht, bekommt man schlagartig ein schlechtes Gewissen. Weil Wien entgegen allen Erwartungen eine wunderbare Stadt ist. Und weil die Wiener gar nicht so sind, wie sie in vielen Schauergeschichten dargestellt werden, nämlich grantig, überheblich und schuld an dem Wind, der in Wien immer weht.

Martin Buchgraber und **Joachim Brandl** wagen das Abenteuer Wien - und entdecken eine bittersüße, herb-verführerische Metropole. Und sie machen Anfängerfehler, damit Sie als Leser diese Fehler nicht mehr machen müssen. Wie etwa, einen Kellner herbeizurufen. Er kommt, wenn er es für richtig hält.

Entdecken Sie Wien. Es zahlt sich aus.

Als Senkrechtstarter des österreichischen Kabaretts gelten **Buchgraber & Brandl** seit ihrem ersten gemeinsamen Auftritt beim Grazer Kleinkunstvogel 2004, bei dem sie auf Anhieb den zweiten Platz belegten. Inzwischen sind weitere Auszeichnungen hinzugekommen, ein Undercover-Schlageralbum und drei Bühnenprogramme entstanden. Besonders stolz sind Buchgraber & Brandl auf den Österreichischen Kabarett-Förderpreis und eine ehrenvolle Erwähnung beim Pischelsdorfer Schlagerfestival.

Im Grunde brauchen Martin Buchgraber und Joachim Brandl das alles gar nicht. Sie haben, was sie wollen. Sich, die Kunst und einen Traum, nämlich ein Stadion zu füllen, wenigstens ein ganz kleines.

Ein hohes Ziel, aber Buchgraber & Brandl sind hartnäckig. Und echt gut.

Inhalt

Vorwort	9
Wo sind die Wiener?	11
Durch Wien durch	17
Der Naschmarkt	26
Alles geht	34
Die Wiener Emotionen	40
Der Erste	48
Wiens Taxifahrer	54
Der Gürtel	60
Der Wiener Charme	65
Heast, Oida!	71

Inhalt

Grinzing	77
Das Sackerl für das Gackerl	84
Kabarett in Wien	90
Das Simpl	102
Am Würstelstand	107
Der Prater	116
Das öffentliche Wohnzimmer	126
Wege der Erinnerung	136
Büro der Literaten	144
Die Hermesvilla	154
Dörfer in der Stadt	160

Haare lassen	168
Die Donauinsel	173
Schönbrunn	182
Jeder muss einmal	188
Es ist alles schlecht	194
Wien und doch nicht Wien	201
Im Kaufrausch	210
Wien geheim	215
Die Tante Hedi	223
Wien ist tot	229
Am Zentralfriedhof	236

Inhalt

Alles Walzer   244

Rapid Wien   250

Wien ist wichtiger   257

10 Dinge, die man auf jeden Fall
getan oder gesehen haben muss   262

10 Wege, um auf jeden Fall
(negativ) aufzufallen   265

10 Spezialiäten, die nicht Tafelspitz
und Schnitzel sind   268

Wörterbüchlein   270

Glossar   275

Vorwort

Wien ist eine geteilte Stadt. Nicht wie Berlin es einst war, mit einer Mauer in der Mitte. Wien ist durchschnitten wie ein Schachbrett: Es gibt zwei Gegensätze, schwarz und weiß, und es gibt viele von diesen Gegensätzen. Und am Schluss kommt dabei ein Ganzes heraus – eine Stadt.

Wenn man einige Zeit in Wien gelebt hat, erkennt man, dass die einzige Grundstimmung, die sich quer durch alle Bezirke, alle sozialen, wirtschaftlichen oder politischen Gruppen zieht, die Ambivalenz ist. Wien ist *koid-woam* (kalt-warm), Wien ist süß-sauer, Wien ist laut-leise. Der Besucher kommt nach Wien und kann wählen, welche Stadt er gerne sehen möchte. Er kann beim nächsten Besuch eine andere Stadt sehen, beim nächsten wieder und so weiter. Und er wird lange nicht damit fertig werden, verschiedene Städte zu sehen.

Es gibt die geografische Teilung. Auf der einen Seite das historische Wien, die alte Stadt, auf der anderen Seite die beiden jüngsten Bezirke Floridsdorf und Donaustadt, dazwischen die Donau.

Es gibt die demografische Teilung. Die Wiener und die *Zuagrasten*, die Restösterreicher und sonstigen Zuwanderer. Es gibt den Gürtel und den Ring, den Heurigen und den Zentralfriedhof, Rapid und Austria, den Tafelspitz und den Kebab, die Döblinger und die Wohntürme in Alt-Erlaa.

Buchgraber & Brandl wollen Ihnen in diesem Buch Wien näherbringen. So wie wir die Stadt kennen und lieben gelernt haben. Als klassische Neo-Wiener, die voller Vorurteile in die Hauptstadt gezogen sind und bald feststellen mussten, dass alle Klischees der Wahrheit entsprechen. Und dass man Wien dafür umso mehr liebt.

Wo sind die Wiener?
Restösterreicher in Wien

Ein altes und in ganz Österreich verbreitetes Sprichwort sagt: »Wien wäre so schön ohne die Wiener!« Nun muss man sagen, dass das schon ein wenig gemein formuliert ist. Daraus spricht die Eifersucht der Österreicher auf die schöne Stadt, die vielen Touristen, die gute Sachertorte. Andererseits haben sich die Einwohner unserer Hauptstadt im Lauf der Jahre einen Ruf erarbeitet, der – sagen wir es diplomatisch – etwas zweifelhaft ist. Sie würden auf das Land herabschauen, heißt es da, sie würden sich für nichts und niemanden außerhalb der Stadtgrenzen interessieren, sie würden den Rest von Österreich mehr oder weniger als mindere Provinz betrachten. Vereinfacht gesagt – man unterstellt den Wienern, sich auf Wien was einzubilden. Und obwohl es nicht angeht, hier pauschale Verurteilungen abzugeben, muss man sagen, dass das a) stimmt und b) nervt.

Keine andere österreichische Stadt besingt sich selbst in so vielen Liedern, so vielen Sagen und Legenden. Dagegen gibt es beispielsweise keinerlei uns bekanntes Liedgut, das die Vorzüge der Städte Wörgl (Tirol), Feldbach (Steiermark), oder Spittal an der Drau (Kärnten) lobpreist. Wien zelebriert sich selbst auf eine Weise, die dem Rest der Österreicher ein wenig suspekt ist. Da haben wir auch schon einen Grund für diese Vorbehalte: »Restösterreicher« – eine charmante Wortschöpfung aus Wien, einer Stadt, die flächenmäßig gerade einmal 0,5 Prozent der Fläche Österreichs einnimmt. Diese Stadt erdreistet sich, das gesamte Land außerhalb der eigenen Stadtgrenzen als »Rest« zu bezeichnen. In dieselbe Kerbe schlägt die liebevoll gemeinte Redewendung »in die Bundesländer«. Alles, was nicht aus Wien ist, ist »aus die Bundesländer« (um die korrekte Fall-Form kann man sich in der Bundeshauptstadt nicht auch noch kümmern). Den Wienern ist es nämlich egal, aus welchem der anderen acht Bundesländer etwas stammt, sind doch alle gleich. Gleich unwichtig.

Als wir nach Wien gezogen sind, waren wir schon ganz gespannt auf den »echten Wiener«, der uns seit unserer frühen Kindheit in so schöner Regelmäßigkeit im Fernsehen vorgeführt wurde. Da natürlich auch der öffentlich-rechtliche Rundfunk in der Hauptstadt angesiedelt ist, gibt es nicht nur kein Liedgut aus anderen Städten Österreichs, auch praktisch alle heimischen Fernsehproduktionen spielen in Wien (oder in entlegenen Tiroler Bergdörfern, aber diese Sendungen werden fürs deutschsprachige Ausland produziert). Die Paradesendung in dieser Hinsicht hieß – um der Sache mehr Deutlichkeit als nötig zu verleihen – »Ein echter Wiener geht nicht unter«. Die ganz normalen Menschen aus dem ganz normalen Gemeindebau wurden da zu Kultfiguren erhoben. Mit Erfolg! Die Darsteller waren Stars, die Serie ein Hit – das ganze Land freute sich darüber, dass die Wiener so entlarvend vorgeführt wurden. Man war stolz darauf, kein Wiener zu sein, und darauf, nicht den ganzen Tag ein weißes Unterhemd zu tragen und Bier zu trinken. Der Spitzname der Hauptfigur, »Mundl« (von Edmund), wurde schließlich zum Synonym für den Prototypen des Wieners.

Und so haben wir uns richtig gefreut auf die ganzen *Mundln*, die uns in der schönen Wienerstadt empfangen würden. Wir haben uns gefreut auf den lieblichen Klang des Wiener Idioms, auf *Habe-di-Ehre*, *Oida* und *Gschissana* (Die Ehre ist ganz meinerseits, Alter, Geschissener – eine sarkastisch gemeinte Begrüßung unter Freunden oder eine echte Beleidigung).

Schon die Wohnungssuche brachte uns die erste Enttäuschung. Meine Maklerin war Serbin, Buchgrabers Vermieter aus Kärnten. »*Treff isch Sie um drei, gut?*« und »*Do muast lei a bissale wos molen.*« (Da muss man nur ein wenig ausmalen) war nicht das, was wir uns zu hören erhofft hatten. Also rein in den Alltag und rein in die Menge aus echten Wienern. Unsere erste Arbeitswoche brach an, freudig erregt marschierte ich los in Richtung Theater. Die Ersten, die mir über den Weg liefen, waren eine Gruppe orthodoxer Juden, die sich angeregt auf Hebräisch unterhielten und dann in schallendes Gelächter ausbrachen. Einer hatte offenbar gerade einen ausgezeichneten Witz erzählt. Auch der Ruf Wiens als Weltstadt war uns Provinzlern zugetragen worden – und gleich zu Beginn durfte ich die vielen Gesichter der Stadt sehen. Vorbei an einigen türkischen Läden und in die U-Bahn. Am Automaten neben mir unterhielten sich zwei junge Männer in breitestem Kärntnerisch. Im Waggon dann endlich eine echte Wiener Stimme, der Sicherheitschef der Wiener Linien sagte die nächste Station an. Aber doch auch enttäuschend, weil vom Band. Ich stieg von der U- in die Straßenbahn um, wieder keine echten Wiener, nur eine Gruppe von amerikanischen Schülern quakte durch den Waggon.

Im Theater stellte mir meine neue Chefin, eine Niederösterreicherin, die nach Wien pendelte, das Team vor: An der Technik ein Kärntner und ein Steirer, die in Wien studierten, und ein Kroate. Hinter der Bar eine Tirolerin, ein Burgenländer, eine Deutsche und eine Perserin (Wie der Kabarettist Michael Niavarani es formuliert: Die Iraner sind diejenigen, die Präsident Ahmadinejad bejubeln. Die Perser sind diejenigen mit der jahrtausendealten Hochkultur). Unser erster Dienstabend brach an, wir lernten einige Stammgäste kennen: aus Tschechien, Salzburg, aus der Nähe von Wien (beinahe!) und aus Kärnten. Der Künstler, der an diesem Abend auftrat, war übrigens Tiroler.

Wir feierten unseren Einstand und stießen darauf an, dass eine echte Wiener Institution wie unser Kleinkunsttheater jetzt von Restösterreichern geführt wurde (siehe *Wo die Wiener herkommen, Seite 15*).

In den folgenden Wochen trat ein Muster hervor – in Wien gibt es keine echten Wiener. Wir lernten immer neue Leute kennen, alle schon irgendwie Wiener, aber alle mit restösterreichischer Geschichte. Oder solche, die in Wien geboren worden sind, dann aber ihre gesamte Kindheit und Jugend woanders verbracht hatten und erst vor Kurzem mit schwerem Dialekt und ebensolchen Vorurteilen in ihre »Heimat« zurückgekehrt waren. Wir trafen Taxifahrer aus Marokko und Deutschland, Beamte aus Niederösterreich und der Türkei, Pizzabäcker aus Japan, Sushi-Zusteller aus Indien, England und Bolivien und *Trafikantinnen* (Tabakladenbesitzerinnen) aus Bosnien. Die Künstler kamen aus Oberösterreich, die Ärzte aus Kärnten. Die Politiker kamen woher es ihnen passte. Alles, nur keine Wiener. Allein die Straßenbahnschaffner konnten wir nicht einordnen, die reden nicht mit Fahrgästen. Wie um alles in der Welt konnten die Autoren jener Fernsehserie den »echten Wiener« porträtieren, wenn es ihn nicht mehr gab? Oder war die Serie eine Hommage an eine aussterbende Spezies? Und warum war in Wien immer von Restösterreichern die Rede, wenn doch ohnehin alle Bewohner aus Restösterreich, wenn nicht sogar der Restwelt stammten?

Die Erklärung mag in einer Eigenschaft Wiens liegen, die man als Restösterreicher erst erkennt, wenn man kein Restösterreicher mehr ist. Und die man dann gleichermaßen verflucht und bejubelt: Wer in Wien lebt, ist ein Wiener. So einfach ist das. Man kann gar nichts dagegen machen, so sehr man auch Restösterreicher bleiben will, die Stadt ist stärker.

Unsere letzte Hoffnung war der Bürgermeister Dr. Michael Häupl. Eine kurze Recherche im Internet ergab: geboren in Altlengbach, zur Schule gegangen in Krems – beides liegt in Niederösterreich.

Sehr enttäuschend.

Heimatgeschichte – Wo die Wiener herkommen

Wien war – man glaubt es kaum – einmal die viertgrößte Stadt der Welt, und zwar zwischen 1910 und 1918. Es war die Blütezeit der k. u. k. Monarchie, als Untertanen aus allen Kronländern in die Hauptstadt strömten. Und zwar mit einer Zuwachsrate, die heute kaum mehr vorstellbar ist: Von 1857 bis zum Ersten Weltkrieg wuchs die Bevölkerung der Stadt von 676.000 auf über 2,1 Millionen.

Ein gutes Fünftel der Zuwanderer kam aus Böhmen, Mähren und Österreichisch-Schlesien, je 15 Prozent aus Niederösterreich und dem Ausland, nur vier Prozent aus den übrigen heutigen österreichischen Bundesländern. Der Rest stammte aus den damaligen Kronländern im Osten und Südosten.

Seit der Monarchie hat sich die Mischung der Wiener nur gering verändert. Rund 20 Prozent der Wohnbevölkerung sind keine österreichischen Staatsbürger, die meisten Zuwanderer stammen aus der Türkei, Kroatien, Bosnien-Herzegowina, Serbien und Slowenien. Dazu kommen Polen, Tschechen, Ungarn und Rumänen. Rund 26.000 Deutsche leben in Wien und einige Tausend Menschen aus anderen EU-Ländern.

Quelle: www.wien.gv.at

Heimatspuren –
Restösterreicher, vereinigt euch

Was die Restösterreicher, die nach Wien gezogen sind, angeht, sind den Autoren keine genauen Zahlen bekannt. Es sind viele. Und sie versuchen alle, ihre regionale Identität zu behalten, wie ein kurzer Streifzug durchs Internet zeigt. Fast jedes Bundesland ist im »Wiener Exil« als Verein, Landsmannschaft oder Club organisiert. Es gibt die Kärntner Landsmannschaft, den Club Salzburg, den Tirolerbund, die Burgenländische Landsmannschaft, die Vorarlberger in Wien, den Verein der Oberösterreicher und die Steiermärker in Wien.

Die einzige Ausnahme bilden die Niederösterreicher. Das mag daher kommen, dass Niederösterreich einfach zu nahe an Wien ist (Wien ist in das Bundesland NÖ eingebettet) und dass Wien lange Zeit sogar die Landeshauptstadt war.

www.steirerinwien.at
http://klm1890.blogspot.com
www.clubsalzburg.at
www.tirolerbund.at
www.burgenlaender-landsmannschaft.at
www.vorarlberger.net
www.vereinooe.at

Durch Wien durch
Autofahren in der Hauptstadt

Was ein Restösterreicher ist, haben wir schon erklärt. Wien ist Wien, der Rest ist der Rest. Wenn man als Restösterreicher nach Wien zieht, ist man zuerst von der schieren Größe der Stadt erschlagen. Bewohner anderer europäischer Länder werden das vielleicht nicht verstehen können, Wien ist mit 1,7 Millionen Menschen zwar groß, im europäischen Vergleich aber im Mittelmaß. Für österreichische Verhältnisse jedoch ist Wien ein Moloch – rund ein Viertel aller Österreicher lebt in Wien. Die anderen drei Viertel nennen ihre Hauptstadt auch liebevoll den »Wasserkopf«. Die Größe bedingt einen anderen Faktor, den Zuwanderer aus den Provinzen gerne unterschätzen: die Distanz. Da verabredet Brandl sich schnell mal auf einen Kaffee in der Innenstadt, und dann ist er eine gute Stunde mit den öffentlichen Verkehrsmitteln unterwegs. Beim nächsten Mal ist er aber schlauer, sagt er sich, und nimmt das Auto.

Fehler.

Bevor wir nach Wien gezogen sind, kannten wir drei verschiedene Arten, Wien mit dem Auto zu bereisen. Wir kannten das An-Wien-vorbei-Fahren – immer dann angewandt, wenn wir nicht nach Wien wollten, sondern woanders hin.

(Interessanterweise ist das bei den meisten Restösterreichern die beliebteste Art, Wien zu bereisen.) Außerdem kannten wir das Nach-Wien-hinein-Fahren – das machen eigentlich nur die Busfahrer, die Reisegruppen von Restösterreichern zu kulturellen Veranstaltungen bringen und danach wieder abholen. Die dritte Art der Wien-Reisen war schon immer mehr Mythos als Fakt, nur wenige haben es versucht, kaum jemand kann davon berichten. Die bloße Vorstellung davon lässt den Restösterreicher erschaudern. Schon in ihrer Kindheit wurden wir von unseren Eltern mit der Drohung zur Räson gebracht: »Wenn du nicht brav bist, dann setz ich dich ins Auto und fahr mit dir *durch Wien durch.*«

Seitdem wir nach Wien gezogen sind, haben wir eine neue Beobachtung gemacht. Die eingeborenen Wiener fahren sehr wohl durch Wien durch. Jeden Tag sieht man sie, zu Tausenden stehen sie in ihren Autos auf den Straßen herum. Daraus folgt: Wenn man Wiener ist, kann man durch Wien durch fahren und später noch darüber berichten. Wir machten die Probe aufs Exempel, als Buchgraber im Zuge der Übersiedlung in ein Möbelhaus musste. Ich bot meine Hilfe an.

In Wien kann man fast alle Einkäufe in der großen Shopping-City im Süden der Stadt erledigen, aber eben nur fast alle. Es gibt dann immer noch das *eine* Ding, das man unbedingt braucht und das es nur in dem *einen* Geschäft gibt. Und wenn der eigene Wohnort und die Shopping-City eine gerade Linie bilden und man über dieser Linie ein gleichseitiges Dreieck errichtet, dann liegt dieser *eine* Shop mit Sicherheit dort, wo die Spitze dieses Dreiecks liegen würde. Und zwar unabhängig davon, in welchem Teil der Stadt man lebt.

Wir bestiegen meinen kleinen grünen Skoda, atmeten ein letztes Mal tief durch und reihten uns in den Verkehr ein. Ein Autofahrer mit Salzburger Kennzeichen ließ uns vor sich in die Kolonne, er war an diesem Tag der Einzige, der eine derartige Freundlichkeit an den Tag legte. Zuerst ging es den berühmt-berüchtigten »Gürtel« entlang. Das ist die Hauptverkehrsader der Stadt, die das Zentrum im Westen halb umrundet. Der Verkehr gestaltete sich zäh fließend, mit kleinen Sprints zwischen den Ampeln. Wir hielten fleißig mit und lernten schnell zwei Grundregeln, die es im Wiener Verkehr zu beachten gibt.

Grundregel 1: Wer mit seinem Auto an einer roten Ampel in vorderster Reihe steht, sollte sich auf ein Hupkonzert der anderen Verkehrsteilnehmer einstellen. Dieses hat er durch eine von zwei möglichen Provokationen selbst verschuldet. 1a) Entweder hat er auf das grüne Licht gewartet oder 1b) er hat zwischen Grünlicht und Anfahren mehr als 0,5 Sekunden verstreichen lassen. Hupkonzerte treffen ganz besonders Fahrer mit Nicht-Wiener Kennzeichen. Die sind böse Fremdkörper und haben somit überhaupt kein Recht, ein Hindernis darzustellen.

Grundregel 2: Wer an einer roten Ampel nicht in der ersten Reihe steht, macht sich seinerseits zum Hupen bereit. Die Wiener haben vielleicht ein goldenes Herz, aber sicherlich keine Zeit.

Aber auch der Spaßfaktor kam am Gürtel nicht zu kurz. Während ich jede Lücke nutzte, um schneller voranzukommen, versuchten alle anderen Autofahrer ihrerseits, jede Lücke zu schließen. Das war vor allem dann der Fall, wenn ich den Blinker betätigte. Immerhin zeigte ich damit eine Lücke an, die es zu schließen galt, die Fahrer hinter mir gaben auf der Stelle Vollgas. Wir verließen den Gürtel und bogen auf den Autobahnzubringer ein. Auch hier wurde überholt, wo immer Platz war. Und ein bisschen Platz war offenbar überall, es musste ja nicht viel sein.

Wir erreichten die Shopping-City und erledigten unsere Einkäufe. Wir haben auch alles bekommen – fast alles. Es gab da nämlich noch dieses *eine* Ding, das es nur in diesem *einen* Geschäft gab, und das lag eigenartigerweise ganz am anderen Ende der Stadt. Aber was soll's, dachten wir uns, wir sind ja jetzt echte Wiener, folglich schaffen wir das. Außerdem waren wir damals schon echte Männer, die sich schon von Natur aus in der Stadt, in der sie sich gerade befinden, auskennen. Dementsprechend hatte ich auf den Kauf eines Navigationsgeräts verzichtet. Die alte Straßenkarte musste es auch tun. War ja einfach – auf dem Papier. Einmal quer durch die Stadt. Nix dabei.

Wir nahmen dieselbe Autobahn, die uns ins Shoppingcenter gebracht hatte. Wo es aus der Stadt rausgeht, muss es auch wieder reingehen. Was man allerdings nicht sieht, wenn man aus der Stadt raus fährt, sind die unzähligen Möglichkeiten, in die Stadt rein zu fahren. Um nur einige zu nennen: Industriezentrum Süd, Wiener Neudorf, Vösendorf, Altmannsdorf, Inzersdorf, Triesterstraße, Schwechat, Favoriten, Simmering, Bratislava, St. Marx, Erdberg, Handelskai, Ölhafen Lobau, Stadlau, Kaisermühlen, Kagran und Zentrum. Weil wir als Wien-Anfänger mit all diesen Richtungsangaben nichts anfangen konnten, und wir das Zentrum unserer schönen Heimatstadt Graz (mit ihren 300.000 Einwohnern) ja auch recht übersichtlich in Erinnerung hatten, entschieden wir uns, den direkten Weg mitten durch die Stadt zu nehmen. Achtung – Fehler.

Niemals sollten Sie, geschätzte Leser, Ihren Wagen ins Zentrum von Wien lenken. Da stehen auf Kreuzungen Autowracks aus den 60ern, die von ihren verzweifelten Besitzern einfach zurückgelassen wurden. Da schleicht des Nachts zwielichtiges Gesindel herum und überprüft Ihre Parkgenehmigung (siehe *Parken in Wien, Seite 24*). Da fahren brennende Kutschen, gezogen von beinernen Gäulen, und wenn man sich einmal hinter ihnen eingereiht hat, gibt es kein Entrinnen mehr, bis man vor dem goldenen Johann Strauß angelangt ist. Im Ernst: Das Zentrum macht einfach keinen Spaß. Vor allem der 1. Bezirk ist ein wahres Labyrinth. Der mittelalterliche Stadtkern, obwohl modernisiert und entschärft, kann Menschen regelrecht verschlucken.

Schuld ist ein ausgeklügeltes Einbahnsystem, das von Verkehrsplanern zunächst als verkehrsberuhigende Maßnahme erdacht wurde, dann aber völlig außer Kontrolle geraten ist. Als auch der Letzte der Planer in dem Irrgarten auf Nimmerwiedersehen verschollen war, hat die Stadt das Projekt beschämt in eine der unteren Schubladen gelegt und dort »vergessen« – in der Hoffnung, dass keiner was merkt.

Nicht immer darf man dorthin, wo man hinwill

Buchgraber und ich waren immer noch guter Dinge, wir beschlossen, den »Zentrum«-Schildern eine Weile zu folgen und dann einfach geradeaus weiterzufahren, denn dann müssten wir zwangsläufig auf der anderen Seite des Zentrums wieder herauskommen. Was wir nicht wussten, war, dass man im Zentrum von Wien nicht geradeaus fahren kann. Schuld ist oben genanntes Einbahnsystem. Wir näherten uns einer kleinen Kreuzung und konnten vor unserem geistigen Auge unser Ziel schon fast vor uns sehen.

Da stand es, winkte einladend herüber, freute sich auf uns. Doch da stand auch ein »Einfahrt verboten«-Schild, wir mussten rechts abbiegen. Kein Problem, wir bogen rechts ab. Bei der nächsten Kreuzung würden wir einfach wieder links fahren, dann noch einmal links, dann rechts und schon wären wir um den Block herum und wieder auf Kurs. Wieder eine Einbahn. Auch kein Problem, dann würden wir eben um den anderen Block herum fahren, also noch zweimal rechts, und wir wären wieder auf Kurs. Ging auch nicht. Wir fuhren also rechts, rechts, links, rechts, noch einmal rechts, links, zweimal rechts, blieben mitten auf der Straße stehen und fragten nach dem Weg. Ein Juwelier erklärte uns, das sei ganz einfach, wir müssten nur die Zweierlinie (siehe *Die Zweierlinie, Seite 25*) entlang fahren. Wir hakten nach, was denn bitte die Zweierlinie sei. Die Antwort ging in einem Hupkonzert der Autofahrer hinter uns unter. Also weiter! Durch eine kleine Unterführung – da waren wir noch nie, oder? – über einen hübschen Platz, wieder links, eine Weile geradeaus, weil wir weder links noch rechts abbiegen konnten, an einem Park vorbei – im Zentrum gibt es keine Parks, dachte ich noch – und schon waren wir auf der Ringstraße. Schön, aber nutzlos. Nicht die Ringstraße an sich, die hat schon ihren Nutzen. Man kann dort flanieren, fotografieren, demonstrieren. Nur in dem Moment, in dem wir eigentlich auf die andere Seite des Zentrums wollten, war die Ringstraße nicht von großem Nutzen, weil geografisch völlig falsch gelegen.

Wir bogen von der Ringstraße ab und ließen uns diesmal von der Sonne leiten. Männer können an sich recht gut mit den Himmelsrichtungen navigieren. Ich erspare Ihnen an dieser Stelle die genaue Abfolge der Abzweigungen, lassen wir es dabei bewenden, dass es viele waren. Wir endeten auf dem hübschen Platz, auf dem wir zuvor schon einmal gewesen waren. Das ist ein Fortschritt, dachten wir uns, immerhin wissen wir jetzt wieder, wo wir sind. Nämlich auf dem hübschen Platz im Zentrum von Wien, südöstlich von diesem einen berühmten Gebäude an der Ringstraße, das doch der Dings gebaut hat. Wir fragten wieder nach dem Weg. Ein anderer Juwelier (im 1. Wiener Gemeindebezirk gibt es mehr Juweliere als Mozart-Doubles, die Flyer verteilen) zeigte uns einen Plan und schickte uns auf die Zweierlinie. Immer weiter ging's, Richtung Zweierlinie, immer durch Einbahnen, entweder im Schleichtempo hinter Fiakern her oder gehetzt von Wiener Taxifahrern, für die wir wegen unseres Noch-Grazer Kennzeichens böse Fremdkörper waren, die es zu beseitigen galt. Wieder auf dem hübschen Platz. Der muss aber beliebt sein, dieser Platz, dachten wir uns, so viele Wege führen hierher. Lustig. Beim nächsten Mal fanden wir es schon weniger lustig, bemerkten aber, dass vor allem die nordöstliche Seite des hübschen Platzes besonders hübsch gestaltet war. Weiter! Beim vierten Besuch auf dem hübschen Platz hätte ich es am liebsten angespuckt, das hübsche Kopfsteinpflaster auf dem hübschen Platz. Es wurde langsam dunkel. Buchgraber wollte noch einen letzten verzweifelten Versuch starten und einen Juwelier nach dem Weg fragen, ich ließ die Vernunft siegen. Wir riefen ein Taxi (siehe *Taxis, Seite 25*) und baten den Fahrer, uns nach Hause zu lotsen. Der wollte witzig sein und meinte, wir hätten uns nur nach Westen halten müssen, und dann die Zweierlinie entlang.

Der simple Ausflug zum Shoppingcenter schlug schließlich wie folgt zu Buche: sechs Stunden unterwegs, 92 gefahrene Kilometer, Benzinverbrauch 17 Liter (ein Skoda Baujahr 1992 ist gerade im Stadtverkehr nicht zimperlich), Benzinkosten: € 23,63, drei Dosen Red Bull, zwei Schokoriegel.

Conclusio: Ich habe mir ein Navigationsgerät gekauft, Buchgraber fährt jetzt U-Bahn.

ℋeimatwissen – Parken in Wien

Im Zentrum von Wien gilt eine flächendeckende Kurzparkerlaubnis, Mo–Fr (werktags) 9–22 Uhr. Sie umfasst die Bezirke 1, 2, 3, 4, 5, 6, 7, 8, 9 und 20. Im 15. Bezirk gilt rund um die Stadthalle eine eigene Regelung: 1. September bis 30. Juni 18–23 Uhr. Man darf hier maximal 2 Stunden mit einem Parkschein stehen bleiben. Die Zonen sind an ihren Grenzen markiert, innerhalb der Zonen gibt es keine weiteren Hinweise. Auch in den äußeren Bezirken von Wien gibt es immer wieder Straßenzüge oder -abschnitte, in denen eine Kurzparkzone eingerichtet ist.

Parkscheine bekommt man in *Trafiken* (Achtung: Die meisten *Trafiken* – Tabakladen, Kiosk – in Wien machen Mittagspause!), in vielen Tankstellen, Banken, an Ticketschaltern der Wiener Linien und in Bahnhöfen.

½	Stunde	€ 0,60
1	Stunde	€ 1,20
1 ½	Stunden	€ 1,80
2	Stunden	€ 2,40

Kurzes Halten bis 10 Minuten ist kostenlos, man muss dazu allerdings einen lila Parkschein mit der Ankunftszeit ausfüllen und ins Fahrzeug legen.

Neben den flächendeckenden Parkzonen gibt es in allen Bezirken auch die sogenannten linearen Kurzparkzonen. Diese sind mit eigenen Verkehrszeichen ausgeschildert. Alle wichtigen Informationen sind auch auf www.parkeninwien.at zusammengefasst.

An vielen Stadteinfahrten gibt es Park & Ride-Anlagen. Dort können Sie das Auto direkt neben U- oder S-Bahn-Stationen abstellen. Infos und Tarife unter www.parkandride.at

Man kann Parkscheine auch mit dem Handy lösen. Infos darüber gibt's auf www.handyparken.at

Wien verfügt über ein ausgezeichnetes Netz an öffentlichen Verkehrsmitteln: www.wienerlinien.at

Heimatwissen – Taxis

Wien hat zahlreiche Taxiunternehmen, hier drei Telefonnummern, die man sich problemlos merken kann:

* +43 (0) 1 / 40 100
* +43 (0) 1 / 31 300
* +43 (0) 1 / 60 160

Heimatwissen – Die Zweierlinie

Die Zweierlinie ist ein Straßenzug, der außerhalb parallel zur Wiener Ringstraße verläuft. Er wurde am äußeren Rand des Glacis genannten Schussfeldes errichtet, nachdem Mitte des 19. Jahrhunderts die Stadtmauer abgetragen wurde. Und zwar zuerst als »Lastenstraße«, um den Lastenverkehr von der repräsentativen Ringstraße fernzuhalten. Der Name Zweierlinie rührt daher, dass ab 1907 einige Straßenbahnlinien diese Route befuhren und dass die Lastenstraße die Strecke Nummer zwei war – die Ringstraße war natürlich wieder die Nummer eins.

In den 60er- und 70er-Jahren des letzten Jahrhunderts wurden einige Straßenbahnlinien in einen Tunnel unter die Erde verlegt, daraus ist später die U-Bahn-Linie U2 hervorgegangen. Wichtig ist die Zweierlinie unter anderem, weil die Ringstraße eine Einbahn im Uhrzeigersinn ist – die Zweierlinie kann auch in der Gegenrichtung befahren werden.

Der Naschmarkt
Schauen und kosten

Wenn man einen freien Tag hat in Wien und nicht so recht weiß, was man mit diesem anstellen soll, und wenn das Wetter schön ist und somit die Museen der Stadt wenig attraktiv erscheinen, und man zu spät aufgestanden ist, um sich einer ausgiebigen Erkundungstour hinzugeben, dann lautet eine beliebte Option: Schauen wir auf den Naschmarkt. Der Naschmarkt erstreckt sich vom Karlsplatz und der berühmten Wiener Secession (siehe *Secession, Seite 32*) nach Westen und ist *der* Wiener Markt. Wobei – wobei »Markt« in diesem Fall nicht mehr ganz das richtige Wort ist. »Genuss-Bezirk« trifft es eher. Neben den klassischen Marktständen, die Fleisch, Käse und Gemüse anbieten, gibt es inzwischen mindestens genauso viele Restaurants, Imbissbuden sowie Gewürz- und Süßwarenhändler aus allen vier Himmelsrichtungen. Ein El Dorado für Naschkatzen. Wie auch ich eine bin, das muss ich an dieser Stelle offen zugeben.

Ein solch freier Tag kam, ich wusste nicht so recht, was ich anstellen sollte, und schaute also zum ersten Mal auf den Naschmarkt. Sofort wurde mit klar, warum man sagt: Man schaut auf den Naschmarkt. Weil man das dort hauptsächlich macht: schauen. Man schaut, was es so gibt, man schaut, ob man findet, was man sucht, oder man schaut den anderen beim Schauen zu – und nicht wenige schauen, wo sie möglichst schnell das nächste Viertel Wein herbekommen. Ich habe mich zuerst einmal nur vorsichtig umgeschaut.

Da fiel mit etwas auf: Die Menschen am Naschmarkt waren etwas anders als die übrigen Menschen in Wien. Was eigenartig war, weil der Naschmarkt in Wien liegt, aber fast schien es, als gäbe es zwischen dem Naschmarkt und dem Rest von Wien eine unsichtbare Grenze. In Wien legen die Menschen einen oft etwas herb anmutenden Charme an den Tag, das haben wir schon geklärt. Am Naschmarkt waren die Menschen eine entscheidende Spur freundlicher, offener und entspannter. Sie redeten miteinander, sie scherzten, sie tratschten. Und damit nicht genug! Die Menschen waren nicht nur freundlich, sondern obendrein auch noch freigiebig. Ich war erstaunt. Immer wieder steckten Verkäufer ihren potenziellen Kunden kleine Kostproben zu, um sie von der Qualität der Ware zu überzeugen.

Nun ist das auf Bauernmärkten in ganz Österreich nicht unüblich, die Menge der Happen am Naschmarkt überraschte mich aber doch. Zuerst griff ich nur zögerlich zu, später wurde ich immer selbstbewusster – beinahe fordernd. Auch ohne etwas angeboten zu bekommen, streckte ich die Hand aus, um dem Händler zu signalisieren: Hier bin ich, bereit zum Konsum, jetzt wollen wir mal sehen, wie sehr du mich willst. Die Antwort war ernüchternd – sie wollten mich schon, aber nicht so sehr, wie ich dachte. Immer wieder kamen mir nämlich kleine süße Kinder in die Quere, die das abstaubten, was mir zugestanden wäre. Sobald ich mich auf eine exotische Köstlichkeit freute, wurde diese verschleudert an kleine verklebte Hände. Hände, die es nicht einmal schafften, die Köstlichkeit im Ganzen in den kleinen schokoladeverschmierten Mund zu befördern – eine Hälfte landete mit trauriger Regelmäßigkeit auf Jacken, in Taschen oder auf dem Boden. Und trotzdem freuten sich immer alle, dass es dem kleinen Racker so gut schmeckte! Ich war frustriert, aber in mir reifte eine Idee.

Bei nächster Gelegenheit handelte ich. Ich lieh mir meine dreijährige Nichte Melanie aus, die sich über einen Tag mit dem Onkel freute. Außerdem lieh ich mir Buchgraber aus, der auch noch den Sohn eines Freundes, vier Jahre alt und ein Max, mitbrachte. Gemeinsam machten wir uns auf den Weg zum Naschmarkt. Nach einer kurzen Aufwärmphase, in der die Kinder herumtollten und Buchgraber das tat, was Naschmarkt-Neulinge eben so tun (schauen), weihte ich die Gruppe in mein Vorhaben ein. »Heute«, sagte ich, »werden wir einen Tag lang gratis essen.« Max mochte essen, Buchgraber mochte gratis und Melanie mochte die Heimlichtuerei.

Der Plan war einfach. Wir würden über den Markt streifen und alles nehmen, was uns angeboten würde. Unabhängig von Herkunft, Qualität oder Konsistenz der einzelnen Kostprobe, es ging einzig um die Menge. Viele kleine Happen machen auch ein Menü, und wenn's dem einen nicht schmeckt, sind immer noch die anderen da. Mein Plan sah vor, die Gruppe zu teilen – die Geografie des Ortes ist dafür wie geschaffen. Der Naschmarkt ist nicht sonderlich breit, dafür lang gezogen. Er liegt zwischen den beiden Straßenzügen Rechte Wienzeile und Linke Wienzeile, direkt über dem früheren Flussbett der Wien, das Ende des 19. Jahrhunderts überbaut wurde. Dasselbe frühere Flussbett wird übrigens inzwischen von der U-Bahn-Linie 4 befahren, Fluss und Bahn teilen sich denselben Tunnel. Somit gehen sich aus Platzgründen auf dem Markt nur zwei »Hauptstraßen« aus, die der Länge nach zwischen den Ständen hindurchführen (siehe *Naschmarkt, Seite 32*).

Den anderen waren diese Ausführungen herzlich egal, Max freute sich aufs Essen, Buchgraber aufs gratis und Melanie musste aufs Klo. Das Unternehmen startete mit geringfügiger Verspätung.

Ich setzte Melanie auf meine Schultern und zog in der einen Hauptstraße los, Buchgraber und Max nahmen die andere Straße. Die Genialität meines Plans wurde mir erst jetzt so recht bewusst, ich hätte keinen besseren Platz für dieses Unternehmen finden können. Von links lockte getrocknetes Obst, von rechts Curry, vom nächsten Stand Prosciutto, dazwischen fand man griechischen und französischen Käse und Äpfel aus der Steiermark. Daneben pries ein Händler Hunderte verschiedene Gewürze an, ein anderer Essiggurken, ein weiterer Döner und Falafel. Es gab Nüsse, Oliven, Datteln, Heidelbeeren, Parmesan, Öle in verschiedensten Aromen, Maulbeeren, Linsen, Honig, Pfeffer, Sauerkraut, Reis und Sushi.

Die Düfte vermischten sich auf eine ganz sonderbare Weise – es roch scharf, süß, sauer, verlockend und abstoßend, fischig und würzig. Nach Italien roch es, nach Persien, nach Ungarn. Je nachdem, in welche Himmelsrichtung man seine Nase streckte, man wähnte sich in einem anderen Teil der Welt. Griechischer Schafskäse verhieß Strand und Sonne und Sirtaki, man dachte an Abende in der Taverne, wo man Retsina trinkt und Weißbrot in Olivenöl tunkt. Feigen und Datteln entführten in den Orient, in die Wüste. Vor dem geistigen Auge türmten sich Sanddünen auf, die von Vorarlberger Bergkäse schlagartig in Almweiden verwandelt wurden. Kamele staksten über grüne Berghänge, der Senner rauchte Wasserpfeife. Erst der Duft gegrillter Käsekrainer (siehe *Käsekrainer, Seite 33*) brachte mich zurück nach Wien. Fast schien es, als hätte sich hier nicht nur eine kulturelle Enklave gebildet, nein diese Enklave hatte auch noch einen Gutteil der bekannten Welt zum Essen eingeladen, und jeder musste was mitbringen.

Mein Tipp an Sie, werte Leserinnen und Leser, gehen Sie auf den Naschmarkt nicht nur, um zu schauen, beim

Schauen kann man allzu leicht was übersehen. Setzen Sie sich ein Ziel, suchen Sie *eine* Sache und Sie werden eine kleine Welt entdecken. Für mich erwachte der Markt zum Leben. Ich plauderte mit fremden Menschen über Kochrezepte, Politik und das Wetter. Ich verstrickte mich heillos in den Versuch, einem Ehepaar aus Lyon zu erklären, was Schmalz ist. Mein Schulfranzösisch brachte mich nur ein Stück weit. Wir waren uns einig, dass es sich um ein tierisches Produkt handelte. Offen blieb allerdings, von welchem Tier und welcher Teil des Tieres dafür verarbeitet wurde. Von der Delikatesse bis hin zur regionalen Absonderlichkeit war alles offen. Gerettet wurde ich von einem Herrn aus dem Sudan, der das Gespräch einige Minuten lang belauschte und meine wachsende Verzweiflung zuerst mit Amüsement und dann mit Mitleid betrachtete. Er ging kurz dazwischen, schaute uns einige Sekunden lang an und meinte dann nur: »Saindoux«. Die Franzosen waren entzückt, ich war erlöst.

Melanie fand eine kleine Freundin, mit der sie sich die U-Bahn von oben ansah. An einigen Stellen ist der unter dem Markt liegende U-Bahn-Tunnel nicht überdacht, man kann auf Brücken stehen und den Fahrern zuwinken, die unter einem durchbrausen. Zu ihrer großen Freude winkten beinahe alle zurück.

Ein Händler erzählte uns, dass er seine alte Heimat Ägypten mit vier Jahren verlassen hatte. Inzwischen sei er waschechter Wiener, nur für die Touristen würde er noch hin und wieder den Akzent seiner Eltern imitieren. Nervig, aber gut fürs Geschäft. Melanie streckte eine verklebte Hand aus, der ägyptische Wiener grinste, sagte: »*Du sollst chaben langes Lebben!*«, und überreichte ihr feierlich eine Dattel.

Ein kleines süßes Kind war tatsächlich der Schlüssel zu den Herzen und Waren der Händler! Und Melanie war nicht nur besonders klein, sondern auch besonders süß. Wir beendeten den ersten Durchgang mit einer Handvoll Nüssen, zwei Falafeln, vier Oliven, zwei getrockneten Äpfeln, einer Erdbeere vier gebrannten Mandeln, einem Stück Trüffelkäse aus dem Piemont, zwei gerösteten Kichererbsen, zwei verschiedenen Blättern Salami und der oben erwähnten Dattel. Buchgraber war außerdem ein ziemlich starker Grappa, Max sogar ein kleines Eis vergönnt.

Jetzt erst spielte ich meinen Trumpf aus: Kindertausch. Die Verkäufer können sich vielleicht einzelne Gesichter merken, aber nicht, wenn diese in neuen Kombinationen auftauchen. Wir zogen in veränderter Besetzung erneut los, anschließend setzten wir noch eine Schlussrunde zu viert drauf. Dann wurde mir flau im Magen. Wie jede große Unternehmung forderte auch diese ihren Tribut. Ich verlor ein Büschel Haare, weil Melanie mir irgendwas besonders Klebriges in die Frisur tropfte. Buchgraber hatte Blasen an den Füßen und ein leicht geschwollenes Auge, weil Max sein zweites Eis vehement zu verteidigen wusste. Die Kinder waren glücklich und satt, ihre Eltern hatten allerdings einige Tage lang mit einer unerklärlichen Appetitlosigkeit der Kleinen zu kämpfen.

Mein Fazit: Ich habe mich an diesem Tag in den Naschmarkt verliebt. Nicht nur, weil man sich dort kulinarisch verwöhnen lassen kann. Es war etwas anderes: Ich war bis zu diesem Tag ein Fremder in der Stadt, die ich als groß und ein wenig unnahbar empfand. Am Naschmarkt war ich mit einem Mal nur noch ein Fremder unter vielen – und doch waren wir alle Wiener. Ich war in der großen weiten Welt unterwegs und gleichzeitig zu Hause. Erst die Fremden machen Wien zu dem, was es ist. Österreich war immer schon eine Melange aus Kulturen und Sprachen, und das ist es noch heute. Der Naschmarkt ist das schönste Beispiel dafür, dass diese Stadt mehr ist als die Summe der einzelnen Teile.

ℋeimatgeschichte – Secession

Die Wiener Secession war zuerst eine Gruppe bildender Künstler in Wien, die sich in der Zeit des Fin de Siècle als Gegenpol zum Konservatismus und Historismus bildete. Ein berühmter Vertreter ist Gustav Klimt. Die Gruppe bekam 1898 ein eigenes Ausstellungshaus, das in Wien kurz »die Secession« genannt wird. Berühmt ist das Gebäude vor allem durch seine goldfarbene Kuppel. Es dient noch heute als Ausstellungsgebäude für zeitgenössische Kunst.

ℋeimatgeschichte – Naschmarkt

Die Geschichte des Naschmarktes beginnt mit einem Mistplatz. Im Mittelalter, als die Wien noch unreguliert von Westen her auf die Stadt zufloss, wurde an den Ufern der Wien Asche abgeladen, später hat sich an derselben Stelle ein kleiner Milchmarkt etabliert.

1780 wurde ein anderer, nämlich der innerhalb der Stadt gelegene Obst- und Gemüsemarkt auf der Freyung, vor die Tore Wiens verlegt, an die Stelle des schon existierenden Milchmarktes. Der Name: Kärntnertormarkt. Kurz darauf wurde sogar verordnet, dass alles Obst und Gemüse, das von außerhalb der Stadt mit dem Wagen nach Wien gebracht wird, hier verkauft werden muss.

Zu Beginn des 20. Jahrhunderts wurde der Wienfluss reguliert und schlussendlich überbaut, neue Fläche wurde damit auch für den Markt gewonnen. Gleichzeitig lief der Markt Gefahr, erneut weichen zu müssen, da die Linke und Rechte Wienzeile zum Prachtboulevard in Richtung Schloss Schönbrunn ausgebaut werden sollten. Der Erste Weltkrieg vereitelte diese Pläne.

Für die Herkunft des Namens »Naschmarkt« gibt es einige mögliche Erklärungen. Der Markt an dieser Stelle wurde immer schon »Aschenmarkt« genannt, wegen der Aschedeponie vergangener Tage. Als sich später der Milchmarkt etabliert hatte, wurden die Milchbehälter als »Asch« bezeichnet. Von diesen Bezeichnungen war es nur eine kleine Lautverschiebung zu den Naschereien aus aller Herren Länder, die auf dem Naschmarkt feilgeboten wurden. 1905 wurde der Naschmarkt auch offiziell auf diesen Namen getauft.

Quelle: www.wienernaschmarkt.eu

Heimatküche – Käsekrainer

Eine Käsekrainer ist eine Wurst, die an keinem österreichischen Wurststand fehlt. Sie ist eine Abwandlung der Krainer Wurst, die ihre Wurzeln in der Landschaft Krain in Slowenien hat. Sie besteht aus Schweinefleisch, Rindfleisch und Speck, mit Knoblauch und Pfeffer gewürzt. In der Käsekrainer sind außerdem Käsestücke verarbeitet, sie wurde angeblich erst in den 1980er-Jahren in Österreich erfunden. Im Großteil Österreichs werden die Würste gekocht und dann mit Senf und geriebenem Kren serviert. Die Wiener Wurstbrater werfen die Käsekrainer zumeist auf den Grill.

Im Wienerischen werden Käsekrainer als »Eitrige« bezeichnet – ein wenig schmeichelhafter Name für eine regionale Spezialität, die man unbedingt versucht haben muss.

Alles geht
Beim Herrn Volksschauspieler in Margareten

Als Kollege Brandl und meine Wenigkeit noch keine »echten Wiener« waren, sondern in ihrem geliebten Graz wohnten, da mussten wir uns immer auf Herbergssuche begeben, wenn wir einen Auftritt in Wien hatten. Unterschlupf fanden wir in der ersten Zeit immer beim, wie wir ihn schlicht nennen, »Herrn Volksschauspieler«. Und das mit dem Herrn Volksschauspieler ist jetzt nicht einfach so dahingeschrieben, sondern er ist wirklich einer – und was für einer ... (siehe *Volksschauspieler, Seite 38*)

Eigentlich kommt der Herr Volksschauspieler ja aus den Untiefen des Südburgenlands – für die, die es ganz genau wissen möchten: aus Kemeten. Ein Ort, den man meistens nur dann kennenlernt, wenn man zur Therme Stegersbach will – und da lernt man auch nur die Umfahrung von Kemeten kennen. Für den Herrn Volksschauspieler ging es von Kemeten (dem Wilden Westen des Südburgenlands) hinaus in die weite Welt. Zuerst nach Graz, wo ich ihn vor vielen Jahren kennenlernen durfte. Ebenda besuchte er die Schauspielschule, wurde aber nach einem Jahr von selbiger geworfen, weil er einer ist, der nicht so leicht in irgendeine Schublade passt. Und so spielte er in der freien (und auch weniger freien) Grazer Theaterszene auf jeder Bühne. Jeder kannte und mochte ihn, den Luibert. Luibert ist sein *Vulgoname*, also der Haus- oder Rufname.

Eines Abends sagte er zu Buchgraber nach einer Vorstellung: »*Wast. Und jetzan her i auf in Graz. Wos sull i do no erreichen?*« (Weißt du, Martin. Und jetzt werde ich hier in Graz meine Tätigkeiten beenden. Sag mir bitte, was soll ich denn hier noch erreichen?) Sprachs und weg war er. Er kündigte alle Engagements in Graz auf und nahm verschiedenste Hilfsarbeiterjobs in ganz Österreich an. Er hatte ein einziges Bewerbungsgespräch – bei Michael Schottenberg, dem damals neu designierten Direktors des Volkstheaters in Wien (siehe *Volkstheater, Seite 39*). Und der Luibert wurde tatsächlich ins Ensemble aufgenommen. Seit diesem Zeitpunkt ist er nur mehr der »Herr Volksschauspieler«. So viel Zeit muss für mich sein, dass man »Herr Volksschauspieler« sagt, auch wenn sonst für nichts Zeit ist. Dafür sagt der Herr Volksschauspieler, wenn er uns auf offener Straße oder in Gesellschaft (wo das dann doch ein bissl unangenehm wird) trifft, meist Folgendes:

»Ja da schau her. Die Herren Buchgraber & Brandl. Das sind ja die wohl talentiertesten und besten Kabarettisten, die es seit der gesamten Nachkriegszeit in Österreich gibt. Bravo.«

Man bleibt sich also nichts schuldig.

Im 5. Wiener Gemeindebezirk, Margareten, hat der Herr Volksschauspieler (seinen *Vulgonamen* hat er in Wien mehr und mehr abgelegt) schließlich eine äußerst günstige Wohnung bekommen. Und er war sehr stolz auf seine neue Bleibe. Hohe Altbauräume mit alten Stilmöbeln, einem Fischgrätparkettboden und mit neuen Designermöbeln eingerichtet – so stellt man sie sich vor, die klassische Volksschauspielerbleibe. War sie aber nicht. Die Wohnung war seit dem Zeitpunkt der Errichtung nicht mehr verändert, geschweige denn jemals renoviert worden.

Sie war mit Möbeln aus den frühen 80er-Jahren und alten

Kirschholzmöbeln eingerichtet und der Volksschauspieler brauchte nur mehr einzuziehen. Wir durften bei ihm übernachten. Nach jeder Vorstellung gingen wir gemeinsam mit ihm in ein benachbartes Beisl (siehe *Der Wiener Charme – Netter geht immer, Seite 65*) und ließen dort die Vorstellungen des Abends gemeinsam Revue passieren.

Die neue Wohnung hatte fast alles, was man braucht. Unter anderem einen gewissen internationalen Touch: nämlich ein »indisches Klo«. Wien ist eben doch eine Weltstadt. Dieser Begriff war neu für uns. Wir lernten ihn beim Herrn Volksschauspieler kennen, aber nicht unbedingt lieben. Ein indisches Klo ist eine »Toilette jenseits des Ganges« – soll heißen, wie es in einigen alten Wiener Wohnbauten noch üblich ist, gibt es nur eine Toilette pro Geschoss. Man nimmt sich den Schlüssel, der im Vorzimmer hängt, geht hinaus ins Stiegenhaus, hofft, dass niemand auf dem Gemeinschaftsklo ist beziehungsweise kurz vorher war, und benützt selbiges.

Brandl nächtigte in Herrn Volksschauspielers Wohnung immer im Schlafsack am Boden, während ich die große Ehre hatte, mir mit dem Herrn Volksschauspieler ein Doppelbett zu teilen. Das war für mich eine einzigartige Erfahrung, weil der Herr Volksschauspieler binnen kürzester Zeit in ein achtstündiges Dauerschnarchen verfiel, um am darauffolgenden Morgen wieder topfit zu sein. Und ich war todmüde.

Wir verbrachten gemeinsam eine sehr intensive und interessante Zeit. Der Herr Volksschauspieler führte uns durch »seinen 5. Bezirk«. Das geht in Wien, wie wir später selbst lernten, sehr schnell, dass man »sein Grätzel«, seine Umgebung, kennen, schätzen und lieben lernt. Er ging mit uns zum Naschmarkt (siehe *Der Naschmarkt – Schauen und kosten, Seite 26*), zeigte uns den Margaretenhof, und schließlich endeten wir immer im Schlossquadrat, einem Gebäudekomplex aus dem 14. Jahrhundert, in dem heute mehrere gemütliche Lokale angesiedelt sind, mit Preisen, die auch für Klein(st)künstler und Volksschauspieler durchwegs erschwinglich sind.

Irgendwann war es dann so weit und der Volksschauspieler überreichte mir den Schlüssel zu seiner Wohnung in Margareten.

»*Do host. Kaunnts kummen, wanns wuillts.*« (Bitte sehr. Hier sind die Schlüssel. Ihr könnt kommen, wann immer ihr wollt.)

Auch wenn wir vielleicht immer von einer Wohnung in Döbling oder Hietzing (noble Wohngegenden in Wien) geträumt hatten, so war es doch immerhin ein Schritt in die richtige Richtung. Immer wieder übernachteten wir beim Volksschauspieler am Boden beziehungsweise im Bett.

Einmal ging es nicht, weil da hat er seine Wohnung kurzerhand einem befreundeten Paar mitsamt Kind gegeben, weil die für einige Wochen wohnungslos in Wien waren. Das war natürlich kein Problem für uns, wir übernachteten kurzfristig woanders, wie übrigens auch der Herr Volksschauspieler.

So ist er eben, der Luibert, pardon, Herr Volksschauspieler. Er lebt heute noch immer in seiner Wohnung mit indischem Klo in Margareten, spielt noch immer höchst erfolgreich am Volkstheater und freut sich bestimmt sehr über Ihren Besuch (im Theater).

ℋeimatwissen – Margareten

Der 5. Wiener Gemeindebezirk Margareten liegt innerhalb des Wiener Gürtels. Er gilt als Arbeiterviertel und verfügt in Gürtelnähe über zahlreiche Gemeindebauten.

Am Margaretenplatz steht der späthistorische, schlossähnliche Margaretenhof, der 1884–85 erbaut wurde, sowie der als Schlossquadrat bekannte Gebäudekomplex aus dem 14. Jahrhundert, der nach schwerwiegenden Zerstörungen während der ersten und zweiten Türkenbelagerung stark umgebaut wurde. Das Schlossquadrat wird seit dem 18. Jahrhundert gewerblich genutzt, zudem finden sich im ehemaligen Schloss mehrere Gastronomiebetriebe mit hübschen Gastgärten.

ℋeimatpersonen – Promis aus Margareten

Margareten hat einige bekannte Persönlichkeiten hervorgebracht, darunter **Hans Moser**. Der Bildhauersohn wurde hier am 6. August 1880 als Johann Julier geboren. Eine Gedenktafel am Geburtshaus in der Rechten Wienzeile 93 erinnert an den Schauspieler. Unter dem Namen Johann Hölzel erblickte der Popsänger **Falco** am 19. Februar 1957 das Licht der Welt, und zwar in der Ziegelofengasse. Die nach ihm benannte Falcostiege befindet sich ebenfalls in Margareten am Anfang der Hamburgerstraße. Eine weitere Berühmtheit des Viertels ist der Sozialdemokrat **Bruno Kreisky**, geboren am 22. Jänner 1911 in der Schönbrunner Straße 122. Er war unter anderem Staatssekretär im Bundesministerium für auswärtige Angelegenheiten und Parteivorsitzender der Sozialdemokratischen Partei Österreichs (SPÖ). Im Jahre 1970 wurde Kreisky Bundeskanzler und blieb es bis 1983.

ℋeimatpersonen – Volksschauspieler

Als Volksschauspieler bezeichnet man einen Fernseh- oder Bühnenschauspieler, der einen bestimmten Rollentypus verkörpert und dadurch beim Publikum einen positiven Wiedererkennungseffekt hervorruft. Auf der Straße wird er gern folgendermaßen angesprochen: »Schau her, da ist er/sie ja, der/die Dings von dem Dings-Theater!« Der/die/das »Dings« ist ein oft und gerne gebrauchter Begriff für eine Person oder eine Sache, die man zwar kennt, aber von der man nicht mehr weiß, wie er, sie oder es tatsächlich heißt.

Ein Volksschauspieler muss nicht unbedingt komische Rollen spielen, prägend ist auch oft der Dialekt oder die Eigenart des gespielten Charakters. Die bayrische Volksschauspielerin Erni Singerl beschrieb den Begriff des Volksschauspielers einmal als einen »Darsteller, der nicht spielen muss, sondern bei dem die Handlung aus dem Bauch heraus kommt«.

Heimatgeschichte – Volkstheater

Als bürgerliches Gegenstück zum kaiserlichen Hofburgtheater wurde im Jahr 1889 das Volkstheater gegründet. Erbaut wurde es nach Entwürfen von Hermann Helmer und Ferdinand Fellner. Das Volkstheater liegt im 7. Bezirk, in der Nähe von Kunst- und Naturhistorischem Museum und ist eines der größten Theater im deutschsprachigen Raum.

Zur Unterscheidung von den anderen Nationalitäten der Donaumonarchie wurde es zunächst »Deutsches Volkstheater« genannt.

Seit seiner Gründung steht das Volkstheater für zeitgenössische Dramatik und moderne Klassikerinterpretationen. Mutige Interpretationen wagte etwa Leon Epp (Direktor des Volkstheaters von 1952 bis 1968), zudem brachte er die wichtigsten zeitgenössischen Stücke nach Wien. Der Regisseur und spätere Direktor Gustav Manker hob gleichzeitig die Raimund- und Nestroy-Interpretation auf bis dahin ungeahnte Höhen. Weiterführende Informationen finden Sie auch unter www.volkstheater.at.

Neustiftgasse 1
1070 Wien
Tel.: +43 (0) 1 / 52 111 400
U-Bahn Volkstheater (U2, U3)

Die Wiener Emotionen
Grant und Gemütlichkeit

Die Wiener als Gruppe haben es nicht leicht. Als Bewohner der Haupt- und einzigen Großstadt Österreichs sind sie ständigem Druck ausgesetzt. Ihre Stadt muss die schönste, ihre Sportvereine die besten, die Kultur die höchste im Land sein und ständig kommen Touristen, die Stadt und Bewohner in einer Art Symbiose sehen und daher nicht nur Stephansdom und Schönbrunn, sondern auch »den Wiener« besichtigen wollen. (Wir haben an anderer Stelle in diesem Buch schon festgehalten, dass das inzwischen kaum mehr möglich ist, siehe *Wo sind die Wiener? – Restösterreicher in Wien, Seite 11*).

Damit nicht genug, werden den Wienern auch noch Eigenschaften angedichtet, manche nur aus dem Grund, den touristischen Wert der Stadt zu steigern. Eine dieser Eigenschaften ist die vermeintliche Unfreundlichkeit der Wiener, der sogenannte Grant (Missmut, Missgunst, siehe *Grant, Seite 46*). Der Grant ist sehr eng verbunden mit dem berühmten Wiener Charme, er komplettiert diesen sozusagen. Wenn der Charme den Grant nicht hätte, wäre er einfach nur süßlich. Die Touristen mögen es aber ein wenig herb.

Das Problem am Grant ist, dass er unserer Meinung nach völlig falsch verstanden wird. Der Grant ist schuld daran, dass man den Wienern eine generelle Unfreundlichkeit nachsagt. Wir finden, das ist falsch. Die Wiener sind nicht unfreundlich. Unfreundlich ist man nämlich dann, wenn man jemanden ablehnt. Das hieße aber, dass man diesen Menschen zuvor als Menschen wahrnehmen muss, ihn begutachten, seine Stärken und Schwächen und seinen Geruch einschätzen, diese Einschätzung mit seinem eigenen Weltbild abgleichen und dann zu einer Beurteilung dieses Menschen kommen muss. Man kann ihn mögen, man kann ihn nicht mögen, und man wird für beide Fälle eine Vielzahl von Gründen anführen können, weil man sich mit diesem Menschen auseinandergesetzt hat. Wenn man diesen Menschen dann also nicht mag, kann man ihm gegenüber unfreundlich auftreten. Dazu muss man sich überlegen, mit welcher pointierten Aussage man diesen Menschen verbal verletzen kann, man muss sich einen Satz zurechtlegen und diesen dann im geeigneten Moment artikulieren. Das ist Unfreundlichkeit – und viel Arbeit. Die Wiener wollen sich diese viele Arbeit gar nicht antun, den Wienern sind die anderen Menschen einfach nur wurscht. Und wurscht ist nicht unfreundlich.

Der Grant scheint aus einer Mischung zweier anderer Emotionen zu entstehen: Gemütlichkeit und Fatalismus.

Die Gemütlichkeit (*Gmiatlichkeit*) ist eine der bekanntesten Eigenschaften der Wiener, sie wird geradezu als Exportgut betrachtet. Sie zu beschreiben ist beinahe unmöglich, eigentlich muss man sie erleben, um sie zu verstehen. Die deutsche »Geselligkeit« ist es nicht, Grundvoraussetzung dafür ist die Anwesenheit anderer Menschen. Um es sich *gmiatlich* zu machen, sind diese nicht zwangsläufig nötig.

Das englische *cosy* ist es auch nicht, das geht mehr in die Richtung »warm, bequem«, beides ebenfalls entbehrlich, wenn es ums Gemütliche geht. Es ist eine Mischung aus

Geisteshaltung, Zeitmanagement, Gesellschaft und oft auch gastronomischen Gegebenheiten, so wird etwa ein Achterl Wein in der Regel als förderlich betrachtet.

Eine typische Form der Gemütlichkeit kann in Kaffeehäusern in ganz Wien beobachtet werden. Wenn der Kellner auf die Bitte, eine Bestellung aufzunehmen, mit einem schnarrenden »Kollege kommt gleich« reagiert, dann geht er es gerade gemütlich an. Soll heißen: Kein Stress (Geisteshaltung), Sie kommen schon noch dran, ich werde mich von Ihnen sicher nicht hetzen lassen (Zeitmanagement), das Achterl wird Ihnen nicht davonlaufen (gastronomische Gegebenheiten). Der Wien-Besucher sei aber ermuntert: Gemütlichkeit kann man lernen. Versuchen Sie einfach nur, um die Mittagszeit in einer Wiener *Trafik* (siehe *Trafik, Seite 46*) einen Parkschein zu kaufen. Nach einiger Zeit wird Ihnen langweilig werden und, um die Zeit bis zum Ende der Mittagspause des *Trafikanten* so angenehm wie möglich zu überbrücken, machen Sie es sich gemütlich. Als ob Sie nie etwas anderes gemacht hätten.

Der Fatalismus der Wiener baut mehr oder weniger auf der Gemütlichkeit auf. Nämlich auf der Tatsache, dass es ungemütlich ist, wenn man sich gegen das Schicksal wendet. Oder den Kaiser. Oder die Regierung oder überhaupt jemanden, der mehr zu sagen hat als man selber. Dafür darf man die Wiener nicht verurteilen. Diese Haltung wurde über lange Jahre gelernt. Zuerst in der k. u. k. Monarchie, wo der Wille des Kaisers Gesetz war. Die Wiener haben es immer schon vorgezogen, »die da oben« machen zu lassen. Sich gegen den Willen des Kaisers zu stellen, wäre ein hoffnungsloses Unterfangen gewesen, also hat man sich einfach nicht darum geschert. Und stattdessen das gemacht, was man wollte, aber eben im Verborgenen. Später kamen der Ständestaat, die Nazis, die Alliierten und schlussendlich die Parteien (siehe *Proporz, Seite 46*). Alle haben immer das gemacht, was sie wollten. Das nennt man eine »österreichische Lösung«. Da heißt es dann: »*Wos suin mir scho machen?*« (Was sollen wir denn ausrichten können?) oder »*Pudel di ned auf!*« (Du hast keinen Grund, dich aufzuregen, weil dich das hier nichts angeht!) oder »*Geh anfoch scheißen!*« (Wenn du dich weiter über Dinge aufregst, die dich nichts angehen, muss ich ausfällig werden. Es wäre besser, wenn du dich jetzt entfernst, um uns beiden Unannehmlichkeiten zu ersparen. Danke.) Unterm Strich bleibt die Erkenntnis, dass man nichts gegen die Oberschicht machen kann. Wie auch immer die aussieht.

Die Vereinigung beider Emotionen, der Gemütlichkeit und des Fatalismus, findet sich in der in Wien sehr häufig verwendeten Phrase: »*Schaumasich das amoi an.*« Heißt zwar »Betrachten wir das Problem einmal in aller Ruhe«, aber auch etwas ganz anderes. Der österreichische Kolumnist und Autor Daniel Glattauer hat in seinem Buch »Die Ameisenzählung« dem Schauen eine kleine Abhandlung gewidmet, in der er über die »Steigerungsstufen der Unverbindlichkeit« schreibt. Da übersetzt er »*Werma schauen*« mit »Ich werde erst später beginnen, mich nicht darum zu kümmern«. Hier treffen sich Gemütlichkeit und Fatalismus. Aber wo bleibt der Grant?

Der Grant kommt dazu, wenn sich Gemütlichkeit und Fatalismus nicht nur miteinander, sondern auch noch mit unwissenden dritten Personen treffen. So geschehen, als ich mich das erste Mal mit meiner neuen Hausverwaltung in Wien auseinandersetzen musste. Eine Geschichte des Grants.

Nachdem ich mich für meine neue Wohnung entschieden hatte, kam der große Tag, an dem meine Freundin und ich den Mietvertrag unterzeichnen und unsere neuen Schlüssel bekommen sollten. Die Vertreterin der Hausverwaltung erschien – also wirklich, sie kam nicht einfach nur zu dem Termin, sie legte einen Auftritt hin, für den sie von manchen Entertainern beneidet wird – etwas angestrengt, weil es Sommer und heiß war. Und weil sie an einem heißen Sommertag ihr klimatisiertes Büro für zwei Restösterreicher hatte verlassen müssen. Das Treffen verlief höflich, aber nicht herzlich. Musste es auch nicht, sie war unsere Hausverwalterin, nicht unsere Freundin.

Der zweite Kontakt fand erst ein gutes Jahr später statt. Das gesamte Stockwerk, in dem sich unsere Wohnung befindet, war erst ein Jahr vor unserem Einzug komplett saniert worden, jetzt war ein Termin mit den Baufirmen fällig, um eventuelle Schäden zu begutachten. Wegen der Gewährleistung oder so. Ein Termin wurde ausgeschrieben. Dummerweise konnten weder meine Freundin noch ich, wir hatten zu arbeiten. Wie vermutlich auch andere Bewohner des Stockwerks. Ich rief also bei der Hausverwaltung an, um die Sache zu besprechen. Die Gemütlichkeit traf mich zuerst. Nein, da kann man nix machen. Nein, da kann man nicht noch einmal nachfragen und was verschieben. Nein, man wird sich nicht darum kümmern. Nachdem ich dreimal betont hatte, dass der Termin schlicht unmöglich sei, und mir die Dame dreimal erklärt hatte, dass ihr das egal wäre, kam der Fatalismus zum Tragen: »Die anderen können auch, Sie werden einfach können müssen.« Schlussendlich wurde meine Freundin glücklicherweise krank und war an jenem Tag zu Hause. Das »Na, geht also doch« brachte dann zum ersten Mal den Grant ins Spiel.

Den bisherigen Tiefpunkt unserer Beziehung (also nicht der Beziehung zwischen meiner Freundin und mir, sondern der Dreiecksbeziehung zwischen meiner Freundin, mir und der Hausverwalterin) wurde erreicht, als Wien im vergangenen Sommer von schweren Unwettern heimgesucht wurde. Ich wollte um sieben Uhr morgens einige Requisiten für einen Auftritt aus unserem Kellerabteil holen. Man kann sich vorstellen, wie überrascht ich war, als ich nicht nur im Keller, sondern auch in zehn Zentimetern Wasser stand. Meine erste Reaktion war: melden. Dann retten, was noch zu retten ist. Später vielleicht flüchten. Auf der Visitenkarte der Hausverwalterin stand eine Nummer für »Notfälle«, ich war sicher, dass der Moment dafür gekommen war. Sie war zwar schon im Büro, aber nicht gut drauf, immerhin war es noch früh.

»Guten Morgen, Brandl aus der Billrothstraße. Ich stehe hier gerade im Keller und der Keller steht unter Wasser.«

»Aha.«

»Wie: Aha? Der Keller steht unter Wasser!«

»Und was soll ich jetzt machen?«

Man beachte an dieser Stelle, wie bei meinem telefonischen Gegenüber schlagartig der Reflex der Gemütlichkeit einsetzt. Ein Problem wird zuerst einmal dahingehend abgetastet, wie lange es ignoriert werden kann. Probleme lösen ist nicht gemütlich.

»Ich weiß auch nicht? Es vielleicht irgendwem melden?«

»Und wem?«

»Was weiß ich, der Feuerwehr, Ihrem Chef in der Hausverwaltung, irgendwem!«

»Und was sollen die dann machen?«

»Das Wasser wieder abpumpen? Den Keller trocken legen?«

Dann kam der Fatalismus.

»Hören Sie einmal zu. Wir befinden sich in einem Altbaukeller in Wien. Was haben Sie sich denn erwartet?«

»Einen trockenen Keller!«

»Haha. Leider nein!«

Dann kam der Grant, allerdings auf meiner Seite.

Ich wurde ein wenig lauter, als zur reinen Verständigung notwendig gewesen wäre. Die Hausverwalterin wurde richtiggehend schnippisch. Seitdem verstehen wir uns nicht mehr so gut.

Ich habe aber dazugelernt. Inzwischen bin ich der Auffassung, dass der Grant nur aus einem kulturellen Missverständnis entsteht. Gemütlichkeit und Fatalismus werden von Restösterreichern einfach nur falsch interpretiert. Das bedingt eine falsche Reaktion, den Grant nämlich, der dann wieder auf die Wiener zurück übertragen wird. Am Ende sind beide Seiten grantig. Das ist schade. Aber vermutlich kann man dagegen ohnehin nichts machen. Die beste Reaktion ist vermutlich, sich selbst ganz schnell eine gehörige Portion Fatalismus anzueignen. Es gibt Dinge, die man einfach nicht ändern kann, dazu gehört auch das Gemüt der Wiener. Also: Gehen wir auf ein Achterl?

Heimatwissen – Grant

Peter Wehle erklärt in »Sprechen Sie Wienerisch?« den Grant als sogenanntes Importwort. Als mit Kaiser Ferdinand II. das spanische Hofzeremoniell in Wien Einzug hielt, kamen auch spanische Edelleute in die Donaumetropole. Die spanischen »Granden« erweckten im einfachen Volk Unmut. Wenn sich also jemand wie ein »Grande« benahm, dann hatten die anderen einen »Grand« auf ihn.

Heimatwissen – Trafik

Trafik – Geschäft mit Rauchwaren, Zeitschriften (Österreichisches Wörterbuch, Schulausgabe, 41. Auflage. Österreichischer Bundesverlag Schulbuch, Wien 2006, 2009)

Trafiken in Österreich sind zahlreich, praktisch und immer dann geschlossen, wenn man dringend eine braucht. Für Raucher: In Österreich kann man am Zigarettenautomaten nur noch mit der Bankomatkarte zahlen. Hintergrund ist eine Alterskontrolle, Kinder unter 16 Jahren sollen schwieriger an Zigaretten kommen.

Heimatgeschichte – Proporz

An dieser Stelle soll eine Eigenheit der österreichischen Innenpolitik zu Ehren kommen, der Proporz. Der Begriff bezeichnet die Idee, dass jede politische Gruppe entsprechend ihrer Größe in Regierung und Verwaltung vertreten sein soll. Die österreichische Ausformung davon sah und sieht so aus, dass die regierenden Parteien (seit Jahren sind das die beiden »großen« ÖVP und SPÖ, die eine Koalitionsregierung bilden) eigene Vertreter auf praktisch jeden erdenklichen Posten setzen. Und zwar besonders im öffentlichen Dienst und in verstaatlichten oder staatsnahen Betrieben. Diese Praxis hat in der österreichischen Bevölkerung das Bild einer Politikerklasse, die ohnehin tut, was sie will, entscheidend mitgeprägt.

Der Erste

Heißes Wasser exklusive

Der Erste. So nennen die Wiener ihren feinsten und nobelsten Bezirk liebevoll. Der 1. Wiener Gemeindebezirk, das ist die 5th Avenue, der Ku'damm, die Champs Elysees, der Berliner Reichstag und der Buckingham Palace in einem. Soll heißen: Shoppingerlebnis, noble Hotels, Kultur- und Regierungsviertel und alles, was sonst noch dazugehört. Man findet im Ersten wirklich alles, also wie wir herausfanden fast alles, was das Herz begehrt.

Im 1. Bezirk logieren noble Marken wie Gucci, Cartier oder Prada und all das, was eine moderne und lebenswerte Stadt ausmacht. Wien rangiert übrigens permanent unter den lebenswertesten Städten der Welt. Wien ist immer voll im Trend. Und Weltmarken ziehen natürlich Gäste an. Vorwiegend wohlhabende Touristen und ebenso vermögende Wiener, die gerne zeigen, was sie haben, beziehungsweise zeigen, was man so alles auf Kredit bekommt. Besonders gerne zeigt sich dieser Typus Mensch am Samstag im Ersten. Samstag ist, wie man so schön sagt »Erster-Tag«. Da geht man, egal ob Regen, Sonne oder Schnee, auf den Graben, auf dem Kohlmarkt oder in die Kärntnerstraße flanieren …

Und genau an so einem Samstag war ich mit meiner kleinen Tochter im Ersten unterwegs. So schön der Erste unter der Woche ist, so grausam kann er sich am Wochenende gestalten. Haufenweise Touristen, die jeden Hundehaufen ablichten, weil sie glauben, dass sich schon Mozart vor 230 Jahren darüber mokierte. Alles wird fotografiert, was bei drei nicht auf dem Baum, im Ersten besser, auf der Pestsäule am Graben ist.

Buchgraber vor der Pestsäule

Apropos Pestsäule. Vor langer Zeit, als wir noch jünger und dünner waren, traten der Kollege Brandl und meine Wenigkeit als wirklich grottenschlechte Schlager singende Straßenmusiker vor selbiger am Graben auf. Ein unvergessliches

Erlebnis, an das sich selbst die Pestsäule ungern zurückerinnert. Es war eine Zeit der Entbehrungen und der Buße. Wir bekamen für unsere Auftritte alles, nur kein Geld. Japaner filmten uns mit ihren Mini-DVD-Kameras, gut gelaunte Russinnen machten Fotos von uns und schenkten uns anschließend eine Packung Zigaretten. Danke auch von meiner nichtrauchenden Seite.

Genau vor dieser Pestsäule besuchte ich mit meiner Frau und meiner kleinen Tochter ein Café. Wir fanden einen Platz im *Schanigarten* (Gastgarten vor einem Lokal auf öffentlichem Grund). Unsere Kleine hatte Hunger, was sage ich, sie hatte einen Riesenhunger. Also eilte meine Frau mit dem *Flascherl* (Babyflasche mitsamt leckerer Babynahrung) ins Innere des Cafés, um es aufwärmen zu lassen. Ich muss noch ganz kurz etwas über meine Frau loswerden. Abgesehen, davon, dass sie das Beste ist, was mir je passiert ist, hat sie doch einen kleinen Makel, der von mir gerne galant überhört wird. Sie wurde nicht in Österreich geboren, sondern in Deutschland. Somit hat sie einen angeborenen deutschen Akzent. In Deutschland halten sie sie für eine Österreicherin und in Österreich für eine Deutsche. So viel zum harten Schicksal meiner Frau.

Mit verstörtem Blick kam sie wieder aus dem Café heraus.
»Geht nich«, sagte sie kurz.
»Was?«, fragte ich.
»Es geht nich. Sie wärmen es nich auf.«
Ich konnte es nicht fassen, nahm das *Flascherl* und ging selbst ins Café, um mein Glück dort zu versuchen.

Drinnen angekommen passierte zunächst einmal gar nichts. Alle Angestellten waren wahnsinnig beschäftigt. Und durch den Anblick des *Flascherls* waren alle noch beschäftigter als sonst. Also wartete ich, bis ein Mitarbeiter Zeit hatte. Endlich kam einer auf mich zu und ich schilderte ihm unser Problem im breitesten Wienerisch (dass er erst gar nicht auf die Idee käme, ich sei ein Tourist).

»*Grüß Sie. mir miasstn des Flascherl bitte ofwärmen, der Hea, weu unsar Gschropperl hat an Durscht.*« Oder: »Guten Tag. Wir müssten das Fläschchen bitte aufwärmen, verehrter Herr, weil unsere kleine Maus großen Durst hat.«

Der Ober schaute mich fassungslos an, sagte etwas in einer mir nicht bekannten Sprache, ging ab und ließ mich allein stehen. Kurz darauf kam ein anderer, das war vermutlich der, mit dem meine Frau gesprochen hatte, und der sagte nur:

»Nein!«

Als ich ihn fragte, warum, antwortete er:

»Das geht jetzt nicht. Es ist zu viel los. Außerdem gehen unsere Gläser kaputt, wenn man da heißes Wasser reintut.«

Ich fragte mich, ob in dem noblen Lokal am Graben nur Eistee verkauft wird.

Wie durch ein Wunder tauchte der ausländische Kellner wieder auf, murmelte etwas Unverständliches, gab mir ein Gefäß mit heißem Wasser, und wir konnten unser *Flascherl* nun doch noch aufwärmen.

Das ist eben der 1. Bezirk, vornehmlich gehen dort halt Menschen hin, die entweder keine Babys haben, oder wenn sie welche haben, dann haben sie die Kleinen schon vorher gefüttert.

So weit, so schön. Nun war unser Baby endlich satt und glücklich. Kaum hatten wir das Café am Graben verlassen, benötigten wir dringend eine Wickelmöglichkeit, weil unsere kleine Maus der Meinung war, dass wir den Ersten noch besser kennenlernen sollten. In das Lokal am Graben wollten wir nicht wieder zurückgehen.

Wir hatten Glück und entdeckten das Kaufhaus Steffl in der Kärntner Straße. Dort bekommt man alles, was das Markenherz begehrt. Und noch dazu einen wunderbaren Wickelplatz. Ich glaube, wenn Babys ihren perfekten Wickelplatz selbst designen müssten, dann würden sie ihn genau so entwerfen. Alles, ja sogar ein Mobile, war da. Anschließend schlenderten wir durch die Abteilungen – wir hätten dem

Kaufhaus mit dem wunderbaren Wickelplatz gerne was Gutes getan und wollten auch wirklich etwas kaufen, aber es überstieg einfach unsere finanziellen Mittel. Selbst bei den Supersondersondersonderangeboten war nix für uns dabei, der günstigste Pullover war um 199 Euro zu haben. Gut, wir waren noch immer im Ersten.

Eines sei an dieser Stelle gesagt, wir waren sicher nicht das erste und das letzte Mal am Samstag im Ersten, weil der Erste ist immer, egal ob mit Kind oder ohne Kind, egal ob mit Geld oder ohne Geld, egal ob Samstag oder nicht Samstag, immer wieder einen Besuch wert.

Heimatgeschichte – Die Pestsäule

An der Pestsäule kommen Wien-Besucher nicht vorbei. Das beeindruckende Kunstwerk steht am Graben in der Wiener Innenstadt und entstand nach der großen Pestepidemie des Jahres 1679. Damals versprach Kaiser Leopold I., er werde bei Beendigung der Epidemie eine Gnadensäule errichten. Noch im selben Jahr weihte Johann Frühwirth eine provisorische Holzsäule ein, die einen Gnadenstuhl auf einer korinthischen Säule sowie neun Engelsfiguren (für die Neun Chöre der Engel) zeigte. Der Auftrag für die Marmorausführung ging an Matthias Rauchmüller. Dieser fertigte vor seinem Tod noch einige Engelsfiguren an, konnte sein Werk jedoch nicht vollenden. Es folgten zahlreiche Neuplanungen, die die Bauzeit verzögerten. Erst 1693 konnte die Säule geweiht werden.

Trotz der Anzahl der beteiligten Bildhauer wirkt das Denkmal homogen. Mit ihrer hochbarocken Inszenierung, in der ein Geschehen theatralisch erzählt wird, stellt die Säule den Übergang in eine neue künstlerische Phase dar. Die Wiener Pestsäule war stilprägend und wurde in der gesamten Monarchie nachgeahmt.

Heimatspuren – Kaufhaus Steffl

Kaufhaus Steffl
Kärntner Straße 19
1010 Wien
www.kaufhaus-steffl.at

Falls Sie einmal auf der Suche nach exquisiter Mode, einem wunderbaren Ausblick auf Wien (Skybar) und nach dem perfekten Wickelplatz sind, dann finden Sie das im Kaufhaus Steffl.

Sinnloses Wissen – Straßenkünstler in Wien

Es gilt hier gilt die sogenannte Straßenkunstverordnung mit den dafür vorgesehenen »öffentlichen Musizierplätzen«. Ein Beispiel gefällig? Ein Straßenmusiker muss in Wien mindestens 25 Meter Abstand zu Kirchen einhalten, sonst folgt eine Organstrafverfügung. Und schön ansprechend sollte seine Darbietung sein. Dafür gibt es allerdings (noch) keine Sanktion. Eine Platzkarte erhält man bei der zuständigen Wiener Magistratsabteilung 36 um 6,54 Euro.

Wiens Taxifahrer
Besser als Navis

Über die Wiener Taxifahrer gibt es vermutlich genauso viele Geschichten wie über Wien selbst zu erzählen. Wenn ich in Wien unterwegs bin, dann meist mit öffentlichen Verkehrsmitteln. Mit dem Taxi fahre ich eher selten, weil ich dabei immer das Gefühl habe, dass der Taxilenker (oder auch Taxler genannt) mich irgendwohin bringt, nur nicht dorthin, wo ich ursprünglich hinwollte. Und schon gar nicht auf dem kürzesten Weg. Die klassischen Einsteigerfragen des Taxlers lauten oft:

»*Na, wie tuama? Fahrma übern Girtl?*« (Sollen wir es über den Gürtel probieren?) und

»*Suinma um de Zäit wirkli übern Girtl foahrn?*« (Sind Sie sich mit dem Gürtel um diese Uhrzeit auch ganz sicher?)

Grundsätzlich denke ich mir, dass das eigentlich der Lenker besser wissen müsste. Jedenfalls wusste ich darauf nie eine Antwort, und spätestens dann hat der Taxler gemerkt, dass ich kein Wiener bin. Schon bin ich ihm ausgeliefert und muss ihm blind vertrauen. Und es ist mir dabei schon passiert, dass ich für die gleiche Strecke mit zwei unterschiedlichen Taxifahrern einen Preisunterschied von sieben Euro zu berappen hatte.

Ich bin wie gesagt meist mit den Öffentlichen unterwegs und nehme Taxis nur dann in Anspruch, wenn ich sie wirklich brauche – wie in jener Nacht. Meine Frau und ich waren von meinem Schwager Stefan zum Abendessen in den 1. Bezirk eingeladen worden. Zum an sich schon perfekten Essen hatte Stefan eine weiße Piemonttrüffel gespendet. Diese feine Knolle wurde vom nicht minder feinen Kellner über jeden Gang geraspelt. Es gab Risotto mit Montenisa Brut mit weißer Trüffel, Linguini mit Languste in mediterraner Sauce und weißer Trüffel, Platte mit gegrilltem Fisch und Rosmarinkartoffeln mit weißer Trüffel. Nur beim Dessert wurde höflich auf weiße Trüffel verzichtet, weil schlicht und einfach keine mehr da war. Es schmeckte uns vorzüglich, auch wenn es für unser Empfinden schon ein bisschen zu viel Trüffel war. Was zu diesem Zeitpunkt nur meine Frau und ich wussten, war, dass meine Frau schwanger war und die Trüffel sich bald wieder im Bauch meiner Frau meldete. Also entschieden wir uns, mit dem Taxi und nicht mit den Öffentlichen nach Hause zu kommen.

Wir nahmen wie gewohnt hinten im Wagen Platz und ich gab dem Fahrer unser Ziel bekannt. Natürlich hatte ich als Wien-Neuling keine Ahnung, welche Route die kürzeste und schnellste war. Aber ich hatte eine glänzende Idee.

Das Ziel lautete »Liechtensteinstraße im 9. Wiener Gemeindebezirk«. Was der Taxifahrer nicht wusste, war, dass ich ein Navi bei mir hatte, um den Weg zu überprüfen. Also drückte ich, bevor ich das Taxi bestieg, den Button »Heimatort« auf meinem Navi. Gesagt, getan – das Navi ortete meinen Standort und plante den kürzesten Weg zu mir nach Hause. Wir fuhren los und schon nach 100 Metern entschied sich mein Navi zu sagen:

»Jetzt bitte rechts abbiegen, du Student.«

Der Taxler fragte. »Wie bitte? Was?«

Kurze Erklärung: Ich hatte mir irgendwann eine, zumindest empfand ich das einmal so, originelle Sprachsoftware für mein Navi heruntergeladen. Und diese Software sprach mit dem Fahrer in einem sehr abschätzigen Tonfall.

Ich sagte, dass nichts wär, und er fuhr unbeirrt geradeaus weiter.

»Hallo Student. Bist du blind? Bitte wenden«, meinte mein Navi.

Meine Frau schenkte mir einen strafenden Blick. Zu diesem Zeitpunkt wusste ich nicht, dass ihr der Trüffel mehr Ärger bereitete als das Navi.

Ich versuchte verzweifelt, den Ton meines Navis abzudrehen. Der Taxler blickte wieder in den Spiegel.

»Du bist ja nicht nur blind, sondern auch noch taub. Bitte sofort wenden«, befahl mir das vorlaute Gerät.

Der Taxler wurde skeptisch ... jetzt endlich hatte ich den Ton abgedreht. Blödes Touchscreen und noch blödere Sprachauswahl – die werde ich sofort löschen, wenn ich zu Hause bin, dachte ich mir. Meine Frau sagte gar nichts mehr. Sie entschied sich in diesem Moment, nie mehr wieder Trüffel zu essen, auch wenn er geschenkt ist.

So fuhren wir weiter. Das Navi, es lag auf meinem Schoß, wollte schon längst umdrehen, der Taxler fuhr unbeirrt geradeaus. Ich wusste nicht, wem ich vertrauen sollte. Das Navi schien sich mit Informationen geradezu zu überschlagen. Jede Minute errechnete es eine neue Route und meine Ankunft verspätete sich minütlich. Die Gesichtsfarbe meiner schwangeren Frau wurde auch nicht unbedingt farbenfroher. Ich fragte den Taxler, ob er nicht doch an der vorherigen Kreuzung rechts abbiegen hätte sollen.

»*Hätte suin ...? Wo wuin Se hin? Liechtensteinstraße? Eben. San Se von do?*« (Hätte sollen? Wo wollen Sie denn bitte hingeführt werden? In die Liechtensteinstraße? Sind Sie bitte sehr überhaupt aus Wien?), fragte er aufgebracht und schaute verständnislos in den Rückspiegel.

»Nein«, antwortete ich, »aber ich glaube trotzdem, dass Sie da vorn rechts hätten abbiegen müssen ...«, verteidigte ich mein Navi.

»*Gscherter, waun Se se ned auskennan, daun kennan glei z'Fuaß gehen wie da Jesus!*« (Lieber Unwissender, wenn Sie sich hier nicht so gut auskennen, dann können Sie gleich zu Fuß gehen so wie Jesus damals!), schimpfte der Taxler.

Laut meinem Navi waren wir noch immer in die komplett falsche Richtung unterwegs. Ich hatte mich schon damit abgefunden, dass ich wieder »so einem klassischen Wiener Taxler aufgesessen war, der mich nur abzocken will«. Meine Frau schwieg beharrlich und schaute kreidebleich beim Fenster hinaus. Blöde weiße Trüffel.

Aber dann, und das war für mich wirklich sehr verwunderlich, hielt der Wagen plötzlich direkt vor unserer Haustür.

Wie hat er das jetzt gemacht?, fragte ich mich.

Meiner Frau war es egal – sie verließ das Taxi fluchtartig und lief in die Wohnung voraus.

Laut Navi, welches ich jetzt endgültig abdrehte, wären wir erst in gut 20 Minuten am Ziel gewesen. Ich zahlte, übrigens gleich viel wie immer. Und es trat der sogenannte Lose-Lose-Effekt ein. Ich war sauer, weil ich das Gefühl hatte, dass der Taxler mich und mein Navi verschaukelt hatte. Der Taxler war sauer, weil ich seine Fähigkeiten angezweifelt und ihm noch dazu, wie immer in Wien, zu wenig Trinkgeld gegeben hatte.

Daheim wollte ich es noch mal wissen und überprüfte die Route. Ich gab sie in mein Navi ein und fand dabei Folgendes heraus: Ich hatte vergessen, meinen neuen »Heimatort« einzugeben. Eingespeichert war noch unsere alte Adresse in Wien-Hietzing, welche von dem Restaurant im 1. Bezirk aus in komplett entgegengesetzter Richtung liegt.

»Du Student. Was machst du denn? Wo hast du dein Abi gemacht?«, schimpfte mein Navi – zu Recht.

Und das war dann meine letzte Großtat: Ich löschte die dämliche Sprachsoftware. Meine Frau sagte noch immer nichts – nur dass sie nie mehr Trüffel essen würde, zumindest nicht, wenn sie schwanger ist.

ℋeimatwissen – Der Wiener Taxitarif

Wenn Sie sich schon öfter gefragt haben, warum Sie so wenig beziehungsweise so viel für Ihre letzte Taxifahrt gezahlt haben, und sich nicht mit dem Navi im Taxi blamieren wollen, dann nutzen die folgende Übersicht:

Tagtarif (werktags 6–23 Uhr)

Grundtaxe:	€ 2,50 inkl. 169,7 m
Streckentaxe bis 4.000 m:	€ 0,20 für begonnene 153,3 m (pro Kilometer: € 1,30)
Streckentaxe ab 4.000 m:	€ 0,20 für begonnene 201,2 m (pro Kilometer: € 0,99)
Streckentaxe ab 9.000 m:	€ 0,20 für begonnene 207,7 m (pro Kilometer: € 0,96)
Zeittaxe:	€ 0,20 für begonnene 26,86 sec (pro Stunde € 27)

Nachttarif (werktags 23–6 Uhr), Sonn- und Feiertagstarif (0–24 Uhr)

Grundtaxe:	€ 2,60 inkl. 141,4 m
Streckentaxe bis 4.000 m:	€ 0,20 für begonnene 134,3 m (pro Kilometer: € 1,49)
Streckentaxe ab 4.000 m:	€ 0,20 für begonnene 170,9 m (pro Kilometer: € 1,17)
Streckentaxe ab 9.000 m:	€ 0,20 für begonnene 184,7 m (pro Kilometer: € 1,08)
Zeittaxe:	€ 0,20 für beg. 29,27 sec (pro Stunde € 24,60)

Zuschläge
Für die Bestellung über Funk: € 2,50
Für die Bestellung über Standplatztelefon: € 1,25
Für die Beförderung von mehr als 4 Personen: € 2

Taxiunternehmen Wien
Taxi 31 300   www.taxi31300.at
Taxi 60 160   www.taxi60160.at
Taxi 40 100   www.taxi40100.at

Quelle: Wirtschaftskammer Österreich

Der Gürtel
Meine ganz persönliche Peepshow

Eine Frage vorweg: Kennen Sie die Struktur eines typischen burgenländischen Dorfes? Im Burgenland kann man das Dorfleben wunderbar vom Auto aus kennenlernen, denn es spielt sich entlang einer einzigen Straße ab. Und am Gürtel, der stärksten befahrenen Landesstraße Österreichs, ist es genauso. Jeden Tag quälen sich bis zu 100.000 Autos über den Gürtel.

Ohne den Gürtel geht in Wien eigentlich nichts. Weil dieser die Hose enger schnallt und die Innenbezirke von den Außenbezirken abtrennt. Am Gürtel trennt sich die Spreu vom Weizen. Am Gürtel ist immer was los, ob man will oder nicht.

Kenner werden jetzt entgegenhalten, dass aber mit Gürtel in Wien auch nicht viel geht. Das Verkehrsaufkommen am Gürtel ist zu den Stoßzeiten enorm, da kann es schon mal sein, dass Sie für einen Weg, den Sie normalerweise in fünf Minuten bewältigen, zwei Stunden brauchen. Sie werden es verfluchen, dass Sie ins Auto gestiegen sind und noch dazu den Weg über den Gürtel gewählt haben. Entlang des Gürtels finden Sie zahlreiche Gemeindebauten, eine Idee der Sozialdemokraten in den 1920ern. Man wollte dem Proletariat seinen eigenen »Ring« geben. Bis nach dem Zweiten Weltkrieg blieb der Gürtel auch eine äußerst beliebte Wohngegend mit Grünblick.

Das kann man sich heute nur schwer vorstellen. Heute wird man noch nicht mal jemanden finden, der am Gürtel freiwillig spazieren geht. Außer man geht seinem Beruf in den Nachtstunden nach ...

Eines Nachts, als ich nach einer Vorstellung über den Gürtel nach Hause fuhr, wollte ich höflich sein und eine junge Dame mit sehr kurzem Rock über die Straße lassen. Als ich mein Auto anhielt, war sie schon bei meinem Fenster.

Was braucht sie? Wie kann ich ihr helfen?, dachte ich mir.

»*Serrvuhs Schpotzilä. Du kommän mit mirr?*«, fragte die junge Dame mit einem wirklich viel zu kurzem Rock.

»Nein. Tut mir leid. Ich muss weiter. Ich bin äh ... Wiedersehen ...«, antwortete ich.

Und so ließ ich die Schönheit mit Ostblock-Akzent hinter meinem Skoda stehen. Das ist eine Problematik, die der Gürtel leider nicht mehr loswird. Obwohl es dort heute so gut wie keine Prostituierten mehr gibt. Was es jedoch immer noch gibt, ist der Begriff »Gürtelhure«. Auch so kann Wien sein: beinhart und ganz und gar uncharmant.

Durch zahlreiche Anrainerproteste und gezielte Aktionen der Polizei kam es zu einer Verlagerung des Rotlichtmilieus weg vom Gürtel. Zunächst in die benachbarten Wohnbezirke, mittlerweile – weil die Behörden bemerkt haben, dass es in den Wohnbezirken auch nicht optimal ist – liegt es ganz entfernt.

Auch wenn ich noch nie mit jemandem gesprochen habe, der sagt, dass er gerne am Gürtel spazieren geht, würde er doch einiges bieten. Es gibt eine Vielzahl an Möglichkeiten, um sich hier die Zeit zu vertreiben, sowohl tagsüber als auch nachts.

In der Mitte des Gürtels befinden sich die ehemaligen Stadtbahnbögen. Die Bögen sowie die Stationsgebäude der Stadtbahn wurden vom Architekten Otto Wagner entworfen. Heute verläuft statt der Stadtbahn die U-Bahn-Linie 6 teils in einem Graben, teils auf einem Viadukt. Sie bringt die Wiener von Floridsdorf nach Siebenhirten und, wenn man das will, auch gerne wieder zurück.

Unter den ehemaligen Stadtbahnbögen haben sich in den letzten Jahren zahlreiche Clubs wie das Chelsea, das »Q [kju:]« oder das B72 angesiedelt. Und eines wird man in diesen Clubs nie hören: keine Musik. Diese Lokale sind mittlerweile angesagte Treffpunkte für die Anhänger der jungen österreichischen Musikszene. Mittlerweile Kult wurde der sogenannte Gürtel Nightwalk, der heuer bereits zum 14. Mal stattfindet. Auch ich wollte einmal in ein hippes Gürtellokal gehen, aber leider ohne Erfolg. Dies lag laut dem Riesen am Eingang daran, dass ich kurze Hosen trug, und die waren in dem Club nicht gestattet. Ich ging dann weiter zu einem Würstelstand, da waren meine kurzen Hosen kein Problem.

Auch tagsüber erlebt man am Gürtel so manches. Vom üblichen Stau, Verkehrslärm und Abgasen mal ganz abgesehen.

Eines Tages, wir waren gerade auf dem Weg zu einem Dreh, passierte uns Folgendes. Wir waren bereits im Kostüm und sollten gleich ein leicht zurückgebliebenes Bergbauernbrüderpaar spielen. Beide waren wir in Lederhosen, Trachtenhemd und mit Hut unterwegs. Auf einmal bemerkten wir, wie ein Mann am Gürtel eine Frau attackierte. Ich stoppte den Wagen, Brandl sprang aus dem Auto und warf sich rettend zwischen die beiden. Der Mann hielt inne, starrte Brandl an, ließ die Frau los und suchte sofort das Weite. Eine traurige Situation, die äußerst komisch aussah. Der Kollege stand mit seinem Bergbauern-Trachtenoutfit am Gürtel und wurde von den Vorbeifahrenden angestarrt wie der erste Mensch.

Der Gürtel – er hat schon vieles kommen und gehen gesehen. Viele Geschäftsleute haben hier ihr Glück versucht. Der Gürtel ist die Wiener Variante vom Land der unbegrenzten Möglichkeiten. Man findet hier alles. Neue Geschäftsideen und alte Geschäftsideen neu verkauft. Es gibt Fitnesszentren, Restaurants, Shoppingtempel, Kinos, Peepshows. Was mir noch fehlt, ist der Blumenhändler, der die ganz spezielle Blume verkauft, die es nur am Gürtel gibt: die Gürtelrose.

Heimatgeschichte – Stadtbahnbögen

Das sind halbrunde Viadukte unterhalb der städtischen Schienentrasse entlang des Gürtels. Gegen Ende der 90er-Jahre startete die Stadt Wien eine Initiative zur Wiederbelebung der Stadtbahnbögen, worauf sich im Bereich des 8. und 9. Bezirks einige Szenelokale und erneut Handwerksbetriebe ansiedelten.

Heimatkultur – Lokale in den Stadtbahnbögen

All In 9., Währinger Gürtel / Stadtbahnbögen 90–91
www.allinclub.at

B72 8., Hernalser Gürtel / Stadtbahnbogen 72
www.b72.at

Chelsea 8., Lerchenfelder Gürtel / Stadtbahnbögen 29–30
www.chelsea.co.at

Q [kju:] 9., Währinger Gürtel / Stadtbahnbögen 142–144
www.kju-bar.at

Rhiz 8., Lerchenfelder Gürtel / Stadtbahnbögen 37 & 38
www.rhiz.org

Seen 8., Währinger Gürtel / Stadtbahnbögen 70–71
www.imseen.at

Shiraz 9., Döblinger Gürtel / Stadtbahnbogen 185
www.shiraz.at

ℋeimatspuren – Gürtel Nightwalk

Im August 1998 fand der erste Gürtel Nightwalk, ein Open-Air-Musik-Spektakel, zwischen Thalia- und Ottakringer Straße statt. Im Rahmen des von der EU kofinanzierten Programms »Urban Wien ¬– Gürtel plus« hatten sich in den 90er-Jahren neue Lokale in den revitalisierten Stadtbahnbögen angesiedelt, um dort eine neue, junge Musikszene als Gegenpol zur bis dahin vorherrschenden tristen Rotlichtkulisse zu etablieren.
www.guertelnightwalk.at

Tipp: Wenn Sie am Gürtel unterwegs sind, sollten Sie sich die Zeit nehmen und der neuen Wiener Hauptbücherei einen Besuch abstatten. Sie fällt sowohl durch ihr außergewöhnliches Design (Landmark Libraries Award 2004) als auch durch ihre moderne Büchereiarbeit auf.

Hauptbücherei Wien – Am Gürtel
Urban-Loritz-Platz 2a
1070 Wien
Tel.: +43 (0) 1 / 400 084 500
www.buechereien.wien.at
Erreichbar mit den Linien U6, 6, 9, 18, 48A, 49

Der Wiener Charme
Netter geht immer

Wo findet man heutzutage den weltbekannten Wiener Charme? Wahrscheinlich fast überall in der Stadt. Einmal versteckt er sich, einmal ist er ganz offensichtlich. Häufig anzutreffen ist er im klassischen Wiener Lokal, dem sogenannten Beisl oder Beisel. Schon Peter Alexander sang in einem seiner alten Schlager: »Das kleine Beisl in unserer Straß'n, da wo das Leben noch lebenswert ist. Dort in dem Beisl in unserer Straß'n, da fragt dich keiner, was du hast oder bist.«

Und es ist in Wien wahrhaftig so, dass es wirklich in jeder Straße ein Beisl gibt. Ursprünglich war das Beisl ein Lokal niederer Güte. Das ist schon lange nicht mehr so. Das Beisl ist mittlerweile Kult und jeder ist stolz auf sein Beisl in seinem Grätzl (das Viertel, in dem man wohnt). An einem solch traditionellen Ort sollte der berühmte (und nach Meinung der Autoren nicht oft genug zu erwähnende) Wiener Charme doch am ehesten zu finden sein. Wir kehrten bei unseren Recherchen in einem solchen Beisl ein und wurden vom Charme des Kellners beinahe erschlagen.

Wie stellen Sie sich, werte Leser, den klassischen Wiener Kellner vor? Vielleicht so, wie man ihn aus Film und

Fernsehen kennt? Ein charmanter Herr mittleren Alters mit schwarzem Anzug, der einen beim Betreten des Lokals mit einem freundlich säuselnden »Küss die Hand!« oder »*Gschamster Diener!*« empfängt. Während er Sie, noch immer freundlich, auf Ihren Platz begleitet, nimmt er Ihnen Ihre Garderobe ab, und im Idealfall singt er Ihnen ein schönes erheiterndes Wienerlied und überhäuft Sie mit Komplimenten. So viel zur Theorie. Nun zu unserem Erlebnis ...

Es war ein kalter Wintertag und wir wollten in einem Beisl eine Kleinigkeit essen gehen. Als wir gut gelaunt das Lokal betraten, wurden wir vom Kellner, wie man so schön sagt, nicht einmal ignoriert (also kein warmes Grinsen und kein »*Gschamster Diener!*«, von Komplimenten beziehungsweise einem Wienerlied ganz zu schweigen).

Wir wählten einen netten Tisch mit Eckbank und Holzvertäfelung. Es war ein schöner Platz, auch wenn er offenbar schon länger nicht mehr ordentlich gereinigt worden war. Oberflächlich sicher immer wieder mal, weil er nicht dreckig war, sondern eher pickig von alten Öl- und Speiseresten, die man mit einem normalen Lappen nicht mehr wegbekommt.

Wir warteten auf die Speisekarte, welche nach gefühlten 20 Minuten vom Kellner wortlos abgeliefert wurde. Die Karte war nicht allzu üppig gestaltet, abgesehen davon konnten wir aufgrund der Oberflächenstruktur des Tisches beziehungsweise der Sitzbank erahnen, was auf der Speisekarte stand, also hätten wir uns die 20 Minuten Wartezeit auf die Karte sparen können. Es gab zwei verschiedene Suppen (Leberknödelsuppe, Backerbsensuppe) und drei Hauptgerichte (Knödel mit Ei, Fiakergulasch, Blunzengröstl). Wieder zehn Minuten später kam der Kellner noch missmutiger als überhaupt möglich wieder zu uns an den Tisch. Zu seiner Entschuldigung müssen wir sagen, dass wir die einzigen Gäste in seinem Beisl waren. Vielleicht war das der Grund für seine schlechte Laune.

Zurück zu unserer Bestellung. Dazu hatten wir nur noch ein paar Fragen.

»Ist bei den Knödln mit Ei etwas dabei?«

Daraufhin die Antwort: »Hmm.« (Es hörte sich an wie ein besseres Räuspern). Oder ins Deutsche übersetzt: »Ja.«

»Und was bitte?«

Antwort (ohne eine Miene zu verziehen): »*I kunnert Eahna a Gobie dazuagebn!*« (Ich könnte ich Ihnen eine Gabel dazugeben.)

Na bravo, dachten wir uns und lächelten ihn verstört an.

(Noch mal ohne eine Miene zu verziehen): »*Wanns wuin, kriagns a Messer und a Serviettn dazua.*« (Wenn Sie möchten, kriegen Sie auch ein Messer und eine Serviette dazu.)

Danke. Selbstverständlich ist das nicht überall so, aber wenn man weiß, was einen erwartet, dann kann man das schon genießen.

Als wir schließlich gehen wollten, fragten wir:

»Herr Ober. Können wir zahlen?«

»Na hoffentlich«, so die Antwort unseres freundlichen Kellners.

Wir gingen immer wieder mal in dieses Beisl und seine Laune wurde von Mal zu Mal schlechter. Und das war gut so, weil es immer wieder ein Erlebnis war, diesen missmutigen Kellner jedes Mal noch missmutiger erleben zu dürfen. Einmal hat er es sogar geschafft, uns während eines Beislbesuches nicht ein einziges Mal anzuschauen.

Eines schönen Tages kamen wir mit einem Kamerateam, weil wir einen Werbespot für unsere Homepage drehen wollten, und das urige Beisl und der schrullige Kellner erschienen uns dafür geradezu perfekt. Als wir das Beisl betraten, setzte der Ober sein charmantestes und wärmstes Grinsen auf. Seine Mundwinkel wanderten dorthin, wo sein Ohr aufhört. Wir blickten uns verstört an.

Was war mit ihm geschehen?

War er krank? Verliebt? Oder hatte unser Kellner einen Zwillingsbruder, der heute seinen *zwideren* (griesgrämigen) Bruder vertrat? Enttäuscht nahmen wir mitsamt dem Team an unserem »Patina-Tisch« Platz und bestellten ohne Karte. Die drei Gerichte waren uns bekannt, die Tische klebrig und das Lokal wie immer leer. Noch immer strahlte der Kellner uns an. Wir waren sprachlos bis komplett verwirrt bis sehr enttäuscht.

Was macht der da auf einmal? Warum ist der so? Da sind wir glücklich, endlich »den klassischen, komplett untouristischen, echten Wiener Kellner« zu treffen, und dann ist der vor Publikum freundlich? Warum das? Muss das sein? Wir konnten es nicht fassen, also fragten wir ihn, warum er diesmal bei so guter Laune sei.

»Wissens. Netter werden geht immer noch. Andersherum ist es nicht so charmant.«

Das macht schon Sinn, wenn man daraus den Umkehrschluss zieht, dass ein sympathischer Kellner eigentlich nur mehr unsympathischer werden kann, dann hat er recht. Er fragte höchst interessiert:

»*San Se von die Seitenblicke?*« (Societysendung mit hohen Einschaltquoten für das ORF)

Wir verneinten und sagten, dass es lediglich ein kleines Youtube-Video für unsere Homepage werden solle. Weder Youtube noch unsere Homepage (www.buchgraberundbrandl.at) waren ihm ein Begriff und seine nach hinten getackerten Mundwinkel verzogen sich auf schnellstem Wege wieder nach unten. Dorthin, wo sie die letzten Dekaden ihren angestammten Platz gehabt hatten. Und wir waren wieder froh. Da war er dann wieder, der gute alte Wiener Charme, der es übrigens, kein *Schmäh* (Scherz), beinahe zum UNESCO-Weltkulturerbe geschafft hätte.

Warum nur fast? Na ja, vielleicht waren die vom Weltkulturerbe-Ausschuss im selben Beisl wie wir …

ℋeimatwissen – Beisl

Das sogenannte Beisl oder Beisel ist ein österreichisches Wirtshaus, also eine Art Kneipe.

Man erkennt ein klassisches Beisl an seinen verkleideten Holzwänden, Holztischen und rot-weiß karierten Tischdecken. Auf dem Tisch steht häufig eine Menage, ein Gestell für Salz, Pfeffer, Zahnstocher und eventuell Speisewürze (in Oberösterreich Maggi). Natürlich darf auch ein Stammtisch nicht fehlen, den ein entsprechendes Schild kennzeichnet. Diese Elemente können variiert beziehungsweise in den sogenannten Nobelbeisln auf höherem Niveau fortgeführt werden.

ℋeimatküche – Blunzengröstl
(für 4 Personen)

Zutaten

¾ kg	*festkochende Erdäpfel*
1 Bund	*Petersilie*
2	*Zwiebeln*
2	*Knoblauchzehen*
½ kg	*feste Blutwurst*
	Mehl
	Schweineschmalz bzw. eine Mischung aus Öl und Butter
	Salz
	Pfeffer aus der Mühle
	Majoran

Zubereitung

Die Erdäpfel in Salzwasser kochen, schälen und in Scheiben schneiden. Die Petersilie fein hacken, Zwiebeln in Ringe schneiden, Knoblauch sehr klein würfeln.

Die Haut von der Blunzen (Blutwurst) abziehen und die Blutwurst in etwa 1 cm dicke Scheiben schneiden. In Mehl wenden.

Etwas Schmalz oder eine Mischung aus Butter und Öl erhitzen. Die Blutwurstscheiben auf beiden Seiten anbraten. Beiseite stellen.

Wenn nötig, noch etwas Fett in die Pfanne geben und die Zwiebeln darin goldgelb dünsten. Erdäpfel und Knoblauch dazugeben und anrösten. Mit Salz, Pfeffer und Majoran würzen. Die Blunzenscheiben untermengen. Nochmals durchrösten. Petersilie darüberstreuen und sofort servieren.

Eventuell Krautsalat dazu reichen. Dafür fein geschnittenes Kraut salzen und mit den Händen gut durchkneten, damit es weich und mürbe wird. Mindestens eine Viertelstunde stehen lassen. Aus Essig, Kümmel, Öl und Pfeffer einen Marinade rühren und unter das Kraut mischen.

Quelle: Kleine Zeitung

Heast, Oida!

Der Wiener Dialekt

Die Wiener sprechen eine eigene Sprache. Also eigentlich sprechen sie mehrere eigene Sprachen – man weiß nicht genau, wie viele es sind. Und damit meine ich nicht die vielen Sprachen der vielen Menschen aus vielen Ländern, die in Wien gesprochen werden. Ich meine alle die »deutschen« Sprachen, die schon die gleichen, aber auch überhaupt nicht dieselbe Sprache sind.

Eines haben die Wiener Sprachen gemeinsam – das »Ziehen«. Damit beschreibt man im Allgemeinen die Tatsache, dass die Wiener für jedes einzelne Wort ein wenig länger brauchen als die übrigen Österreicher. Beginnend beim Namen der Stadt. Während sie in Restösterreich »Wien« genannt wird, nennt sie sich selbst *Wääääähn*.

»Iich wäiiss ohch niicht, wahs diie imma haam, dahs stiemd ja soo ahlles üübahohbt niicht«, könnte ein Wiener zu diesem Klischee sagen, das allerdings Tag für Tag aufs Neue bewiesen wird. Der Ursprung dieses »entspannten« Duktus liegt vermutlich in der Tatsache, dass in dieser Stadt die Gemütlichkeit (siehe *Die Wiener Emotionen – Grant und Gemütlichkeit, Seite 40*) so hochgehalten wird. Kellner etwa reagieren auf einen Zuruf prinzipiell mit »Kollege kommt gleich«, ei-

ner Beschwerde wird mit einem seelenruhigen »Schaun wir sich das einmal an« der Wind aus den Segeln genommen. Immer mit der Ruhe, auch beim Sprechen.

Abgesehen davon gibt es unserer Beobachtung zufolge in Wien derzeit vier vorherrschende Dialekte.

Das Hoch-Wienerische
Gesprochen vom Bildungsbürgertum (»Wir fahren einen Porsche Cayenne«) und von den Bobos (Bourgoise Bohemiens: »Wir fahren auch einen Porsche Cayenne, aber damit zum Biosupermarkt«). Gute deutsche Sprache, grammatikalisch richtig, ihrer eigenen Einschätzung nach dialektfrei und die reinste Form des Österreichischen.

Proto-Wort: *ur* – ursprünglich Steigerungsform (*ur*-super, *ur*-arg, *ur*-schön), inzwischen bei den Adverbien angekommen (Ich liebe dich *ur*).

Das Straßen-Wienerische
Gesprochen von der Arbeiterklasse (»Wir fahren einen Opel Kadett«), und dem, was davon noch übrig ist (»Wir fahren einen Audi A3, weil wir mehr Geld haben als unsere Eltern«). Etwas weniger gute deutsche Sprache, versehen mit einer Vielzahl an althergebrachten Dialektausdrücken und grammatikalischen Formen, die nur in ausgewählten Gemeindebezirken Wiens Gültigkeit besitzen. Das Straßen-Wienerische war auch die Sprache des »echten Wieners« Mundl. Wenn in Österreich jemand einen Wiener parodiert, dann so.

Proto-Wort: *llleiwand* – toll, schön, gut; typischerweise mit einem besonders ausgeprägten »L« gesprochen, dem sogenannten Meidlinger L, benannt nach dem 12. Wiener Gemeindebezirk.

Das Meidlinger L wird erzeugt, indem man die Zunge an die obere Zahnreihe oder gar die Oberlippe anlegt, das »L« anklingen lässt und dann gute zwei Sekunden hält, bevor der erste Vokal folgt. Hier ein Übungssatz: *Llleider llässt der lliebe Lladisllaus keine Lleute mehr in sein lliederlliches Beisl.* Wer den Satz unter acht Sekunden spricht, hat irgendwas falsch gemacht.

Heurigen-Wienerisch
Dies ist eine Sub-Gattung der bereits genannten Dialekte. Gesprochen in österreichischen Filmen der Jahre 1930 bis 1960. Burgschauspieler spielen Dienstmänner und Fiaker und beim Wein wird die Zunge locker. Ausgestorben.

Proto-Wort: *Habe-di-Ehre!* (Habe die Ehre – es ist mir eine Ehre.)

Neu-Slawo-Turko-Wienerisch
Eine Variante, die erst im letzten Jahrzehnt geboren wurde. Gesprochen von Zuwanderern zweiter Generation, also von den Kindern der Zuwanderer, und deren Schulkameraden. Ein südosteuropäischer Akzent vermischt mit altwienerischen Ausdrücken und frei wählbarer Wortstellung.

Proto-Wort: *Oida* – ursprünglich Aufruf oder Anrede (Alter!), inzwischen Füllwort auch für die Stellen im Satz, die kein Füllwort brauchen: »*Oida, der Oide sagt, Oida, dass du meine Frrreundin, Oida, angebrraten hast, Oida! Oida, meine Frrreundin, Oida, brrate nur ich an, Oida!*«

Viele Wiener, vor allem der älteren Generation, finden diese Ausdrucksweise fürchterlich. Da werde das schöne Wienerisch verhunzt von diesen Halbstarken, die noch nicht einmal richtig Deutsch können, heißt es da. Wo sind die Zeiten, als noch der Moser Hans im schönsten Idiom von der Reblaus gesungen hat, wird lamentiert. Sie vergessen dabei, dass dieses schönste Wiener Idiom eine Mischung aus Tschechisch, Polnisch, Ungarisch, Jiddisch und allen anderen Sprachen des ehemaligen Vielvölkerstaates ist.

»*De Fallotten ham a Masl, dass i mi so zruckhoit! Waun do no ana ned Deitsch red, nocha gibt's an Bahö!*«

Fallott = Spitzbube (italienisch *fare lotto* – sein Spiel machen)
Masl = Glück (hebräisch *masol* – Glücksstern)
Bahö = Aufruhr, Streit (vermutlich tschechisch *bahol* – Krawall)*

Hier also die hochdeutsche Übersetzung: »Diese Spitzbuben haben Glück, dass ich mich so im Zaum zu halten weiß. Wenn noch jemand fehlerhaftes Deutsch von sich gibt, gibt es Streit!«

ORF-Wienerisch
Gesprochen in den Fernsehnachrichten. Sonst nirgendwo.

Die Österreicher sind sehr stolz auf ihre Sprache. Jedes Bundesland ist stolz auf seinen Dialekt, jedes Tal auf seine regionale Besonderheit und jede Gemeinde darauf, dass die Nachbargemeinde ein wenig provinzieller klingt als man selbst. Alle gemeinsam sind stolz, dass sie nicht so klingen wie die Deutschen. Insofern war es bei unserem Umzug nach Wien einigermaßen verständlich, dass meine Freundin Wert darauf legte, unsere steirischen Sprachwurzeln nicht zu verlieren. Jetzt muss man sagen, dass in Graz der steirische Dialekt ohnehin nicht allzu ausgeprägt ist, wir sprechen dort eine Art »Hochsteirisch« (was der Rest der Steirer sicherlich als Beleidigung auffasst). Aber wir Grazer sind stolz darauf, von den Wienern noch klar unterscheidbar zu sein. Und das sollte auch so bleiben, fand meine Freundin.

Jeder Anflug von Wienerisch wurde von ihr also mit einem lauten und plötzlichen »Ha!« kommentiert, der verbale Peitschenknall, der den sprachlichen Lllöwen in die Schranken weisen sollte. Mein Problem dabei: Ich nehme sehr leicht und sehr schnell Elemente der Sprache auf, die ich täglich höre. Aber immer wurde ich korrigiert, und eine

---
* Peter Wehle: Sprechen Sie Wienerisch?, Ueberreuter, Wien 2003

Zeit lang war ich meiner Freundin sogar dankbar, weil ja auch ich der Meinung war, dass ich, wenn ich schon Wiener war, ja nicht unbedingt wie einer klingen musste. Bis an einem ganz normalen Tag eine ganz normale Unterhaltung stattfand.

Ich: »Wir müssen noch einkaufen gehen.«
Meine Freundin: »Was brauchen wir?«
Ich: »Ähm. Das Übliche. Brot, Butter, Käse.«
Sie: »Milch?«
Ich: »Ja, die ist uralt.«
Sie: »Ha!!!«
Ich: »Was?«
Sie: »Du hast ›uralt‹ gesagt, wir haben gesagt, kein Wienerisch!«
Ich: »Aber ›uralt‹ ist ein ganz normales Wort!«
Sie: »... Richtig, T'schuldigung.«
Ich: »Tut mir leid, ich kann auch nix dafür, ich nehm solche Sachen total schnell an, wenn ich länger wo bin.«
Meine Freundin: »Ja, das tust du, lllleider.«
Seit diesem Tag ist dieses Thema kein Thema mehr.

Wir haben es uns, geschätzte Leser, zur Aufgabe gemacht, Fehler zu begehen, um Ihnen die Folgen schildern zu können und Sie damit vor ähnlichen Fehlern zu bewahren. In diesem Fall war es uns nicht jedoch möglich, den Fehler selbst zu begehen, Sie werden gleich wissen, warum. Sollten Sie nicht in Wien geboren, aufgewachsen und ausgebildet worden sein, versuchen Sie unter keinen Umständen, wie ein Wiener zu klingen. Schon gar nicht, um damit Sympathien zu erhaschen. Besonders für Besucher aus Deutschland gilt: Anbiedern funktioniert nicht. Sie könnten etwa in ein Café gehen und folgende Bestellung aufgeben: »Servus, mein *Haberer*. Bring mir *amoi* eine *Hoibe* von der Apfelschorle!« Der Kellner wird Sie zwar bedienen, weitere Freundlichkeiten sind aber nicht zu erwarten.

Dass die Autoren diesen Fehler nicht machen konnten, hat einen einfachen Grund: Ein Restösterreicher möchte niemals, unter keinen Umständen wie ein Wiener klingen.

Weitere wienerische Ausdrücke und ihre Bedeutung finden Sie im Wörterbüchlein auf Seite 270.

> ### ℋeimatwissen – Wikipedia auf Weanarisch
>
> Es gibt sogar eine Wikipedia-Seite auf *Weanarisch*. Sie ist Teil der bairischen Wikipedia-Version und beschäftigt sich mit dem *Sudern* (siehe *Es ist alles schlecht – Die Wiener sudern, Seite 194*): http://bar.wikipedia.org/wiki/Suderer
>
>

Grinzing

Dort, wo schon Billy Boy war

„Martin. Muss diese Heurigenpartie wirklich sein?« Wenn der Kollege Brandl so nachdrücklich fragt, dann will er etwas überhaupt nicht. Es ist jetzt nicht so, dass der Kollege Brandl nicht offen für Neues wäre. Ganz im Gegenteil. Aber in diesem Fall bedurfte es extrem großer Überredungskünste, denn ich wollte ihm doch unbedingt etwas Besonderes zeigen und mit ihm zum Heurigen nach Grinzing fahren. Brandl war allerdings schon einmal in Grinzing gewesen und hatte dort eine herbe Enttäuschung erlebt. Es hat ihm da so überhaupt nicht gefallen.

Falls Sie Grinzing, was schwer vorstellbar ist, jetzt zum ersten Mal lesen, dann sei Ihnen Folgendes geschrieben. Grinzing ist *die* Heurigenidylle am nordwestlichen Stadtrand von Wien. Geht man nach vielen Wienerliedern, dann nimmt dort die Glückseligkeit die gute Laune bei der Hand und die beiden schweben von einem Heurigen zum nächsten. Grinzing ist ein Ort, an dem sich der Wiener wie im siebten Himmel fühlt, weil dort selbst die Engerln auf Urlaub hinkommen.

Der Heurige ist ein Ort der Geselligkeit, dort, wo der Schmäh eine Meldezettel hat, dort, wo die Schrammeln

(Wiener Volksmusik) die Reblaus spielen (siehe *Die Reblaus, Seite 80*). Und damit es sich in Grinzing wirklich anfühlt wie im siebten Himmel, wird dafür alles, was nur möglich ist, getan. Schon bevor man den Heurigen betritt, wird man auf sämtliche Spezialitäten, die einen erwarten, aufmerksam gemacht. Ähnliches kennt man ja, wenn man abends durch einen stark frequentierten Tourismusort am Mittelmeer spaziert. Viele Heurige werben in verschiedenen Sprachen für ihre Küche. Werbeslogans wie »Traditional Vienna Heurigen Cuisine« oder »Original Wiener Schweinebraten mit Semmelklößen« zieren die Fassaden. Nicht zu vergessen natürlich auch die Schrammeln also »Traditional Austrian Folk Music« oder so ähnlich. Oft wird man beim Heurigen auf die Schrammeln stoßen, egal ob man das möchte oder nicht. Die meisten Schrammelmusiker kommen heute nicht mehr aus Wien, sondern vorwiegend aus den östlichen Nachbarländern, weil die »Wiener« Schrammeln schon lang nicht mehr für so wenig Geld spielen.

Auch zählen einige Heurige sogar Prominente zu ihren (einmaligen und ehemaligen) Besuchern. Der etwas vergilbte Schriftzug

»Billy Boy was here!«

hängt noch immer vor einem Heurigen (oder besser Gestrigen) in Grinzing. Es war zwar schon 1994, dass der Billy Boy (Clinton) da war, aber das muss man ja nicht an die große Glocke hängen. Sitzgelegenheiten findet man beim Heurigen im Sommer im Gastgarten und im Winter (falls geöffnet) in der Gaststube. Eher selten wird man bei den Heurigen Öffnungszeiten an der Tür finden. Meistens wird man ein »*Ausg'steckt*« sehen. Das bedeutet so viel, dass der Heurige geöffnet hat, dies wird mit einem Föhrenbusch (einem Gebinde aus Zweigen, das meistens im Eingangsbereich hängt) oder einem Kranz gekennzeichnet.

Für viele ist bei Grinzings Heurigen das Essen überteuert und der Wein schon lange nicht mehr so gut, wie er einmal war.

All das kannte Brandl von seinem einzigen Heurigenbesuch in Grinzing.

»Wollen wir vielleicht nicht in ein Pub gehen?«, fragte er deshalb. Ein kläglicher Versuch, mich umzustimmen.

Nein, dachte ich, weil das sehr schade wäre. Ich wollte ihm das Gegenteil beweisen und fuhr mit dem Kollegen nochmals nach Grinzing.

Zu dem Heurigen, wo Bill Clinton und auch viele Touristen leider (oder glücklicherweise?) noch nicht waren, womit ich den Kollegen wie erwartet sofort begeisterte. Wir setzten uns in das sogenannte Hans-Moser-Eck. Das liest sich jetzt vielleicht touristisch, war es aber eigentlich überhaupt nicht. Der Ecktisch war kein touristischer Hans-Moser-Gedächtnistisch. Es gab auch keine Schilder, auf denen »Hans Moser was here!« oder »Hans Moser sang (only) here the Reblaus!« (das wohl bekannteste Heurigenlied – siehe *Die Reblaus, Seite 80*) stand. Es war ein schlichter Ecktisch neben dem Kamin, an dem angeblich auch schon der berühmte Volksschauspieler Hans Moser immer wieder gerne Platz genommen hatte. (Es hängt dort sogar Ansichtskarte, die der Moser dem Heurigen seines Vertrauens einmal geschickt hat.) Und nun wir – deswegen tauften wir den Tisch spontan Hans-Moser-Eck. Wir bestellten, wie beim Heurigen üblich, zwei Gespritzte (Weißwein wird mit Sodawasser aufgespritzt) und begaben uns dafür an das Selbstbedienungsbuffet. Und spätestens dort war der Brandl dankbar, dass er nicht ins Pub gegangen war. Alles war da, was Brandl immer schon wollte, aber aufgrund seiner gesunden Ernährung schon lange nicht mehr gegessen hatte: Schweinsbrüstl, Wildschweinbraten, Surschnitzerl, Backhenderl, Spinatstrudel, überbackene Champignons, verschiedenste Salate, Süßspeisen ...

Und all das wurde ganz frisch zubereitet. Brandl bestellte, natürlich zu viel, und war glücklich. Mit unserem Essen beladen begaben wir uns wieder ins Hans-Moser-Eck. Der

Tisch war fast schon zu klein für all die Speisen. Wir genossen das gute Essen, die passenden Getränke und die perfekte Atmosphäre. Es war ein Abend, an den wir uns noch lange zurückerinnern würden – und das vor allem aus dem Grund, dass wir uns eines hoch und heilig schworen:

Wenn es mit dem Kabarett nix werden sollte, dann nehmen wir unsere letzten 50 Euro und hauen die bei unserem Lieblingsheurigen in Grinzing bei einem Wildschwein und einem Spritzer im Hans-Moser-Eck auf den Hut.

Heimatkultur – Die Reblaus

Ich weiß nicht, was das ist,
ich trink so gern ein Flascherl Wein,
es muss gar kein besonderer Anlass und kein Sonntag sein,
ich sitz of stundenlang allein auf einem Fleckerl,
in einem Weinlokal in einem stillen Eckerl.
An anderen Menschen wäre das vielleicht zu dumm,
doch ich bin selig dort und weiß genau, warum:

Refrain
Ich muss im früh'ren Leben a Reblaus g'wesen sein,
sonst wär die Sehnsucht nicht so groß nach einem Wein;
drum tu den Wein ich auch nicht trinken, sondern beißen,
und hab den Roten grad so gern als wie den Weißen.
Und schwören könnt ich, dass ich eine Reblaus g'wesen bin,
ich weiß bestimmt, ich hab gehaust in einem Weingarten bei Wien,
drum hab den Gumpoldskirchner ich so vom Herzen gern,
und wenn ich stirb, möcht ich a Reblaus wieder werd'n.

Ich hab mir schon als Kind gedacht:
was kann denn das nur sein,

wenn d'Mutter mir a Milch hat geb'n,
da wollt ich schon an Wein,
ich konnte damals schon die Milli ned vertragen,
mir hab'n sich d'Haar aufg'stellt und umdreht war mein Magen.
Nach langem Hinundherstudieren kam ich drauf,
warum an Wein ich lieber wie a Milli sauf:

Refrain
Ich muss im früh'ren Leben a Reblaus g'wesen sein,
sonst wär die Sehnsucht nicht so groß nach einem Wein;
drum tu den Wein ich auch nicht trinken, sondern beißen,
und hab den Roten grad so gern als wie den Weißen.
Und schwören könnt ich, dass ich eine Reblaus g'wesen bin,
ich weiß bestimmt, ich hab gehaust in einem Weingarten bei Wien,
drum hab den Gumpoldskirchner ich so vom Herzen gern,
und wenn ich stirb, möcht ich a Reblaus wieder werd'n.

Heimatwissen – Heurige

Der Begriff Heuriger hat zwei Bedeutungen: zum einen steht er für den Jungwein, zum anderen bezeichnet er die Buschenschank (Gastwirtschaft), die ihn ausschenkt. Es handelt sich dabei nicht, wie meine Nichte Sarah aus Mönchengladbach einmal vermutete, um eine Fast-Food-Kette auf Franchisebasis. Das Wort leitet sich von »heuer« ab, dem süddeutschen Ausdruck für »dieses Jahr«.

Die Bezeichnung »Heuriger« ist nicht geschützt, daher gibt es in Wien zahlreiche unterschiedliche Gaststätten, die sich Heurige nennen. Echte Heurige werden saisonal betrieben und befinden in einem Heurigengebiet auf einem für die landwirtschaftliche Nutzung bestimmten Betriebsgelände des jeweiligen Hauers. Dass ein Heuriger geöffnet ist, erkennt man am Föhrenbuschen, den der Hauer an einer Stange oberhalb des Eingangs deutlich sichtbar anbringt (*aussteckt*) – daher kommt auch der Name Buschenschank oder Buschenschenke. Am Ende der Saison wird der Buschen wieder »eingezogen«. Damit die Heurigenwirte einander weniger Konkurrenz machen, sprechen sie häufig ab, wer wann *aussteckt*. Gleichzeitig verlängert sich dadurch die Saison, wodurch wiederum mehr Besucher angezogen werden. In Heurigenorten findet man oft an zentralen Plätzen einen sogenannten Rauschbaum, ein kunstvoll geschmiedetes Gebilde, in den der einzelne Heurige seine eigene kleine Tafel in einen Rahmen einschiebt, solange er *ausg'steckt* hat. Inzwischen gibt es natürlich auch Heurigenkalender im Brieftaschenformat, die die Öffnungszeiten der einzelnen Betriebe angeben.

Weitere Hinweise, wann ein Heuriger *ausg'steckt* hat, finden Sie unter www.wienerheurige.at.

Heimatkultur – Schrammelmusik

Die Schrammelmusik wurde nach den Waldviertler Musikern Johann und Josef Schrammel benannt, die im Jahr 1878 zusammen mit dem Gitarristen Anton Strohmayer in Wien ein Ensemble gründeten. Mit ihrem volkstümlichen Repertoire, unter anderem bestehend aus Tänzen, Walzern und Märschen, traten sie in Gaststätten und Heurigen auf.

Berühmt wurden sie einige Jahre später als »Specialitäten Quartett Gebrüder Schrammel«, zu dem nun auch der Klarinettist Georg Dänzer gehörte. Beim Publikum fand ihre Art, Wienerlieder zu spielen, großen Anklang, und so konnten sie bald in Palais und Salons der Wiener Aristokratie und des Großbürgertums auftreten. Selbst Johann Strauß und Johannes Brahms wurden von der »Schrammeleuphorie« erfasst. Schon zu Lebzeiten der Brüder war das Wienerlied unter der Bezeichnung »Schrammelmusik« bekannt.

Ein typisches Merkmal der Schrammelmusik ist vor allem die »weinende«, in Wien sagt man gerne »raunzende«, melancholische, aber trotzdem chansonartig beschwingte Instrumentierung.

Das Sackerl für das Gackerl
Eine saubere Lösung

Wenn man in Wien spazieren geht, geht die Angst mit. Aber nicht irgendeine Angst. Sondern die Angst, unaufmerksam zu sein und in ein Hundstrümmerl zu steigen. Ein Hundstrümmerl ist ein Hundeexkrement und es ist genauso überflüssig wie ein *Gelsenstich* (Mückenstich). Und Hundstrümmerl und Gelsen gibt es in Wien zur Genüge so wie die Tauben auf dem Markusplatz in Venedig. Das Angenehme an den Gelsen ist, dass es sie nur im Sommer gibt. Dann sind sie zwar schrecklich, aber man weiß, dass es im September wieder vorbei sein wird und man die nächsten neun Monate eine Ruhe vor ihnen hat. Ganz anders verhält es sich mit den Hundstrümmerln. Die gibt es das ganze Jahr über. Obwohl das eigentlich nicht sein müsste, weil seit ein paar Jahren gibt es ein interessantes neues Konzept in Wien, welches »Sackerl fürs Gackerl« heißt. Genauer:

Nimm ein Sackerl für mein Gackerl!

Das Konzept funktioniert folgendermaßen: Wenn ein Hundebesitzer mit seinem Hund *äußerln* geht, dann sollte sich der Hundehalter freundlicherweise um die Ausscheidungen seines geliebten Vierbeiners kümmern. Er ist schließlich für sein Tier verantwortlich, also wieso sollte sich ein Dritter mit den Ausscheidungen des Hundes herumschlagen müssen.

Wer kann da widerstehen?

Um dieses Vorhaben zu erleichtern, hat die Stadt Wien 2.450 Sackerlspender aufgestellt. In diesen Spendern befinden sich kleine schwarze Plastiksäcke. Mit diesen sollen die unangenehmen Spuren des Hundes beseitigt werden. Eine großartige Idee, wie ich finde, die bei Nichteinhalten mit einer Geldstrafe von 36 Euro geahndet wird. Die Bereitschaft unter den Hundehaltern, sich um die Ausscheidungen ihres Lieblings zu kümmern, wurde durchaus gesteigert.

Immer wieder beobachte ich Hunde, wie sie in städtischen Grünanlagen oder auf der Gasse ihre Notdurft verrichten. Der Hundebesitzer steht stoisch daneben und schaut in die Leere. Er will seinen vierbeinigen Freund keinesfalls bei der Verrichtung seiner Notdurft stören. Wenn der Hund seine Pflicht getan hat, greift das Herrl routiniert in die Hosentasche (oder in den Sackerlspender), nimmt ein Plastiksackerl heraus und bereinigt die Spuren seines Hundes. So sollte es sein. Das ist die Idealvariante. Natürlich gibt es unter den Hundehaltern auch schwarze Schafe (oder Hunde), die sich nicht an die Vorschriften halten. So wie meine Nachbarin Elisabeth. Sie hat neuerdings einen Hund. Und ein Hund passt nämlich etwa gleich gut zu ihr wie eine Maurerkelle zu einem Vorstandsvorsitzenden. Optisch zwar nett anzusehen, aber in der Praxis ist das sehr schwer vorstellbar.

»Die Jana hat sich halt so auf einen Hund gefreut, da hab ich uns halt einen gekauft ...«

Jana, so heißt die kleine Tochter unserer Nachbarin. Sie ist ein sehr liebes Mädchen mit sieben Jahren.

»Und außerdem ist das eh ein Havaneser, das sind Wohnungshunde«, meinte Elisabeth.

»Wann kommst du denn vorbei, die Selma besuchen?«, wollte sie weiter wissen.

Also kam ich vorbei. Als ich in der Wohnung der Nachbarin eintraf, wurde ich sofort von Jana und ihrem Hund Selma begrüßt. Offenbar freute er sich riesig, mich zu sehen. Ein kleiner weißer Wirbelwind, extrem ungezogen, aber sehr süß.

»Wollts ihr mit ihr nicht einmal spazieren gehen, sie müsst eh einmal raus an die frische Luft?«

Noch bevor ich Ja sagen konnte, standen Jana und ich schon mit Selma vor der Tür auf der Straße.

Weit und breit kein Baum, und wenn einer da war, dann war ein Zaun davor. Der Selma war das egal. Sie ging zielstrebig zu einem Hauseingang und verrichtete dort ihre Notdurft. Gott sei Dank, wir brauchen kein Sackerl, dachte ich erleichtert und wollte schon weitergehen. Zu früh gefreut. Selma hatte doch groß gemacht. Und zwar ziemlich groß für einen so kleinen Hund.

Die Selma wirkte zufrieden und wollte wieder in die Wohnung. Ich schaute Jana und Selma verstört an.

»Ups«, rief Jana. »Normalerweise geht sie nur in der Wohnung, draußen war sie noch gar nie groß!«

Normalerweise geht sie nur in der Wohnung?, wollte ich wissen. Weil sie noch so klein war, wollte man das Hündchen nicht zu früh an die raue Welt der Straße gewöhnen.

»Deswegen haben wir auch keine Teppiche mehr in der Wohnung!«, rief Jana wissend.

Toll, dachte ich mir und hielt nach einem Sackerlspender Ausschau. Natürlich war, wenn man einen brauchte, weit und breit keiner in Sicht. Da gibt es 2.450 in der ganzen Stadt, aber jetzt ist wieder einmal keiner da. Selma zog an der Leine und wollte weiter. Ich wollte Jana aber kein schlechtes Vorbild sein und nahm ein Taschentuch aus meiner Tasche und versuchte das Gackerl von Selma umständlich aufs Taschentuch zu befördern. 14 Taschentücher später hatte ich es geschafft. Kaum hatte ich die Taschentücher entsorgt, lachte mich ein Sackerlspender an. Typisch. Als wir wieder bei meiner Nachbarin eintrafen, war die komplett baff, dass ihr Hund im Freien seine Notdurft erledigt hatte.

»Echt? Normalerweise geht sie immer in der Wohnung. Deswegen haben wir jetzt keine Teppiche mehr ...«

Die Havaneserin Selma war dann übrigens drei Wochen später nicht mehr bei meiner Nachbarin. Sie hatte sie an ihre Eltern abgegeben, weil die hatten einen Garten und mehr Geduld.

𝓗eimatgeschehen – Sackerlspender

Laut einer Aussendung der Wiener Umweltstadträtin Ulli Sima finden täglich 47.200 Hundekotsackerl mit eindeutigem Inhalt ihren Weg in Wiens Mistkübel. Das sind pro Jahr 17,2 Millionen volle Sackerl. Die Stadt Wien stellt pro Jahr rund 20 Millionen Sackerl in den 2.450 Sackerlspendern kostenlos zur Verfügung. Dieses System scheint zu funktionieren. Laut einer Studie verwenden 93 Prozent »Das Sackerl fürs Gackerl« der Stadt Wien. Nur 7 Prozent verwenden eigene Sackerl.

Seit 1. Februar 2008 kontrollieren die Waste-Watcher die Verpflichtungen der Hundebesitzer und haben seither knapp 2.300 Amtshandlungen, davon 1.300 Strafen, allein in Sachen Hundekot getätigt. Das Nichtensorgen kostet 36 Euro, im Falle von Anzeigen drohen bis zu 1.000 Euro.

In Wien sind offiziell 52.000 Hunde gemeldet. Die Zahl der tatsächlich in der Stadt lebenden Hunde ist laut Schätzungen aber doppelt so hoch.

𝓗eimatwissen – Hundeführschein in Wien

Hundeführscheinpflicht gilt für folgende Rassen: Bullterrier, Staffordshire Bullterrier, American Staffordshire Terrier, Mastino Napoletano, Mastín Español, Fila Brasileiro, Mastiff, Bullmastiff, Tosa Inu, Pitbullterrier, Rottweiler, Dogo Argentino (Argentinischer Mastiff)

Wer keinen Kampfhund besitzt, kann selbstverständlich freiwillig einen Hundeführschein machen.

𝄞

Nicht ernst zu nehmende Fragen: Ich, als unwissender Nichthundebesitzer, frage mich, wie man sich als Hundehalter verhält, wenn man keine 40 Jahre mehr alt ist, sondern mit dem sogenannten Seniorenporsche (Rollator) und seinem liebsten treuen Gefährten unterwegs ist. Was tut man, wenn der Hund *äußerlt*? Dann hat man das Schlamassel. Der Dreck ist da, aber wie bekommt man den weg? Ich habe schon öfters Pensionisten beobachtet, die genau das gemacht haben – nämlich nix. Das find ich in diesem Fall okay.

Kabarett in Wien
Kleine und große Brettln

Als Buchgraber & Brandl zum ersten Mal gemeinsam nach Wien hinein fuhren (siehe *Durch Wien durch – Autofahren in der Hauptstadt, Seite 17*), war der Grund ein beruflicher. Wir hatten bis zu diesem Zeitpunkt lediglich ein paar Auftritte in Kaffeehäusern in Graz absolviert und auf gut Glück einige Demos verschickt. Als einige Wochen danach ein Mail kam mit der Frage, ob wir nicht Lust hätten, in Wien aufzutreten, konnten wir unser Glück kaum fassen. Der internationale Durchbruch! Heute Telfs, morgen Wien, übermorgen New York! Wann immer man in Österreich auf irgendeinem Gebiet was erreichen will, früher oder später kommt man an Wien nicht vorbei (siehe *Wien ist wichtiger – Der Wasserkopf, Seite 257*). Warum sollte es im Kabarett anders sein?

Als wir also an jenem Tag nach Wien hinein fuhren, war unser Ziel das Theater am Alsergrund im 9. Bezirk. Jenes Theater, das uns drei Jahre später den Grund liefern würde, nach Wien zu fahren und dort zu bleiben.

Wien ist nicht nur die Stadt des Theaters und der Musik, sie ist auch die Stadt des Kabaretts. Und damit stelle ich mich schon dem größten Problem dieser Geschichte: Was ist österreichisches Kabarett? Fragen Sie zehn Kabarettisten, Sie werden zehn verschiedene Antworten bekommen. Eine allgemein gültige Definition gibt es nicht. Einzige Übereinstimmung bei den meisten Kollegen ist die Tatsache, dass man Kabarett macht und nicht Comedy. Wobei diese Grenze wiederum nicht klar zu definieren ist (siehe *Was ist Kabarett?, Seite 100*).

Unsere ersten Auftritte in Wien fanden auf der Straße statt

Buchgraber und ich betraten also zum ersten Mal Wiener Kabarettboden. Im Gepäck einiges an Aufregung und ein Marketingkonzept. Das hatte die Leitung des Theaters am Alsergrund, das Ehepaar H., indirekt gefordert. Also eigentlich wurden wir aufgerufen, uns »was zu überlegen, damit wir auch ein Publikum haben« in Wien. Das taten wir. Wir legten eine kleine Mappe an, mit Pressekontakten, die wir zu nutzen gedachten, mit Gewinnspielen, Aktionen, dem Plan, als Straßenmusiker aufzutreten, und der Versicherung, dass wir gerne jederzeit auch für wenig Geld nach Wien fahren und spielen würden. Später berichtete uns die H.s, dass allein die Tatsache, dass wir eine Mappe unterm Arm hatten, sie immens beeindruckt hat. Noch nie zuvor war jemand mit einer Mappe zu einem ersten Gespräch erschienen.

Das Alsergrund war und ist ein wahres Schmuckstück. Ein ehemaliger Altbaukeller, der zuvor als Werkstatt und Lagerraum benutzt wurde. Der damalige Besitzer des Theaters hatte vier Jahre lang jede freie Minute und jeden freien Schilling (ja, damals noch in Schilling, das war das echte Geld vor dem Euro) investiert, um eine Bühne aus dem Boden zu stampfen, die keine Wünsche offen lässt. Ein kleiner Theaterraum, eine kleine Bar, eine kleine Garderobe, alles klein, aber sehr sehr fein. Wie geschaffen für intime Theaterabende, bei denen man von der Bühne aus jede Regung im Publikum hautnah spürt. Was wir an unserem ersten Abend dort auch genau so erlebten. Wir spürten die Regungen jedes einzelnen Gastes. Bei knapp 30 Zuschauern war das auch keine echte Schwierigkeit. Aber immerhin waren 30 Zuschauer da – dank Mappe.

Drei Jahre später feierten wir eine ausverkaufte Premiere unseres dritten Programms.

Das Alsergrund ist so etwas wie das Wohnzimmer der Newcomer-Szene. Hier trifft man sich zu Premieren, hier probt man, hier schaut man sich Kollegen an, hier schaut man schnell auf ein Bier vorbei. Und weil beim Trinken die Leut' zusammenkommen, ergeben sich daraus wunderbare Dinge. So wie an dem Abend, als einige Künstler, die im Alsergrund auftraten, sich zu einer Kapelle zusammenschlossen und ein einmaliges Konzert gaben. Oder an einem Abend, als kein Geringerer als Josef Hader einen Abend für Nachwuchskünstler als Moderator begleitete: Er betrat die Bühne, stellte ein Mikrofon für den ersten nervösen Jung-Kollegen auf und meinte trocken: »Ich bin hier für den Umbau.«

Auch ist man im Alsergrund näher am Publikum dran als auf irgendeiner anderen Bühne. Also wirklich nah. (Näher dran waren wir nur im Café Tintenfass in Graz, wo wir unsere allerersten Schritte auf die Bühne machten. Dort war die Garderobe der Weg zur Toilette, in der Pause pilgerte also das Publikum fast geschlossen an uns vorbei – meist, als wir uns gerade umzogen.) Diese Nähe zum Publikum verleitet die Menschen auch immer wieder, nach der Vorstellung zu bleiben und das Gespräch mit den Künstlern zu suchen. Da gibt es die Netten, die einfach nur ein wenig plaudern wollen. Dann gibt es die vermeintlichen Kenner, die gern Dinge sagen wie: »Aber in der einen Szene habt's einen Hänger gehabt, gell?« Dann gibt es die echten Kenner, die sagen: »Wenn ihr das wirklich so böse gemeint habt, wie ich glaube, dann war es sehr gutes Kabarett.« Und dann gibt es die Anfänger. Die machen fast immer denselben Fehler.

Im Folgenden die drei Fragen, die immer gestellt werden, obwohl sie besser nie gestellt werden sollten:

»Könnts ihr davon leben?«

»Wie fällt einem so was ein?«

»Wie merkt man sich den ganzen Text?«

Sollten Sie, geschätzter Leser, ein kleines Wiener Kabarett besuchen, nach der Vorstellung an der Bar stehen und das dringende Bedürfnis haben, mit dem Künstler zu plaudern, dann ersparen Sie ihm oder ihr diese Fragen, nehmen Sie stattdessen dieses Buch mit und lesen Sie einfach die Antworten nach. Sie sind nämlich immer dieselben.

»Na ja, es geht schon so.«

»Hm – meistens in der Dusche oder am Klo.«

Und: »Wir lernen den Text auswendig.«

Nachdem das also geklärt ist, freut sich der Künstler sicherlich auf ein nettes Gespräch. Da kann man dann ehrliches

Feedback geben, gerne auch die Szenen benennen, die nicht so gut gefallen haben, und natürlich nicht mit Lob sparen. Eines noch: Erwähnen Sie möglichst nicht den Namen jenes Mannes, der früher auch mal was mit Kunst gemacht hat: M. Barth. Keiner wird es zugeben, aber alle sind neidisch. Ersparen Sie sich und allen Anwesenden die unangenehme Stille.

Unsere Anfangszeit im Alsergrund war von zwei Dingen geprägt. Wenig Publikum und wenig Schlaf. Wir lebten noch in Graz, setzten uns also nach Büroschluss ins Auto, fuhren nach Wien hinein, spielten vor einer handverlesenen Schar zahlender Gäste und einigen Gewinnern von Freikarten und fuhren spätnachts (oder frühmorgens) wieder nach Graz zurück, um pünktlich um neun Uhr im Büro zu sitzen.

Aber wir lernten viel. Wir lernten, dass man sich jeden Fan hart erarbeiten muss. Wir lernten, mit Absagen umzugehen. Wir lernten unsere Grenzen beim Autofahren in der Nacht kennen. Und wir lernten unzählige Kollegen kennen, mehr als wir gedacht hätten. So viele Kollegen, dass wir uns schon wunderten, warum wir von all diesen Künstlern noch nie zuvor gehört hatten. Genauso wie sich die Kollegen wunderten, warum sie von uns noch nie zuvor gehört hatten. Die Wiener (und damit die österreichische) Kabarettszene, ist in den letzten Jahren ungemein gewachsen. Da gibt es die wenigen ganz großen Namen wie Hader oder Niavarani. Dann gibt es einen überschaubaren, nennen wir es Mittelbau, also Künstler, die durchaus von ihrer Kunst leben können, die den Sprung ins allgemeine Bewusstsein aber noch nicht geschafft haben. Und dann gibt es eine große Menge junger Nachwuchskünstler, die alle dasselbe Ziel haben: von Fernsehteams und aufdringlichen Fans belagert zu werden. Oder zumindest den Sprung in den Mittelbau zu schaffen.

Noch eines lernten wir, nämlich dass es gerade am Anfang auf zwei Dinge ganz besonders ankommt: auf Durchhaltevermögen und auf Trinkfestigkeit. Ersteres erklärt sich von alleine. Letzteres kann leicht missverstanden werden, darum will ich es erläutern. Ich will damit nicht sagen, dass man als Künstler saufen muss. Aber es hilft. Auch das kann missverstanden werden, also will ich weiter erläutern. Wenn man, sagen wir, mit einem Veranstalter verhandelt, dann ist es ratsam, für eine gemütliche Atmosphäre zu sorgen. Und gemütlich wird es in Wien oft (aber nicht immer) mit einem Achterl Wein in der Hand. Auch kommen nach der Vorstellung immer wieder Menschen auf den Künstler zu, die ihn aus lauter Begeisterung über das Gebotene auf irgendwas einladen wollen. Was soll man dann sagen? Ein Cola? Geht nicht.

Das Kabarettistenvolk ist überhaupt ein lichtscheues. Das bedingt der Arbeitsalltag des Künstlers. Arbeitsbeginn ist frühestens um 17 Uhr, wenn man in ein Theater kommt, um »einzuleuchten«, also mit dem Techniker des Hauses die Einstellungen für Licht und Ton zu besprechen. Beginn der Show ist zwischen 19:30 und 20 Uhr, die Show selbst läuft oft bis 22:30 Uhr. Dann beginnt der Networking-Teil des Abends: Gespräche mit Gästen, Kollegen, Veranstaltern. So ein Arbeitstag dauert dann schon gern mal bis zwei Uhr morgens. Anders gesagt: Einen Kollegen vor 13 Uhr anzurufen, ist völlig sinnlos. Als wir uns eines Montags um neun Uhr mit einigen Leuten zu einer Probe trafen, wurde das von einem Kollegen kopfschüttelnd kommentiert mit: »Früher hätte es das nicht gegeben.«

Irgendwann muss man dann wieder raus aus dem Alsergrund und weiterziehen. Also spielten und tratschten wir uns unseren Weg durch die Bühnen und Kellertheater Wiens. Die Kulisse, ein gediegenes Wirtshaus mit bodenständiger Küche und einer ungemein großen Bühne. Das Vindobona, ein edel renoviertes Theater, modern und gemütlich. Das Niedermair, nach dem Alsergrund quasi die nächste Station auf dem Weg an die breite Öffentlichkeit. Die Gruam, ein Zwei-Mann-Betrieb in einem kleinen Keller im Nordosten der Stadt. Irgendwann riefen wir sogar einfach den Chef des altehrwürdigen und berühmten Kabaretts Simpl an und fragten, ob wir nicht als Autoren für ihn tätig werden könnten – wir konnten. Seither haben wir für zwei Simpl-Programme Texte beigesteuert (siehe dazu auch *Das Simpl – Bergwerk des Kabaretts, Seite 102*).

Und jedes Haus hat seine Eigenheiten. In der Kulisse trifft man die beste Technikerin der Stadt, die die Männerdomäne sehr souverän aufbricht. Nach der Show sitzen die Künstler immer am selben Tisch, rechts hinter der Bar (falls Sie sich ein Autogramm holen wollen). Nach einer Show im Niedermair geht man ins nahe gelegene Café Bendl, das die Bezeichnung »Café« eigentlich nicht so richtig verdient. »Bis in den frühen Morgen« – so steht es auch auf der Homepage des Bendl – wird dort in düsterer Atmosphäre getrunken, geraucht und geredet. Ganz anders das After-Show-Programm des Simpl, von dort wechselt man die Straßenseite entweder zum Plachutta oder ins Café Engländer. Ersteres ist der noble Platzhirsch, wenn es um Wiener Küche und Tafelspitz geht. Letzteres ist einfach ein besonders gemütlicher Ort für ein gepflegtes Bier vor dem Nachhausegehen. Gemeinsam haben alle eines – meistens wird es recht spät, oder früh, wie man will.

Bisheriger Höhepunkt unserer Bühnenkarriere war eine Reihe von Auftritten an der Seite von Starkabarettist Michael Niavarani, der uns als Gäste in seine Show holte. Im Palais Nowak, einem umgebauten Zirkuszelt, durften wir neben ihm auf der Couch sitzen und dem Meister bei der Arbeit zusehen. Vor 600 Leuten.

Zwei Erlebnisse haben sich, neben all den wunderbaren Abenden im Alsergrund und auf vielen anderen Bühnen, in unser Gedächtnis eingebrannt. Vermutlich, weil sie die beiden größten Niederlagen in unserer Karriere markierten. Auf die wir inzwischen aber mit einem breiten Grinsen zurückblicken können.

Im Vindobona wurde ein Wettbewerb abgehalten, unter dem Titel »Hopp oder Tropp« (sinngemäß: »Alles oder nichts«, »Top oder Flop«). Das Besondere dabei: Das Publikum durfte einen Künstler bei Nichtgefallen gnadenlos ausbuhen und von der Bühne schicken. Die Entscheidung über Weiterkommen oder Rauswurf traf ebenfalls das Publikum, und zwar per Akklamation. Was zur Folge hatte, dass alle Teilnehmer möglichst große Fangruppen mitbrachten, um den eigenen Erfolg sicherzustellen. Hart, aber lustig. Buchgraber und ich meldeten uns auch an und erreichten relativ mühelos das Finale der besten acht. Dort entschieden wir uns, eine Nummer aus unserem dritten Programm zu spielen, in dem es um ein Casting geht, zu dem ausschließlich völlig talentfreie Kandidaten kommen. Wir fanden es wunderbar subversiv, im Finale einer Casting-Show ebendiese aufs Korn zu nehmen. Was wir unterschätzten, waren die Fangruppen der anderen Teilnehmer. Die sahen den Witz an der Sache nicht, waren zutiefst beleidigt und machten von ihrem Recht auf freie Meinungsäußerung gnadenlos Gebrauch. Wir waren somit die Einzigen, die sogar noch im Finale von der Bühne geworfen wurden. Unser erster Eklat, und eigentlich sind wir richtig stolz darauf.

Die zweite Geschichte spielte sich in der Gruam ab, die überhaupt eine eigene Kategorie unter den Kleinkunstbühnen darstellt. Der Chef macht dort so gut wie alles selber: Bühnentechnik, Bier ausschenken, Würstel sieden, Künstler betreuen, zusperren. Wir waren das erste Mal in der Gruam zu Gast und kannten das Haus und den Chef so wenig wie er uns. Wir spielten unser Programm, das auch mit einigem Erfolg, und als der Abend zu Ende ging, verabschiedeten wir uns. Nun ist es an dieser Stelle üblich, dass man, egal ob ehrlich gemeint oder nicht, einige Komplimente und Danksagungen austauscht. Danke, dass wir spielen durften. Danke, dass ihr da wart. Vielleicht wieder mal. Ja, gerne, telefonieren wir. Tschüss! Gute Nacht! Man kennt das.

In der Gruam war das an jenem Abend anders. Der Chef stand auf einer Leiter und schraubte an einem Scheinwerfer herum. Wir traten an ihn heran, er von der Leiter. Wir wussten noch nicht, dass ihm unsere Darbietung nicht gefallen hatte.

Wir eröffneten das Spiel: »Schön war's, gute Nacht, danke, dass wir spielen durften.«

Und er? Beendete das Spiel gleich wieder: »Gerne.«

Heimatkultur – Kabarettbühnen in Wien

Theater am Alsergrund
Löblichgasse 5–7, 1090 Wien
Tel.: +43 (0) 1 / 310 46 33
www.alsergrund.com
Spielbetrieb:　sieben Tage die Woche,
　　　　　　　Mitte September bis Anfang Juni

Kabarett Niedermair
Lenaugasse 1a, 1080 Wien
Tel.: +43 (0) 1 / 408 44 92
www.niedermair.at
Spielbetrieb:　sieben Tage die Woche,
　　　　　　　Ende August bis Ende Juni

Die Gruam
Wagramer Straße 109, 1220 Wien
Tel.: +43 (0) 699 / 19 22 42 72
www.gruam.at
Spielbetrieb:　unregelmäßig,
　　　　　　　Mitte September bis Anfang Juni

Die Kulisse
Rosensteingasse 39, 1170 Wien
Tel.: +43 (0) 1 / 485 38 70
www.kulisse.at
Spielbetrieb: sieben Tage die Woche,
Anfang September bis Ende Juni

Orpheum
Steigenteschgasse 94b, 1220 Wien
Tel.: +43 (0) 1 / 203 12 54
www.orpheum.at
Spielbetrieb: sieben Tage die Woche,
Anfang September bis Ende Juni

Vindobona
Wallensteinplatz 6, 1200 Wien
Tel.: +43 (0) 1 / 512 47 42
www.vindo.at
Spielbetrieb: sieben Tage die Woche,
Anfang Oktober bis Ende Juni

Kabarett Simpl
Wollzeile 36, 1010 Wien
Tel.: +43 (0) 1 / 512 474 20
www.simpl.at
Spielbetrieb: sechs Tage die Woche,
Anfang September bis Ende Juni

Wiener Metropol
Hernalser Hauptstraße 55, 1170 Wien
Tel.: +43 (0) 1 / 407 77 407
www.wiener-metropol.at
Spielbetrieb: Anfang September bis Ende Juni,
keine fixen Spieltage

Heimatkultur – Was ist Kabarett?

Besserwisser werden mit dem französischen Wortursprung daherkommen: *cabaret* bezeichnete eine Schenke oder Kneipe. Leute, die noch ein wenig klüger sind als die Besserwisser, verweisen auch gerne auf die Bedeutung »Kabarett« als eine drehbare Speiseplatte mit kleinen Fächern oder Schüsselchen. »Ein bisschen was von allem« könnte man daraus ableiten und in gewisser Weise ist das gar nicht so falsch. Das österreichische Kabarett verstand sich über lange Jahre als eine Art Nummern-Revue. Sketche zu den unterschiedlichsten Themen wurden gespielt, meist politisch oder gesellschaftskritisch gefärbt. Dazwischen Lieder und Conférencen, zumeist standen mehrere Akteure auf der Bühne. In seiner heutigen Form ist das österreichische Kabarett weit weniger einheitlich, da ist von Stand-up über Clownerie bis zu satirischem Theater alles dabei.

Heimatgeschichte – Kabarett in Österreich

Das erste Kabarett wurde in den 1880ern in Paris eröffnet – dort sollten Künstler »politische Ereignisse persiflieren, die Menschheit belehren, ihr ihre Dummheit vorhalten, dem Mucker die schlechte Laune abgewöhnen.« In Österreich wurde 1901 das erste Kabarett »Jung-Wiener Theater zum lieben Augustin« eröffnet, nach nur einer Vorstellung war aber schon wieder Schluss. 1906 folgte das Kabarett Hölle, 1912 das Simpl, das auch heute noch besteht. Der Zweite Weltkrieg sorgte auch hier für eine Zäsur, erst als 1946 Karl Farkas nach Österreich zurückkehrte, begann die Szene wieder zu leben. Mit und neben ihm standen Hermann Leopoldi, Gerhard Bronner, Georg Kreisler, Helmut Qualtinger und andere auf der Bühne.

Diese Generation wird von vielen als die »goldene Zeit des Wiener Kabaretts« betrachtet.

In den 70ern und 80ern löste die Generation um Lukas Resetarits und Erwin Steinhauer die »Alten« ab, Ende der 1980er gab es wieder eine neue Welle rund um Roland Düringer, Alfred Dorfer und Josef Hader. Seitdem explodiert die Szene geradezu – hier einige persönliche Tipps, die einen Besuch wert sind:

Thomas Stipsits, Klaus Eckel, Blözinger, Clemens Maria Schreiner, Heinz Hofbauer, Alexander Sedivy, Die Schienentröster, Martin Kosch, Flüsterzweieck, Michael Auernigg.

ℒiteraturtipp

Einen guten Überblick über die letzten Jahrzehnte der österreichischen Kabarettlandschaft gibt Iris Fink in ihrem Buch »Von Travnicek bis Hinterholz 8«, Styria Verlag, Graz 2000.

Das Simpl

Bergwerk des Kabaretts

Ich bin schon sehr lange Zeit ein Anhänger des legendären Kabarett Simpl in Wien. Das Simpl ist gelebte Kabarettgeschichte seit beinahe 100 Jahren. Jede Woche wird die bekannte Simpl-Revue dort sieben Mal gespielt – samstags sogar doppelt (Nachmittags- und Abendvorstellung). Das Kabarett Simpl ist, wie es mein lieber Freund, der Herr Volksschauspieler, einmal sagte »das Bergwerk des Kabaretts«. Es ist aus der Kabarettszene im deutschsprachigen Raum nicht mehr wegzudenken.

Kurzer Exkurs: Ich bin einer der wenigen, die in ihrer Kindheit vollkommen ohne Fernseher auskommen mussten. Das war für mich nicht immer leicht, aber ich hab es dennoch einigermaßen unbeschadet überstanden. Nur zu Silvester, nämlich dann, wenn wir bei Oma und Opa zu Besuch waren, liefen die größten Highlights aus dem Kabarett Simpl im Fernsehen.

Fast alle, die in der österreichischen Kabarettszene etwas zu sagen hatten, waren schon dort: Fritz Grünbaum, Karl Farkas, Ernst Waldbrunn, Gerhard Bronner, Maxi Böhm, Hugo Wiener, Michael Niavarani (der aktuelle »lustigste Österreicher«), sogar Peter Alexander (der im Simpl leider gar nicht erfolgreich war). Ich freute mich jedes Jahr wie ein Schneekönig auf die Sketche und Conférencen im Simpl. Es war großartig. Schon nach fünf Minuten schaute ich auf die Uhr und stellte traurig fest, dass die für mich, »lustigste Sendung des Jahres nur mehr 30 Minuten dauern würde, und dann käme schon wieder »Dinner for One«. Für mich war klar: Sobald ich ein eigenes Auto hätte, würde ich nach Wien ins Simpl fahren. Gesagt, getan.

Während meiner Studienzeit war ich stolzer Besitzer eines 25 Jahre alten weißen Käfers. Das Auto war mein ganzer Stolz. Mit diesem Käfer machte ich mich auf den Weg von Graz ins ferne Wien. Ich weiß auch nicht, warum, aber ich fuhr immer im Winter ins Simpl. Das weiß ich heute noch so genau, weil mir im Auto immer kalt war. Mein Käfer hatte zwar eine Heizung, die war jedoch nur theoretisch vorhanden und hat praktisch nie funktioniert. So fuhr ich also mit knappen 100 Kilometern pro Stunde von Graz nach Wien mit dicker Wollmütze und Handschuhen. Wenn die Außentemperaturen extrem niedrig waren, fror die Windschutzscheibe innen an, und ich musste eiskratzen.

In Wien angekommen war ich beinah taub, weil der Boxermotor meines Käfers kurz vorm Explodieren war.

Da stand ich nun vor dem »Theater-Kabarett Simplicissimus«, wie es ganz genau heißt. Kurz »dem Simpl«. Flankiert vom bekannten Simpl-Bully. Der Eingangsbereich war in rotem Samt gehalten. An der Abendkasse holte ich meine reservierte Karte ab. Den Preis möchte ich an dieser Stelle gerne verschweigen, weil er mir damals zu Studienzeiten als Stehplatzgeher sehr teuer erschien, aber gut es war ja schließlich auch, das Simpl. Dann ging ich hinunter ins Theater. Ein wunderbares Kellertheater tat sich mir auf. Das mag sich jetzt kitschig anlesen, aber es war genauso, wie ich es mir immer vorgestellt hatte. Ich war sogar, und das mag jetzt noch ein wenig kitschiger klingen, richtig nervös.

Im Simpl, dem, wie es Karl Farkas einst liebevoll nannte, »größenwahnsinnig gewordenen Nudelbrett«, finden circa 300 Zuschauer Platz. An den Wänden hängen Porträts von bekannten Künstlern vergangener Tage. Dieses Theater besitzt eine ganz besondere Aura, die mich gleich bei meinem ersten Besuch umfing. Ich ging an die Bar, leistete mir ein für meine Verhältnisse komplett überteuertes Bier und setzte mich, samt Bier, in den Saal. Die Vorstellung ging los und es war eigentlich genauso, wie ich es erwartet hatte. Michael Niavarani führte als großartiger Conférencier durch den Abend. Einige Sketche gefielen mir hervorragend, einige erachtete ich persönlich als entbehrlich. Letztendlich war es dennoch eine äußerst gelungene Revue.

Nach der Vorstellung ging ich zu meinem, mittlerweile abgekühlten, Käfer und fuhr (wieder mit Handschuhen, Pudelhaube und Eiskratzer) mit 100 Kilometern pro Stunde nach Hause. Am nächsten Tag schaffte ich es nicht rechtzeitig aus dem Bett und kam zehn Minuten zu spät zur Uni. In meiner Abwesenheit war ich natürlich prompt aufgerufen worden und durch meine Nichtantwort aufgefallen. Dafür bekam ich, wie ich meine dank dem Simpl, ein Nicht genügend. Na bravo, dachte ich mir.

Doch es war mir egal. Ich hatte einen wunderbaren Abend im Simpl verlebt. Von nun an fuhr ich jedes Jahr zu den Simpl-Revuen nach Wien. Irgendwann, da kannte ich den Kollegen Brandl schon, fuhren wir dann gemeinsam nach Wien ins Simpl und lernten unseren späteren Regisseur Bernhard Murg kennen. Einen äußerst sympathischen, charmanten, gescheiten und einzigartigen Schauspieler und Regisseur (eine absolut verdiente Lobhudelei, die vollkommen gerechtfertigt ist). Er hat sich dann unserer angenommen und Regie bei unseren nächsten Programmen geführt. Durch ihn lernten wir den Chef des Simpl persönlich kennen und bald durften wir tatsächlich für das Simpl schreiben. Anfangs hatte ich ein sehr mulmiges Gefühl, aber die

Ehrfurcht legten wir bald ab und wir schrieben beherzt drauflos.

Im Herbst 2009 hatten die ersten Buchgraber & Brandl-Sketche im Kabarett Simpl Premiere. So richtig glauben konnten wir das nicht. Wir wurden zur großen Premiere der Revue »Ich bin viele« eingeladen. Die Karten waren gratis. Ein schönes Gefühl, wenn man bedenkt, dass ich ein paar Jahre zuvor mein spärliches studentisches Vermögen für eine Simpl-Karte hatte hinblättern müssen. Für mich war es wie ein Hollywoodfilm mit Happy End.

Und dann am 30. Dezember. (leider nicht wie vor 20 Jahren am 31. Dezember.) war es wirklich so weit: die Simpl-Revue »Ich bin viele« wurde im Fernsehen ausgestrahlt. Ich habe es diesmal leider nicht im Fernsehen gesehen, aber wenn Sie es irgendwann mal sehen und wenn Sie das Simpl mögen, dann schließen Sie niemals aus, dass vielleicht auch Ihr Sketch irgendwann einmal im Fernsehen läuft.

Heimatgeschichte – Das Simpl

1912 als Bierkabarett Simplicissimus eröffnet wurde es von den Wienern bald nur noch als »Simpl« bezeichnet. Mit seinem abwechslungsreichen Programm aus Chansons, Klavierimprovisationen, artistischen Darbietungen und anderem gehörte es rasch zu den beliebtesten Kellertheatern in Wien. Zu einem kabarettistischen Revuetheater wurde es erst in den 1920er- und 1930er-Jahren unter Karl Farkas und Fritz Grünbaum.

Nach dem Anschluss an das nationalsozialistische Deutsche Reich im Jahr 1938 wurde das Kabarett, das der Familie Goldfarb gehörte, arisiert. Auftritte waren von nun an reichsdeutschen Schauspielern vorbehalten, darunter Mitzi Tesar, Fritz Muliar und Paul Löwinger. Gegen

Ende des Zweiten Weltkrieges, vor allem nach Verhängung der Theatersperre im Herbst 1944, wurde das Simpl als Luftschutzkeller genutzt.

Gleich nach dem Krieg wurde es wieder bespielt, durchschlagender Erfolg stellte sich jedoch erst wieder ein, als Karl Farkas 1950 durch den nunmehrigen Eigentümer Baruch Picker aus dem Ausland auf die Bühne zurückgeholt wurde. Farkas blieb bis zu seinem Tod im Jahr 1971 künstlerischer Leiter. Seine »Bilanzen« waren fester Bestandteil des ORF-Silvesterprogramms und erfreuten sich großer Beliebtheit. Weitere bekannte Schauspieler waren Ernst Waldbrunn, Cissy Kraner, Heinz Conrads, Otto Schenk, Alfred und Maxi Böhm. Im Jahr 1974 erwarb Martin Flossmann das Simpl, der trotz einiger Neuerungen an Farkas' Prinzip des Unterhaltungskabaretts festhielt. Nicht zuletzt dadurch gelang es ihm, die anfängliche Skepsis in Begeisterung umzuwandeln. Auf Flossmann folgte 1993 Albert Schmidleitner. Die künstlerische Leitung übernahm der damals 25-jährige Michael Niavarani.

Charakteristisches und unverwechselbares Element ist der rote Vorhang, der dem österreichischen Fernsehpublikum seit den 1960er-Jahren wohlvertraut ist. Vor ihm traten zuerst Fritz Grünbaum, später Karl Farkas, dann Martin Flossmann und seit 1993 Michael Niavarani auf, um nach einer Eröffnungsnummer das eigentliche Programm mit meistens tagesaktuellen Pointen anzusagen.

Adresse siehe Seite 99

Quellen: www.simpl.at – Julia Sobieszek: Zum Lachen in den Keller. Der Simpl von 1912 bis heute, Amalthea Signum, Wien 2007

Am Würstelstand
Wo jeder jeden kennt

Wieder ein heißer Juni-Samstagnachmittag in Wien. In unserer Wohnung steht die Luft und wir beschließen einen Spaziergang zu machen. Ich weiß, dass ich eigentlich für unser Buch, welches Sie, verehrte Leserin und verehrter Leser, gerade in Ihren Händen halten, noch ein paar Episoden schreiben sollte. Vielleicht komm ich beim Spazieren auf eine gute Idee.

Mit bester Laune schließen wir unsere Wohnungstür ab. Ich trage unsere Kleine in der rechten, mit der linken Hand sperre ich die Tür zu. Hinter mir kommt meine Frau mit einer riesigen Tasche, in der die restlichen Utensilien wie zweites Gewand, Windeln, Nahrung für die Kleine und vieles mehr, was man halt so für einen eineinhalbstündigen Ausflug mit einem Baby benötigt, drinnen sind. Ein alltägliches Prozedere, das vermutlich (fast jede) Jungfamilie kennt.

Noch bevor wir beim Kinderwagen, den wir im Parterre parken, ankommen, treffen wir meine Lieblingsnachbarin. Wobei, sie ist jetzt nicht wirklich meine Lieblingsnachbarin. Sie ist eher das komplette Gegenteil. Sie ist immer dann da, wenn man sie am wenigsten braucht, sie beschwert sich permanent über die Zustände im Haus; wenn jemand wieder einmal den Altpapierkarton nicht richtig entsorgt hat oder das Licht im Stiegenhaus nicht abgeschaltet worden ist. Abgesehen davon ist das Licht an einen Zeitschalter gekoppelt. Und der Klassiker schlechthin: Das Wetter passt ihr sowieso nie. Ist es warm, dann ist es ihr zu heiß, und wenn es kalt ist, dann ist es ihr zu kalt. Meine Lieblingsnachbarin ist um die 75 Jahre, sie trägt immer, egal zu welcher Jahreszeit, einen dunkelgrünen Parker. Im Winter gegen die Kälte und im Sommer gegen die Sonne. Ich glaub, sie trägt die Jacke auch zur Tarnung, damit man sie in unserem grünen Treppenhaus erst spät, eigentlich immer zu spät sieht.

Als ich sie auf uns zukommen sehe, fällt mein Gute-Laune-Pegel in den Keller.

Oje. Was wird ihr denn jetzt wieder nicht passen?, frage ich mich, während ich die Kleine in ihren Kinderwagen setze. Der Kinderwagen steht in einer Fensternische neben der Haupteingangstür. Übers Licht im Stiegenhaus kann sie sich nicht beschweren, weil das habe ich gar nicht eingeschaltet, denke ich mir. Ich spüre die alte Dame hinter mir stehen, wirken und verweilen. Ich drehe mich um. Sie schaut mich durch ihre Augengläser zweifelnd an.

Ich grüße sie nicht als Erster. Diesmal sicher nicht, denke ich mir, weil ich sie schon so oft gegrüßt hab und sie mich niemals zurück. Heute bleibe ich stark. Egal, wann immer ich sie sah, hat sie mich nicht gegrüßt, wenn ich sie grüßte. Sie schaut mich wieder an. Ich bleibe stark, presse meine Lippen fest zusammen und versuche mich mit dem Kinderwagen an ihr vorbeizuschummeln. Der Versuch gestaltet sich schwierig, weil ich über ihren rechten Fuß fahren müsste ... und das trau ich mich dann doch nicht.

»*Grssgott*. Äh... T'schldigung ... ich äh...«, zische ich und ärgere mich, dass ich sie wieder gegrüßt habe, während ich versuche, die alte Dame zu passieren.

Sie schaut mich weiter an und deutet mit ihrem Kopf auf die Nische.

»Ist das mit der Hausverwaltung abgesprochen? Dass Sie da Ihren Kinderwagen stehen haben?«, möchte die Lieblingsnachbarin wissen.

»Ähh ... ich ...«

Ich schaue sie nur ratlos an, weil mir dazu nichts Konstruktives einfällt. Noch bevor ich was sagen kann, springt meine Frau für mich ein. Sie schnappt sich den Kinderwagen (fährt der alten Dame nicht über die Gesundheitsschuhe), und wir gehen.

Eine Viertelstunde später ist der Ärger über die alte Dame verraucht. Wir beschließen, sie beim nächsten Treffen einfach zu ignorieren.

Durch die Aufregung hab ich einen Hunger bekommen. Dann hab ich beste Idee seit Langem:

Wir gehen zu einem Würstelstand!

Ja, das ist gut. Das ist etwas typisch Wienerisches und er ist immer, egal zu welcher Tag- oder auch Nachtzeit, einen Besuch wert. Da lern ich dann endlich einen echten Würstler kennen, ich bestell eine *Eitrige mit an Bugl*. Dazu natürlich, wie es sich gehört, ein *16er Blech*. Für meine Frau würde ich, damit sie sich als geborene Deutsche am Würstelstand ein bisschen heimischer fühlt, eine Currywurst und ein Selters bestellen. Für meine Tochter gibt es ein Frankfurter Würstel (ohne Senf und Kren). Das würde ich an Ort und Stelle *zergatschen* (bestenfalls natürlich auch pürieren), damit es unsere Kleine auch so richtig genießen kann. Am Würstelstand wird mir dann ein echter Wiener im breitesten Wienerisch erklären, wie er die Welt sieht und wie sie wirklich funktioniert. Dieser wirklich wahre Wiener hat schon alles gesehen, als im Jahr 1955 die Republik ausgerufen wurde, als die Queen 1969 in Wien war und als Österreich 1986 gegen Deutschland 4:1 im Prater Stadion das letzte Mal gewonnen hat. Da werden Schmankerln dabei sein, die jeden Leser mit der Zunge schnalzen lassen.

Ja, das ist es – das wird die Episode der Episoden. Jetzt brauche ich nur mehr einen Würstelstand.

Ich bin von der Idee komplett begeistert. Aber es ist eine Idee, die weder bei meiner Frau noch bei meiner Tochter sonderlichen Anklang finden.

»Martin, wir wollten doch nach Schuhen für die Kleine schauen«, meint meine Frau.

»Ja, aber im Schuhgeschäft kriegen wir keine Würstel, Schatz«, versuche ich meine Frau zu überzeugen und sehe meine Würstelstandepisode dahinschwimmen.

Außerdem hätte sie keine Lust, mit der Kleinen bei lauter angeheiterten Männern in der Hitze herumzustehen und irgendein fettiges Würstel essen. Das kann man ja zu Hause auch, meint sie. Da geht sie ja noch lieber zum McDonalds, da ist es wenigstens klimatisiert. Und da gibt es etwas Gesundes. Wie einen Salat und einen Vegetarier-Burger und einen gepflegten Wickelplatz für die Kleine.

Also landen wir wieder, wie fast jeden Samstag um diese Zeit, im selben Schuhgeschäft und schauen uns Schuhe für die Kleine an. Letztendlich kaufen wir, wie jeden Samstag, keine, weil wir uns wieder über die unmögliche Verkäuferin ärgern müssen, die meint, dass unsere zierliche Tochter »feste Füße« hätte, und wir gehen wieder, wie jeden Samstag um dieselbe Zeit, in Richtung Heimat.

Da sehe ich plötzlich in der Ferne einen Würstelstand auftauchen. Er sieht nicht besonders einladend aus, aber es ist zweifelsohne ein Würstelstand, wie man ihn in Wien oft sieht. Ich sehe ein paar Männer am Tresen mit Würstel und Bier vor dem Stand stehen. Meine Frau muss wohl meinen sehnsüchtigen Blick gesehen haben. Sie nickt zustimmend und wir gehen zum Würstler. Ich bin nervös.

Was werde ich jetzt lernen?

Was wird mich der Würstler fragen?

Und welche Geschichten wird mir der echte Wiener, der Urwiener also, erzählen?

Schon stehen wir vor dem Würstelstand. Es ist genauso, wie ich es mir gewünscht habe. Er hat alles, was ich will. Eine *Eitrige mit an Bugl*, Frankfurter, *16er Blech*, ja sogar eine Currywurst gibt's. Gerade als ich zur Bestellung schreiten will, höre ich ums Eck:

»Können Sie sich das vorstellen? Ich hab ja schon viel erlebt, sag ich Ihnen. Wissens, ich war damals vor dem Belvedere 1955, sogar die Queen hab ich 1969 gesehen. Nur zu Österreich–Deutschland bin ich damals nicht ... aber so was. Stellen die den Kinderwagen in der Nischen hin. Und grüßen nicht einmal ... also so was ... so was ist selbst mir noch nie passiert.«

Und sehe meine Lieblingsnachbarin, wie sie gerade in eine Debreziner beißt. Gut, dass war es dann wieder mit meinem Würstelstandbesuch, denke ich mir. Meine Frau schaut nur mich an. Sie nimmt den Kinderwagen und geht, wie jeden Samstag, wieder Richtung Heimat. Die Nachbarin entdeckt uns und schaut uns fassungslos an. Ich schaue sie flüchtig an und folge meiner Frau. Zugleich stelle ich zufrieden fest, dass ich auch schon einen kleinen Wiener in mir hab. Weil diesmal hab ich sie zumindest nicht gegrüßt.

Sie, liebe Leser, können sich bei meiner Lieblingsnachbarin bedanken, dass Sie jetzt nicht mehr über den Würstelstand erfahren haben. Also bleibt mir nur eines: hingehen und ausprobieren!

ℋeimatwissen – Der Wiener Würstelstand

Der Würstelstand ist der traditionelle österreichische Fast-Food-Anbieter. Um Kriegsinvaliden die Möglichkeit eines Einkommens zu sichern, wurden in der k. u. k. Monarchie Würstelstände eröffnet und von den ehemaligen Soldaten betrieben. Heute sind die beliebten Würstelstände fester Bestandteil des Stadtbildes. Der älteste Wiener Würstelstand »Würstelstand Leo« besteht seit 1928.

Viele Würstelstände im Bereich der Wiener Innenstadt haben bis spät in die Nacht geöffnet und sind dadurch bei Nachtschwärmern sowie bei Taxifahrern besonders beliebt, weil sie um diese Uhrzeit im Prinzip die einzige Möglichkeit sind, zu einer schnellen Mahlzeit zu kommen.

Bei »original« Wiener Würstelständen gibt es den Wiener Schmäh zum Würstel inklusive.

Tipp: Wenn Sie den Wiener beobachten, hören und erleben wollen, dann gehen Sie zum Würstelstand – Sie werden es nicht bereuen.

ℋeimatküche

Das traditionelle Angebot am Würstelstand besteht aus: Burenwurst, Käsekrainer, Frankfurter, Bosna, Waldviertler, Debreziner, Hot Dog, Leberkäse, Senf, Kren und Ketchup sowie Brot; Getränke wie Bier und Antialkoholisches. Als sonstige Beilagen gibt es auch eingelegtes Gemüse wie Ölpfefferoni, Salz- und Essiggurken, Silberzwiebeln sowie Rollmops und Mannerschnitten.

Zubereitung Käsekrainer
Käsekrainer können gekocht, gebraten oder gegrillt werden. Sie sollten vor der Zubereitung nicht angestochen werden – da sonst der Käse ausläuft – und bei nicht zu

großer Hitze garen, damit der austretende Käse nicht verbrennt. In Wien wird die Käsekrainer (*Eitrige*) vorwiegend gebraten und mit Senf, Ketchup, Mayonnaise und einem *Bugl* (Brotanschnitt, Brotscherzerl) gegessen.

Quelle: www.wienerleben.at

Heimatspuren –
Würstelstände in Wien

Würstelstand Leo
Währinger Gürtel 170, 1090 Wien

Würstelstand beim Riesenrad
Gabor-Steiner-Weg, 1020 Wien

Würstelstand am Hohen Markt
Hoher Markt, 1010 Wien

Kiosk
Schleifmühlgasse 7, 1040 Wien

Heimatwissen

Zum Abschluss dieser Episode lesen Sie hier eine äußerst gelungene Ode an den Würstelstand von der Ersten Allgemeinen Verunsicherung.

Würstelstand (Nepomuks Rache / 1991)

Im Herzen dieser Stadt, da steht ein Würschtlstand,
der gehört, der gehört us'rer Tante Mitzi.
Da ist jeder mit jedem irgendwie verwandt,
vom Hofrat bis zum Sandler, vom Sheriff bis zum Strizzi!

Die Welt ist hier in Ordnung wie sonst nirgendwo,
hier gibt's keine Sorgen, dafür genug Promille!
Schiebt man zu später Stund die Wurst sich in den Mund,
sieht man den Lauf der Dinge durch die rosarote Brille.

Geht die Welt auch unter, das ist uns egal!
Uns ist alles wurscht, mir geht's guat – und wie geht's Ihna'?
Wir pfeifen aufs Ozonloch und auf Südafrika,
unser Problem: »Wo sann de Debreziner?!«

Um die Wurscht, da geht es nur am Würschtlstand,
um die Wurscht und nichts als um die Wurscht!
Um die Wurscht von uns'rer lieben Mitzi-Tant',
und bestenfalls noch die Biere gegen den Durst.

Unlängst kommt da einer und will uns belehren,
ein Bio-, ein Greenpeace-, ein Umwelt-Haberl.
Erzählt was von a'm Loch in uns'rer Athmosphär'n,
und bestellt statt ana Wurscht ein Soja-Laberl.

Da sagt die Tante Mitzi: »Oida, wos is los?!
Unser Ozonloch, heast, des find' i klass!
Am liebst'n wär mir, des wa noch amoi so groß,
dann wurad'n die Würschtln von söba has!«

Um die Wurscht, da geht es nur am Würschtlstand,
um die Wurscht und nicht um das Ozonloch!
Um die Wurscht von unsrer lieben Mitzi-Tant',
alles and're is uns wurscht, sie lebe hoch!

Wir können uns nicht um alles kümmern,
der Regenwald, der lässt uns ziemlich kalt!
Nach Treibgas die Frauenzimmer wimmern.
Denn nimmt sie kein Deodorant, riecht säuerlich die Mitzi-Tant'!

»Ob's im Winter has is, ob's im Sommer schneit,
is mir egal, soll'n die Gletscher schmelzen!«,
sogt der dicke Otto, weil zu jeder Zeit
kriegt er bei der Mitzi sei' Würschtl und sei Stelz'n!

Und is ámol unser schönes Österreich
nur mehr brennend heißer Wüstensand,
dann wird uns're Mitzi wie der Dagobert so reich,
weil dann reißen's ihr das Bier aus ihrer Hand!

Um die Wurscht, da geht es nur am Würschtlstand,
um die Wurscht und nicht um das Ozonloch!
Wo ein jeder noch immer was zum Bürschtl'n fand,
auch wenn er schon auf allen vieren kroch.

Der Prater

Lustgarten der Wiener

Bei meinem allerersten Besuch im Prater trug ich ein altes schmuddeliges T-Shirt, kurze Hosen und Laufschuhe. Ich war gerade eben nach Wien gezogen und hatte – als Überbrückung, bis meine Freundin nachkommen würde – ein Zimmer in einer Wohngemeinschaft im 2. Bezirk bezogen. Ich hatte bis zu diesem Zeitpunkt noch keine Ahnung vom 2. Bezirk im Speziellen oder Wien im Ganzen. Meine WG-Kollegen hatten mir zwischen Tür und Angel den Prater als Laufstrecke empfohlen. Viel Grün angeblich, viel Platz. Also hin.

Auf dem Weg dorthin wunderte ich mich noch. Für mich war der Prater zuvor immer nur ein großer Vergnügungspark gewesen. In Graz hatte es Vergnügungsparks mit Achterbahn, Autodrom und Schießbude immer nur alle paar Monate gegeben, wenn am Messegelände gerade eine große Ausstellung im Gange war. Schon damals war der Wiener Prater für uns Kinder ein Mythos gewesen. Ein Vergnügungspark, der niemals schließt. Ein wahr gewordener Traum. Erwachsen und in Wien fragte ich mich, wo um alles in der Welt man in einem Vergnügungspart laufen gehen sollte. Zum Beispiel in der Allee, die sich in dem

Moment vor mir auftat. Einmal runter und wieder zurück, dachte ich, das sollte fürs erste Mal reichen. Ich hatte an jenem Tag viel Zeit, diesen Entschluss zu bereuen. Wie ich es noch viele Male tun sollte, hatte ich die Größe Wiens unterschätzt (siehe *Der Prater, Seite 121*).

Was mich stutzig machte, war die Tatsache, dass ich das Ende der Hauptallee nicht sehen konnte. Und das, obwohl sie schnurgerade verlief. Erst später las ich nach, dass sie das ganze 4,4 Kilometer lang tut. Irgendwann verschwinden die Bäume einfach am Horizont. Die Allee war zuerst noch ziemlich stark bevölkert. Spaziergänger, Radfahrer, Läufer, Skater, Fiaker, Reiter. Man hatte den Eindruck, dass halb Wien auf den Beinen war. Zu meiner linken erstreckte sich der Wurstelprater, durch die Bäume konnte ich die höchsten Stellen der Achterbahnen sehen und die Leute darauf schreien hören. Das war der Teil, den zu besuchen ich mir schon seit Jahren vornahm. Und dann lief ich schnurgerade dran vorbei.

Nach und nach wurde es ruhiger. Links und rechts taten sich jetzt Wiesen auf, Menschen spielten Frisbee und Volleyball, lagen in der Sonne, saßen auf Decken und spielten mit Kindern. Ein Sportplatz links, ein Baseballfeld rechts, und dann plötzlich nur noch Wald. Also wirklicher Wald, kein etwas wilderer Park oder so. Die Art von ganz echtem Wald, in der es fünf Grad kälter ist als in der Sonne, in der es nach Wald riecht und in dem Rehe herumlaufen. Ich konnte mir auf einmal sehr gut vorstellen, warum man sich dieses Gebiet als Jagdrevier aussuchen würde. Wieder einmal hatte mich Wien überrascht. Mitten in der Stadt steht ein Wald. Ich kehrte um, weil ich jetzt auch das Ende, von dem ich gekommen war, nicht mehr sehen konnte. Das war also der Prater.

Beim nächsten Mal lernte ich eine völlig andere Seite des Praters kennen. Unser Regisseur sagte: »Sonntag Prater?« und wir sagten »Okay.« Treffpunkt: Praterfee. Man sieht dort keine verliebten Paare oder Touristen, die Wien erkunden wollen. Auch keine Teenager und keine Reisegruppen. In der Praterfee sieht man Familien. Die Praterfee kann vor allem mit einem punkten: einem Kinderparadies aus Luftburgen. Während die Erwachsenen gemütlich im Gastgarten sitzen und ein Bierchen trinken, können sich die Kleinen austoben, bis nichts mehr geht. Wer nach zwei Stunden Luftburg noch Luft hat, kann sich den letzten Rest Energie auf den Trampolinen aus dem Leib pumpen. Am Heimweg schlafen die lieben Kinder ein – garantiert. Nett war's in der Praterfee, dennoch sehnte ich mich still und heimlich woanders hin: hinüber zum Disco-Beat der Achterbahn. Immerhin, ich kam jedes Mal einen Schritt näher.

Die Hauptallee – zu lang zum Laufen

Beim dritten Besuch im Prater war es so weit. Buchgraber & Brandls frühere Technikerin war in der Stadt und wir freuten uns auf einen gemeinsamen Tag. Auch Sarah war in Graz aufgewachsen und auch sie war immer im Bann dieses Kinderparadieses gestanden, das im fernen Wien auf uns gewartet hatte. Und wie wir war sie noch nie im Prater gewesen – also nicht in dem Prater, der eigentlich zählt: im Wurstelprater. Also beschlossen wir, unseren gemeinsamen Tag ebendort zu verbringen und alles zu befahren, was uns vor die Nase kommt. So weit der Plan. Wir erreichten den Prater auf demselben Weg, auf dem ich damals gelaufen bin, nur dass wir diesmal nicht in die Hauptallee einbogen, sondern den Menschenmassen folgten, die sich zielstrebig in eine Richtung bewegten. Noch während Sarah uns fragte, ob sie denn auch das berühmte Wiener Riesenrad zu sehen bekommen würde, lichteten sich die Bäume und ihre Frage beantwortete sich von alleine. Wir standen direkt vor dem Riesenrad (siehe *Das Wiener Riesenrad, Seite 122*). Kurz vor der Jahrhundertwende errichtet, wurde das Riesenrad sehr schnell zum Wahrzeichen der Stadt. Die Wiener lieben es, eigenartigerweise trifft man aber nicht allzu viele, die tatsächlich schon damit gefahren sind. Auch wir gaben uns an jenem Tag damit zufrieden, das Riesenrad gesehen zu haben. Wir freuten uns auf mehr Action.

Wir betraten den Wurstelprater durch den Haupteingang, direkt neben dem Riesenrad (siehe *Der Wurstelprater, Seite 123*). Hier sah man völlig anderes Publikum als in der Praterfee oder damals in der Hauptallee beim Laufen. Hierher kamen junge Leute, um Freunde zu treffen, Touristen, die die großen Fototaschen extra im Hotel gelassen hatten, und Familien mit Kindern, die für Luftburgen eindeutig schon zu alt waren, aber gerade noch zu klein für die meisten Attraktionen, was immer wieder zu lautstarken Heulkrämpfen führte: »Ich will aber Geisterbahn fahren, ich will, ich will, ich will!« Und diverse etwas dubios anmutende Gestalten, die sich in den vielen Spielhallen ihre Zeit vertrieben. Im Wurstelprater hat man sich schon immer vergnügt – und zwar auf jede erdenkliche Art und Weise.

Erste Station: der Minigolf-Platz. Ja, werte Leser, das kann man nicht als Action bezeichnen, aber wir wollten den

Tag genießen und es langsam angehen. Außerdem kommt es nur darauf an, wie man Minigolf spielt ...

Zweite Station: der »Boomerang«. Eine Achterbahn, die die Runde zuerst »normal« und dann »rückwärts« absolviert. Wir hatten schon unseren Spaß. Schnell was Ungesundes und viel zu Süßes essen und dann weiter. Wir passierten eine Attraktion, die mir ein wenig suspekt erschien.

Dritte Station: Die Gondeln der »Extasy« waren an Armen angebracht, die sich um für meinen Geschmack viel zu viele Achsen drehten. An einer Mittelachse waren vier Arme befestigt, die sich wie ein ganz normales Ringelspiel im Kreis drehten. An jedem dieser Arme waren wieder vier Arme befestigt, die sich währenddessen ebenfalls im Kreis drehten. Und diese zuletzt erwähnten vier Arme konnten außerdem noch nach oben geklappt werden, sodass man all diese Drehungen kopfüber absolvierte. Wenn Ihnen diese Beschreibung nicht hilft, so tut es mir sehr leid – ich kann's nicht anders sagen. Stellen Sie sich einfach vor, alles dreht sich viel zu schnell, dazu dröhnt Ihnen ein fetter Bass die Ohren voll.

Buchgraber und Sarah beschlossen, ihr Schicksal herauszufordern. Das war ein Fehler. Achtung: Sollten Sie, werte LeserInnen, einen Tag im Wurstelprater einplanen, dann fordern Sie Ihr Schicksal nicht heraus. Tun Sie es mir gleich – ich sah zuerst einmal den beiden anderen beim Herausfordern zu. Um danach zu entscheiden, dass ich lieber ein Feigling bin als ein Held. Dafür war mir nicht schlecht. Zuerst konnte man die beiden durch die Bässe noch lauthals schreien hören, dann wurde Buchgraber immer ruhiger, am Schluss bemerkte ich auch in seinem kopfüber hängenden Gesicht einen Anflug von Unwohlsein.

Vierte Station: eine Parkbank, auf der Buchgraber versuchte, seinen Kopf und seinen Magen wieder in den Griff zu bekommen. Dann ging er nach Hause. Der Wurstelprater hat ihn seitdem nicht wieder gesehen.

Man kann im Prater Golf spielen, Trabrennen besuchen, hervorragend *Stelzen* (Eisbein) essen, man kann Fußball-Länderspiele oder große Rockkonzerte im Ernst-Happel-Stadion besuchen. Man kann in völliger Ruhe durch den Wald wandern und anschließend mit der U-Bahn nach Hause fahren. Man kann ins Freibad gehen, Tennis, Fußball oder Bowling spielen, die Wiener Messe besuchen, laufen, radfahren, reiten. Und man kann heiraten. Ein Kollege und Freund lud zur Hochzeit nach »Maria Grün« im Prater. Ich zog meinen schönsten Steirer-Anzug an, setzte mich aufs Rad und fuhr los. Die Hauptallee entlang, ließ alle Radler und Jogger zurück, die an dem Punkt umdrehen, wo man den Anfang der Allee nicht mehr sehen kann. Ich erreichte das Lusthaus (früher ein Jagdschloss, jetzt ein Restaurant) und bog links ab. Ich erreichte eine kleine Kirche – geweiht 1924, nachdem dort schon seit 60 Jahren zur Gottesmutter gebetet wurde. Die Hochzeit war schlicht und festlich und wunderschön.

Der Prater wurde den Wienern von Kaiser Josef II. geschenkt und sie wissen ihr Eigentum zu nutzen. Sie wissen, was sie an »ihrem« Prater haben. Wenn die Donauinsel der Schrebergarten der Wiener ist, dann ist der Prater ihr Lustgarten. Ein Schmuckstück, um das Wien zu Recht beneidet wird.

Heimatwissen – Der Prater

Der Prater ist ein Park, der sich östlich des Stadtzentrums zwischen Donau-Hauptstrom und Donaukanal erstreckt. Und zwar ein äußerst großer Park, er umfasst insgesamt sechs Quadratkilometer und ist damit fast doppelt so groß wie der Central Park in New York. An seiner Westspitze liegt bereits erwähnter Vergnügungspark, der sogenannte

Wurstelprater. Der Prater wurde erstmals 1162 erwähnt, damals noch eine ungezähmte Auenlandschaft, durch die sich die Donauarme wanden. 1560 erwarb Kaiser Maximilian II. das gesamte Areal und zäunte es kurzerhand ein – als kaiserliches Jagdgebiet. So blieb der Prater dem Volk verschlossen, bis Kaiser Joseph II. 1766 den Park öffnete und ihn somit zu einem einzigartigen Naherholungsgebiet für die Wiener machte. Seitdem ist der Prater aus Wien nicht mehr wegzudenken.

Für die Entstehung des Namens »Prater« gibt es verschiedene Erklärungen: Eine Variation ist der Name der Familie »de Prato«, der das Gebiet einst gehört haben soll. Andere Möglichkeiten sind *pratum* (lateinisch für Wiese) und *prato* (italienisch für Flussau).

Quelle: www.prater.at

ℋeimatwissen – Das Wiener Riesenrad

Ein gewisser Gabor Steiner hatte schon in den 1890er-Jahren ein »Venedig in Wien« errichten lassen, in dem die Wiener durch künstlich angelegte Kanäle gondeln konnten. Zum bevorstehenden 50-jährigen Thronjubiläum Kaiser Franz Joseph I. wollte er noch eines draufsetzen und beauftragte englische Ingenieure mit dem Bau eines Riesenrades. Am 3. Juli 1897 wurde es eröffnet. Damals war es das größte Riesenrad der Welt. Im Zweiten Weltkrieg brannte es vollständig aus, bei der Wiederherstellung wurden aus Sicherheitsgründen nur noch 15 statt der ursprünglich 30 Gondeln installiert.

Der Durchmesser des Riesenrades beträgt 60,96 Meter, die gesamte Eisenkonstruktion hat ein Gewicht von 430 Tonnen. Die Achse alleine wiegt über 16 Tonnen.

Im Notfall könnte das Riesenrad auch per Hand gedreht werden.

Heimatgeschichte – Der Wurstelprater

Als Kaiser Joseph II. 1766 den Prater für die Wiener öffnete, erlaubte er auch die Errichtung von Gastronomieständen. Somit war der Grundstein für den Wurstelprater gelegt, denn wo gegessen und getrunken wird, will man auch unterhalten werden. Schaukeln, Ringelspiele und Kegelbahnen waren die ersten, die sich ansiedelten. Und für die Kinder gab es kleine Puppenbühnen aus Holz. Wo »Hanswurst« auftrat, der später zum »Wurstel« wurde.

In Wien eingeführt wurde Hanswurst im 18. Jahrhundert vom Wanderarzt und Direktor des Kärntnertortheaters Josef Anton Stranitzky, der eine Vorlage der Commedia dell'Arte benutzte. Später wurde die Figur ins Puppen- und schließlich ins Kindertheater verschoben.

Interessantes Detail: Der erste Wiener Hanswurst war in der Tracht der Lungauer Sauschneider gekleidet. Die Sauschneider waren Wanderarbeiter, die die Kastration von Nutzvieh erledigten. Und wegen ihrer anatomischen Kenntnisse auch oft illegal als Ärzte praktizierten, was dem Arzt Stranitzky ein Dorn im Auge war. Also rächte er sich, indem er sie zu »Hanswürsten« machte.

Am Ende des 19. Jahrhunderts war der Wurstelprater auch ein Vergnügungsareal für höhere Persönlichkeiten geworden. Sogar Walzerkönig Johann Strauß trat im Prater auf.

Wie komme ich in den Prater?

Mit den **U-Bahnen U2** (Stationen Praterstern, Messe-Prater, Krieau, Stadion) oder **U1** (Station Praterstern)

Mit der **Straßenbahn-Linie 1** (Station Prater Hauptallee)

Mit den **Buslinien 77A** und **80B** (Station Lusthaus)

Highlights im Prater

Trabrennbahn Krieau (Trabrennen mitten in Wien)
Nordportalstraße 247
1020 Wien
www.krieau.at

Stadionbad Prater-Krieau
An der Praterhauptallee neben dem Praterstadion /
Happel-Stadion Ecke Meiereistraße
1020 Wien

Badesaison: Anfang Mai bis Mitte September

Eintrittspreise
Wiesenkarte	€ 4,50 (ab 13 Uhr € 3,60)
Eintritt + Kästchen	€ 4,90 (ab 13 Uhr € 4,10)
Eintritt + Kabine	€ 7,40 (ab 13 Uhr € 4,50)
Kinder (6–14 Jahre)	€ 2,10
mittwochs ab 13 Uhr	Eintritt frei
Schüler, Lehrlinge, Jugendliche (15–18 Jahre, mit Ausweis)	€ 2,80
Studenten, Präsenzdiener (bis 26 Jahre, mit Ausweis)	€ 2,80

Erreichbarkeit
Mit der U2 bis zur Station Stadion, von dort aus 7 Minuten
Fußweg die Meiereistraße entlang

Golf-Club Wien
Freudenau 65a
1020 Wien
www.gcwien.at

Das Schweizerhaus
Der bekannteste Gast- und Biergarten im Prater.
Berühmt für seine *Stelzen* (Eisbein)
Prater 116
1020 Wien
Tel.: +43 (0) 1 / 72 80 152-13
www.schweizerhaus.at

Die Praterfee
Familienrestaurant, Luftburgen, Trampolin,
Stocksport – heißer Tipp für Kinder!
Prater 121
1020 Wien
Tel.: +43 (0) 1 / 729 49 99-82
www.kolarik.at

Nutzloses Wissen

Im Wiener Prater wurde im Jahr 1933 unter dem Namen »Geisterschloss« die erste Geisterbahn der Welt errichtet. Sie wurde im Zweiten Weltkrieg zerstört und 1948 wieder eröffnet, nur wenige Meter neben dem ursprünglichen Standort. Bis heute ist sie erfolgreich in Betrieb.

Das öffentliche Wohnzimmer
Museums-Quartier

Bevor wir nach Wien gezogen sind, waren unsere Gastspiele in der Hauptstadt immer von einem bestimmen Rhythmus geprägt. Wir quälten uns durch den Gürtelverkehr, wir absolvierten unseren Auftritt, wir machten uns auf den Heimweg oder legten uns am Boden des Herrn Volksschauspielers zur Ruhe (siehe *Alles geht – Beim Herrn Volksschauspieler in Margareten, Seite 34*). Wenn wir an zwei aufeinanderfolgenden Abenden auftraten, hatten wir einen freien Tag in Wien. Den verbrachten wir meistens auf eine von zwei Arten: Wir lagen beim Herrn Volksschauspieler auf der Couch oder wir saßen im Museums-Quartier in der Sonne.

Wir hatten vom Museums-Quartier schon in Graz gehört, von diesem städtebaulichen Wunderding, das einem neuen kleinen Stadtteil gleichkommen soll, von dieser Oase der Kultur und der Ruhe. Vorstellen konnten wir uns darunter nur wenig, beginnend mit dem Wort »Quartier«. In einem Quartier wird jemand für die Nacht untergebracht, was für ein ganzes Museum wohl nur schwer infrage kommt. Wir waren angenehm überrascht.

Das Museums-Quartier ist ein Komplex aus verschiedenen Gebäuden, deren Grundstruktur die alten Pferdeställe Kaiser Karls VI. aus dem 18. Jahrhundert bilden (siehe *Vom Stall zum Museum, Seite 131*). Erweitert, umgebaut und modernisiert präsentiert sich dem heutigen Besucher ein Kulturareal, das sich um mehrere Innenhöfe gruppiert. Und diese Innenhöfe sind für viele Wienerinnen und Wiener der eigentliche Grund, das MQ zu besuchen.

Ich betrat das MQ zum ersten Mal durch einen der Seiteneingänge von der angrenzenden Mariahilfer Straße aus. Man tritt in einen kleinen Hof, in einem Eck ein Café, einige Bäume, einige Anschlagtafeln, an denen Plakate und Flyer hängen. Die Stadt ist ganz plötzlich weg – zumindest akustisch. Alles, was vorher an Straßenlärm und Stimmengewirr da war, wird schlagartig ersetzt durch Wind in Bäumen, die Schritte einzelner Passanten und gedämpfte Gespräche aus dem Gastgarten. Ich hatte schon gehört, dass man im MQ sehr gut einfach nur sitzen kann, und hatte mir aus diesem Grund einige Zeitungen und einen Kaffee mitgenommen. In diesem Hof bot sich jedoch kein Platz richtig an, also ging ich weiter. Durch einen Torbogen, von dessen Schlussstein mich ein steinerner Pferdekopf anblickte. Ein stummer Zeuge der ursprünglichen Bestimmung des Areals.

Ein weiterer kleiner Hof, ein weiteres Café. Auf der rechten Seite ein Durchgang, ich erreichte den Haupthof. Gute 200 Meter lang, 50 Meter breit. Zu meiner Rechten eine lange geradlinige Häuserfront, davor eine Baumreihe, unter den Bäumen Gastgärten. Zu meiner Linken eine scheinbar wahllos hingeworfene Ansammlung völlig unterschiedlicher Gebäude. Zuerst ein heller moderner Würfel, das Leopold Museum. Dann ein klassizistischer Pavillon, die ehemalige Winterreithalle der Monarchen, inzwischen die »Hallen E und G«, Veranstaltungsorte. Hinten links ein grauer dunkler fensterloser Würfel – das MUMOK, Museum Moderner Kunst. Davor eine Wasserfläche – ein Arrangement, das auf den ersten Blick irgendwie chaotisch wirkte. In Wahrheit spiegelt es genau das wider, wofür das MQ steht. Eine Verbindung von Klassik und Moderne, von Tradition und Aufbruch. Die alten Räumlichkeiten neu belebt.

Der weite Platz – einen Hof kann man es schon fast nicht mehr nennen – war voll. Überall standen »Enzis« herum. Hier muss ich einen kurzen Exkurs anbringen. Enzis sind Outdoor-Sitzmöbel, die vor einigen Jahren aufgestellt und schlagartig zur Sensation wurden. Man kann drauf sitzen, liegen, sich sonnen, herumtanzen. Im Winter werden sie zum Iglu gestapelt, in dem sich eine Schneebar befindet. Die Enzis machen alles mit. Jedes Jahr werden sie in einer neuen Farbe gestrichen, dann diskutiert zwei Tage lang die ganze Stadt darüber. Auch über die Enzis hatte ich vor meinem ersten Besuch im MQ schon viel gelesen, vorstellen konnte ich sie mir nie. Ich erkannte ihren Wert, als ich mich auf einem niederließ. Von der Form her ein überdimensionales Sofa laden sie ein, den Rest der Welt kurz mal zu vergessen. Ich war allein mit der Sonne, meinem Kaffee, meiner Zeitung und den paar Hundert anderen Menschen, die neben mir ebenfalls allein mit allen anderen waren. Es war herrlich. Als ich zwei Stunden später gehen musste, dachte ich mir noch: Schade eigentlich, dass ich mir für die ganze Kunst um mich herum keine Zeit genommen habe. Aber ich würde wiederkommen.

Ich kam wieder. Im Herbst diesmal, an einem warmen Tag, wieder mit Zeitungen und einem Kaffee, und wieder verbrachte ich einige Stunden auf einem Enzi liegend und in den Himmel schauend. Der Tag war einfach zu schön für einen Museumsbesuch. Ich holte mir aber immerhin einen Übersichtsplan mit all den Möglichkeiten, die ich hätte, wenn ich später einmal die Absicht zur Kulturkonsumation hätte.

Buchgraber & Brandl zogen schließlich nach Wien und die Tage im MQ wurden weniger. Wenn man Besucher ist, hat man Zeit, man geht bewusst an einen Ort, um diesen Ort zu erleben. Wenn man in einer Stadt wohnt, fährt man woanders auf Besuch hin und verbringt die Freizeit dann eben dort. Wien war vom Ausflug zum Alltag geworden. Trotzdem schafften meine Freundin und ich es immer wieder mal ins MQ. Wir aßen dort zu Mittag, tranken Kaffee oder lagen auf einem Enzi herum. Immer wieder ging ich an den Wegweisern vorbei, die in jeder Richtung ein Museum, eine Sammlung oder ein Kunst-Labor anpriesen. Immer wieder blieb ich im Hof hängen. An einem Nachmittag, den wir mit Freunden aus Graz in einem Café im Hof des MQ verbrachten, legte unser Gast einen Flyer auf den Tisch. Es war derselbe Übersichtsplan, den ich mir fast ein Jahr zuvor geholt, auf meinen Schreibtisch gelegt und danach nie wieder angeschaut hatte. Wir studierten gemeinsam das Angebot, es war enorm: Das Leopold Museum beherbergt neben der »Sammlung Leopold«, die Meisterwerke der Wiener Secession, der Moderne und des österreichischen Expressionismus zeigt, auch die weltweit größte Egon-Schiele-Kollektion, außerdem Klimt, Kokoschka, Kubin, Waldmüller und, und, und. In der benachbarten Kunsthalle Wien wird internationale zeitgenössische Kunst ausgestellt, es geht um Fotografie, Video, Installation, neue Medien. Das Museum Moderner Kunst Stiftung Ludwig Wien, kurz MUMOK, ist das größte Museum für moderne und zeitgenössische Kunst in Mitteleuropa. Es geht von Matisse über Kandinsky, weiter zu Picasso bis hin zu Warhol und Liechtenstein. Im »Dschungel Wien« gibt's Theater für Kinder und junge Erwachsene, das Tanzquartier widmet sich Bewegung und Performance, das Quartier 21 umfasst als Plattform gleich 60 verschiedene Ateliers, Büros, Studios (siehe *Liste der Kulturinstitutionen im MQ, Seite 132*). Viel zu tun, viel zu sehen. Nur gerade heute war das Wetter so schön, und außerdem hatten wir uns ja getroffen, um uns zu unterhalten. Wir machten ganz fest aus, bei nächster Gelegenheit irgendwo reinzuschauen.

Ich strich mir in Zeitungen Termine von Ausstellungen an, ich ließ mir von Freunden Empfehlungen geben, was man sich unbedingt anzuschauen hätte, ich nahm mir fixe

Tage vor, an denen ich ganz sicher diesen oder jenen Künstler sehen würde. Gleichzeitig wurde die Liste meiner Ausreden immer länger: Heute hab ich keine Lust auf Kunst. Heute hab ich zu wenig Zeit für Kunst. Heute schleppe ich zu viele Einkäufe herum, ein schneller Kaffee geht sich aber aus. An einem Tag schlief ich auf einem Enzi einfach ein.

Ich begann, die Menschen um mich herum zu beobachten. An sehr vielen Tagen hatte anscheinend keiner so richtig Lust, ein Museum oder eine Galerie von innen zu sehen. Der Hof war meistens voller Menschen, immer wieder kamen neue dazu, aber alle ließen sich irgendwo nieder und genossen das Dasein. Die Treppen, die zur Kunst führten, blieben weitgehend leer. Immer wieder wurden Reisegruppen von ihren Guides auf direktem Wege in ein Gebäude und nach ihrem Besuch wieder hinaus zum Bus geschleust, die sehnsüchtigen Blicke der Touristen ließen den Wunsch nach einer Pause erahnen, am besten gleich jetzt und hier irgendwo im Schatten eines Baumes. Ein Muster zeichnete sich ab: Die Wiener waren einfach nur da, die Touristen waren auf der kulturellen Durchreise.

Eine Zeit lang quälte mich das schlechte Gewissen. So viel Angebot, so wenig Lust darauf. Stattdessen nur Entspannung und Müßiggang. Inzwischen weiß ich, dass das ein Fehler war. Um mich ganz klar auszudrücken: Der Fehler war nicht die Tatsache, das Kunstangebot zu ignorieren, der Fehler war, sich deswegen schlecht zu fühlen. Bei Ihrem Besuch in Wien, werte Leser, sollten Sie zwei Dinge unbedingt tun. Erstens: Schauen Sie sich so viel an, wie Sie können, Sie werden es nicht bereuen. Zweitens: Lassen Sie sich von der Stadt mitreißen, auch das werden Sie nicht bereuen. Und wenn das bedeutet, dass Sie an einem sonnigen Tag auf alle Meister der Moderne pfeifen und stattdessen im Hof des Museums-Quartiers auf einem Enzi liegen und in den Himmel schauen, dann ist das genau richtig. Die Kunst ist beim nächsten Mal auch noch da. Der Tag am Enzi kommt so nicht wieder.

Zeit für eine Pause – auf einem Enzi

ℋeimatgeschichte –
Vom Stall zum Museum

Das Areal lag ursprünglich außerhalb der alten Stadtmauern von Wien und diente als kaiserlicher Geflügelhof. 1713 erhielt Johann Bernhard Fischer von Erlach den Auftrag, ein Hofstallgebäude zu entwerfen, er plante eine Wagenburg mit Platz für 600 Pferde, 200 Kutschen, ein Amphitheater und eine Pferdeschwemme. Später kamen eine Winterreithalle und eine Reitbahn dazu, noch später eine Manege. Mit der Erfindung des Automobils verlor der Komplex seine Bedeutung, nach dem Ende der Monarchie wurde 1918 ein Teil der Bestände versteigert. Nach dem Ersten Weltkrieg wurden die Stallungen als Ausstellungsgelände für die Wiener Messe genutzt. Das Areal blieb »Messepalast«, bis in den 1980ern eine Diskussion über die Nutzung ausbrach. Angedacht wurden ein Einkaufszentrum, ein Hotel oder ein Kulturforum. Die ersten Pläne wurden immer wieder verkleinert, ursprünglich waren auch zwei Türme geplant, die am breiten Widerstand scheiterten. Im Juni 2001 wurde das Museums-Quartier in seiner heutigen Form eröffnet.

Heimatkultur –
Liste der Kulturinstitutionen im MQ

Architekturzentrum Wien
www.azw.at

Ausstellungen / Shop	täglich 10–19 Uhr
1 Ausstellung	€ 7 / ermäßigt € 4,50
2 Ausstellungen	€ 9 / ermäßigt € 6,50

Dschungel Wien – Theaterhaus für junges Publikum
www.dschungelwien.at
Information / Reservierung:

Mo bis Fr	14:30–18:30 Uhr
Sa, So und Feiertag	16:30–18:30 Uhr

Kinder, Jugendliche, Erwachsene	€ 7,50
Erwachsene (ab 18 Jahre) bei Abendvorstellungen	€ 12
Schüler im Klassenverband	€ 5

Halle E+G – Veranstaltungsort für Musik, Theater, Tanz
www.halleneg.at

Kunsthalle Wien – Kunst-Werkstatt, Labor
www.kunsthallewien.at

Halle 1 / Halle 2	tgl. 10–19 Uhr, Do 10–21 Uhr
Preise Halle 1	€ 8,50 / ermäßigt € 7
Preise Halle 2	€ 7 / ermäßigt € 5,50

Leopold Museum – eine der bedeutendsten Sammlungen moderner österreichischer Kunst
www.leopoldmuseum.org

Ausstellungen / Shop	täglich (außer Di) 10–18 Uhr, Do 10–21 Uhr; Di geschlossen, Juli und August: Di geöffnet!
Erwachsene	€ 11
Senioren	€ 8
Schüler, Lehrlinge, Studenten bis 27 Jahre, Präsenz- und Zivildiener	€ 7

MUMOK – Museum für moderne und zeitgenössische Kunst
www.mumok.at

Ausstellungen / Shop	täglich 10–18 Uhr, Do 10–21 Uhr
Erwachsene	€ 9
Senioren	€ 7,20
Studenten bis zum 27 Jahre, Präsenz- und Zivildiener, Arbeitslose	€ 6,50
Kinder und Jugendliche unter 19 Jahren	Eintritt frei

Tanzquartier Wien – Zentrum für zeitgenössischen Tanz und Performances
www.tqw.at

Information / Reservierung	Mo–Fr 9–20 Uhr, Sa 10–20 Uhr, an Feiertagen geschlossen
Halle G	€ 18
Studios	€ 11
Ermäßigungen	siehe www.tqw.at

Wien Xtra-Kinderinfo – bietet einen Überblick über das gesamte Freizeitangebot der Stadt Wien für Kinder bis 13 Jahre
www.kinderinfowien.at

Information	Di–Do 14–19 Uhr, Fr bis So 10–17 Uhr, Mo geschlossen, Feiertag 10–17 Uhr
	freier Eintritt

Zoom Kindermuseum – da können Kinder die Welt erkunden

Information / Reservierung	Di bis Fr 8–16 Uhr
Zoom-Ausstellung	freier Eintritt!
Zoom-Ozean	€ 3
Zoom-Atelier	€ 5
Zoom-Lab	€ 5
Familienkarte	€ 12

Quartier 21 – Creative Cluster für Kunst und Kultur des 21. Jahrhunderts: digitale Kultur, Mode, Design (rund 60 Partner)
www.quartier21.at

Da das MQ aus verschiedenen Einrichtungen besteht, gibt es viel zu viel Information, um alles Relevante hier aufzulisten. Den besten Überblick bekommt man im Internet auf www.mqw.at

So können Sie das MQ am besten erreichen

Mit den **U-Bahnen U2** (Museums-Quartier, Volkstheater) und **U3** (Volkstheater)

Mit den **Bussen 48a** (Volkstheater) und dem **City-Bus 2a** (Museums-Quartier)

Mit der **Straßenbahn 49** (Volkstheater)

Mit dem Auto:
Museums-Quartier Wien
Museumsplatz 1
1070 Wien

Contipark Parkgarage (MQ Vorplatz)
24 Stunden geöffnet
Kurzparken (0–1 Stunde)   € 3
jede weitere Stunde   € 3
Kulturparken (18–24 Uhr)   € 8,50

𝄞

Wege der Erinnerung
Jüdisches Wien

Als ich zum ersten Mal aus meiner neuen Wohnung im 2. Bezirk auf die Straße ging, waren die ersten Menschen, denen ich begegnete, orthodoxe Juden, die sich gerade auf Hebräisch unterhielten und, vermutlich, glänzend über einen Witz amüsierten. An jenem Tag war diese kleine Begegnung für mich nicht mehr als ein Hauch von Weltstadt, der mich daran erinnerte, die Provinz wirklich hinter mir gelassen zu haben. Inzwischen bin ich auf mehr und oft sehr bedrückende Spuren jüdischen Lebens in Wien gestoßen.

Bei einem Spaziergang durch die Wiener Innenstadt, bei dem ich mir eigentlich nur einmal den verwinkelten Kern der Stadt anschauen wollte, stehe ich plötzlich auf dem Judenplatz. Ein kleiner gepflasterter Platz, abseits der großen Verkehrswege, still, gesäumt von schönen alten Häusern. In der Mitte ein großer grauer Kubus. Ich erkenne ihn, obwohl ich ihn noch nie mit eigenen Augen gesehen habe. Das Mahnmal für die österreichischen jüdischen Opfer der Schoah, entworfen von der britischen Künstlerin Rachel Whiteread, hatte bei seiner Errichtung für heftige Diskussionen gesorgt, das Bild des Mahnmals ging lange Zeit durch die Medien. Ein Würfel aus

Büchern – gegossen aus Stahlbeton. Die Bücher sind nach außen gedreht, man sieht also nicht die Buchrücken, sondern die Seiten. Die Bücher stehen für die unzähligen Leben und Lebensgeschichten der Opfer. So schlicht dieser Klotz erscheint, so beeindruckend – ja bedrückend ist er. Ringsum sind im Boden die Namen aller Orte eingelassen, an denen österreichische Juden während der NS-Zeit ums Leben kamen. 45 Orte, die Namen der Opfer wären zu viele, um aufgezählt zu werden. Ich blicke mich um. Ein Denkmal von Lessing, die alte Böhmische Hofkanzlei, das Haus der bürgerlichen Schneider, eine Gedenktafel, die darüber informiert, dass Wolfgang Amadeus Mozart eine Zeit lang in diesem Haus gewohnt hat, das Haus der Wiener Gastwirte und schließlich das Museum am Judenplatz. Daneben eine weitere Tafel. Auf dem Platz stand die alte Synagoge, die bei der Judenvertreibung 1420/21 niedergebrannt wurde. Unter dem Platz sind heute noch die Reste der Synagoge zu besichtigten.

Die Räume des Museums sind so, wie Museumsräume eben sind. Gleichmäßig ausgeleuchtete weiße Wände, Schaukästen, Bilder. Mein Audioguide berichtet über die Entwicklung der jüdischen Gemeinde. Über die alte Judenstadt und über ihre Lage in Wien. Über Zusagen von Kaisern und Fürsten, die nicht eingehalten wurden, sobald sie nicht mehr politisch opportun waren.

Dann gehe ich Richtung Synagoge, nach unten, weit nach unten. Das Niveau der alten Stadt lag einige Meter unter dem heutigen Wien. Das wusste ich, ich wusste nicht, wie tief. Hier sind die Wände nicht mehr weiß, sondern grau – Beton. Ich fühle mich nicht mehr wie in einem Museum, sondern wie in einer Grabkammer. Die Treppe endet an einem Tunnel, aus Lautsprechern höre ich eine weibliche Stimme, ich verstehe aber nicht, was sie sagt. Auf einem Schild kann ich nachlesen, dass es sich um einen zeitgenössischen Bericht der Ereignisse von 1420/21 handelt. Anschuldigungen gegen die jüdische Gemeinde, angeblich wurde eine Hostie geschändet, ein damals »üblicher« Vorwand für Gewalt gegen Juden. Herzog Albrecht V. beschloss die Juden loszuwerden und ließ alle Juden in Österreich verhaften. Es folgten einige Monate Haft, danach wurden die Armen in Schiffen einfach die Donau hinuntergetrieben, die Reichen noch länger gefoltert, vielleicht gab es ja noch was zu holen. 200 Menschen wurden schließlich verbrannt. Einige nahmen sich hier in der Synagoge das Leben, um dem Scheiterhaufen oder der Taufe zu entgehen. Das Ereignis ging als »Wiener Gesera« in die Geschichte ein. Ich gehe weiter.

Die Reste der Synagoge sind nur spärlich beleuchtet. Ich erkenne Mauerreste, gehe durch die alten Räume, stehe vor den Resten des Podestes, auf dem aus der Tora gelesen wurde. Die Bodenkacheln liegen immer noch an ihren Plätzen. Auch hier höre ich einen Erzähler aus zeitgenössischen Berichten lesen, diesmal in altem Deutsch. Aus einer Mauer ragt ein Knochenfragment hervor. Ich bin froh, als ich wieder am Platz und im Licht ankomme.

Auf dem Heimweg von der U-Bahn gehe ich wie so oft an einer Mauer entlang, als mir einfällt, dass dahinter ein alter jüdischer Friedhof liegen soll. Sehr schön angeblich. Ich beschließe, mir das anzusehen. Als ich drei Wochen später auf gut Glück das Friedhofstor suche, finde ich es verschlossen, der Friedhof ist für die Öffentlichkeit nicht zugänglich. Zu viele offene Gräber, zu gefährlich. Aber ich erfahre, dass zwei Tage später eine Führung stattfinden soll.

Als sich das Holztor hinter unserer Gruppe schließt, wird es still. Nicht nur, weil der Wind in den Bäumen mit einem Mal den Straßenlärm übertönt, sondern auch, weil keiner diesen Anblick erwartet hat. Ein auf den ersten Blick völlig willkürlich gestreutes Gräberfeld. Mannshohe Grabsteine und Monumente, zum Teil überwuchert von noch höherem Gestrüpp. Ich muss unwillkürlich an einen Horrorfilm denken und daran, dass ich hier nicht in der Nacht sein will. Die Führerin erzählt uns von der Geschichte des Friedhofes, der seit über 100 Jahren nicht mehr genutzt wird. Von den Menschen, die hier begraben wurden, von den architektonischen Details auf den Grabmälern. Spannend ist der Kontrast zwischen den traditionellen jüdischen Formeln und dem sehr weltlichen Bedürfnis nach Repräsentation – viele Steine wurden nach der Mode gestaltet. Immer wieder schweife ich ab und sehe mich um. Viele Steine liegen oder stehen schief, vieles ist zerbrochen und verwittert. Eine ganze Abteilung des Friedhofes ist völlig verwüstet, hier haben die Nazis nach Genmaterial für ihre »rassenkundlichen Forschungen« gesucht. Ganze Familien (rund 200 Personen) wurden exhumiert und ins Wiener Naturhistorische Museum verfrachtet.

Zwischen den Gräbern sind nur kleine Wege ausgetreten, in manchen Bereichen kann man die Grabmäler nur mit Mühe im Unterholz ausmachen. Die Forscher müssen sich jedes Jahr erneut durch das Dickicht kämpfen, für eine nachhaltige Pflege fehlt einfach das Geld. Eine Handvoll Freiwilliger kümmert sich um die Erhaltung.

Als ich wieder durchs Tor nach draußen gehe, bin ich bestürzt: Da liegt ein Stück Geschichte, und keiner kann es anschauen. Mir war und ist immer noch unbegreiflich, wie Politik und Verwaltung sich um finanzielle Brotkrumen streiten können und zusehen, wie Kulturgüter einfach verrotten. Leider herrscht immer noch die Meinung vor, dass man manche »Probleme« einfach aussitzen kann.

Eine völlig andere Form der Vergangenheitsbewältigung entdeckte ich durch den Tipp eines Freundes. Im 2. Bezirk, Leopoldstadt, der in der zweiten Hälfte des 19. Jahrhunderts das Zentrum der jüdischen Gemeinde in Wien war, sollte es Steine geben, die auf vertriebene Juden hinweisen. So lautete die Beschreibung meines Freundes, Genaueres wusste er auch nicht.

Als ich bei der U-Bahn-Station Novaragasse auf die Straße trete, sehe ich die ersten Steine. In den Boden eingelassene Metallplatten mit Namen. Vier Platten tragen denselben Nachnamen. Emil, Hilda, Franziska und Hans Löwy. Eine Familie, die 1942 deportiert worden ist. Die Löwys haben in dem Haus gewohnt, vor dem ich gerade stehe. Hier ist das alles wirklich geschehen. Die »Steine der Erinnerung« wurden dort in den Boden eingelassen, wo die Menschen zu Hause waren, bevor sie von den Nazis vertrieben und umgebracht wurden. Mit einem Mal bekommt die Geschichte ein Gesicht. Die Synagoge und der Friedhof sind beeindruckende Dokumente jüdischen Lebens, keine Frage. Die Synagoge ist aber vor fast 700 Jahren vernichtet worden, der Friedhof war beeindruckend – aber doch nur ein Friedhof. Hier lese ich Namen von Menschen, die noch am Leben sein könnten.

Das war also Ground Zero. Bei all der Schulbildung über den Holocaust hatte ich noch nie ein so starkes Gefühl der Unmittelbarkeit dieser Verbrechen wie an diesem sonnigen Tag vor der U-Bahn.

Ich folge einem Pfeil, der mich auf den »Weg der Erinnerung« führt. Über 100 solcher Platten sind im ganzen 2. Bezirk (und in anderen Teilen Wiens) in den Boden eingelassen. Um »den Menschen wieder einen Platz in ihrem Heimatbezirk« zu geben, wie es auf der Website des Projektes heißt. Da stehen die Namen von Vereinen, von Schauspielern, da wird an Theater erinnert, an Suppenküchen, an Kaffeehäuser, an ein »Mädchen, das im 2. Stock gewohnt hat und dessen Namen wir nicht wissen«, an einen »Rechtsschutzverein für Hausierer«.

Da wird an Leben erinnert, das es nicht mehr gibt.

Ich habe einige Zeit mit dem Versuch verbracht, ein würdiges Ende für dieses Kapitel zu finden, und glaube nicht, dass es mir noch gelingen wird. Also höre ich hier einfach auf.

Eine Empfehlung noch, werte Leser: Wenn Sie nach Wien kommen, nehmen Sie sich Zeit für einen der Wege, die ich hier beschrieben habe. Sie werden es nicht bereuen.

Bedrückende Spuren am Weg der Erinnerung

ℋeimatkultur – Museum am Judenplatz

Das Museum am Judenplatz ist eine Zweigstelle des Jüdischen Museum Wiens. Als 1995 die Reste der alten Synagoge am Judenplatz ausgegraben wurden, fasste man den Entschluss, den historischen Platz in den Kontext mit einzubeziehen. So fanden das Mahnmal und das Museum Judenplatz ebenfalls ihren Platz in der historischen Judenstadt.

Judenplatz 8
1010 Wien
www.jmw.at

Öffnungszeiten

So–Do	10–18 Uhr
Fr	10–14 Uhr
Sa	geschlossen

Eintrittspreise

Normalpreis	€ 4
Ermäßigter Eintritt	€ 2,50
Gruppentarif	€ 2,50
Führungen	€ 40 pro Gruppe und Stunde

Für Schulklassen sind Eintritt und Führung kostenlos.
Kostenlose deutschsprachige Führungen: So 11 Uhr

Heimatspuren – Steine der Erinnerung

Die »Steine der Erinnerung« sind in insgesamt acht Bezirken Wiens installiert worden, überall dort, wo Wiener Juden von den Nazis vertrieben oder enteignet wurden. Genaue Beschreibungen der einzelnen Steine sowie Kartenmaterial finden Sie auf der Website des Vereins Steine der Erinnerung. www.steinedererinnerung.net

Heimatspuren – Jüdische Friedhöfe in Wien

Der **Währinger Friedhof** wurde 1874 stillgelegt und ist aufgrund seines schlechten Zustandes nicht für die Öffentlichkeit zugänglich. Führungen finden in unregelmäßigen Abständen statt, Informationen bekommen Sie bei den Grünen Wien unter der Telefonnummer +43 (0) 1 / 40 00-81581. www.waehringer-friedhof.at

Am **Wiener Zentralfriedhof** gibt es zwei jüdische Abteilungen, die alte liegt beim 1. Tor, der neue israelitische Friedhof beim 4. Tor.

Die Straßenbahnlinien 6 und 71 fahren den Zentralfriedhof an, innerhalb des Areals gibt es eine eigene Buslinie.

Der **älteste noch erhaltene Friedhof Wiens** ist ebenfalls ein jüdischer Friedhof, er liegt in der Seegasse 9–11 im 9. Bezirk im Hof eines Pensionistenheims. Er war von 1540 bis 1783 in Verwendung und ist frei zugänglich.

Büro der Literaten
Das Kaffeehaus

Wir erinnern uns: Wir, Buchgraber & Brandl, sind als Kabarettisten nach Wien gekommen. (Die Tatsache, dass wir jetzt auch Bücher schreiben müssen, zeigt Ihnen, wie erfolgreich wir diesen Plan bisher umgesetzt haben.) Als wir uns in der neuen Stadt zum ersten Mal zum gemeinsamen Arbeiten verabredeten, gab es dafür nur einen denkbaren Ort: ein Kaffeehaus. Viele unserer Vorbilder haben ihr halbes Leben in ihrem Stammcafé verbracht, sie hatten dort – wie man so schön sagt – schon einen Meldezettel. Ein Kaffeehaus, das wussten wir, ist ein Ort des Geistes, der Kunst, dort werden Ideen geboren, dort entsteht Großes.

Wir lenkten unsere Schritte ins Café Westend. Benannt nach dem Westbahnhof, der gegenüber liegt. Ein großer, heller Raum mit hohen Decken, Lüstern und Stuck. In Graz wäre er fast schon als Ballsaal durchgegangen. An den Wänden kleine Kojen mit samtbezogener Polsterung. Dazwischen kleine Tische mit runden Marmorplatten, dazu dunkelbraune Holzstühle. Die Wände verkleidet mit Spiegeln oder Plakaten von Konzerten, die vor einigen Wochen stattgefunden hatten: Das Prunkservice (eine Ausstellung über Geschirr), Vadim Repin und seine Geige sowie The Police.

Ein schöner Überblick über das Wiener Kunstleben. Wir suchten uns einen Platz in einer Ecke und saugten die Atmosphäre in uns auf. Buchgraber hustete. Zu dieser Zeit war Rauchen in Cafés noch erlaubt. Wir wechselten die Plätze (siehe *Rauchergesetz, Seite 151*).

Ein Wiener Kaffeehaus ist eine ganz eigene Form der Gastronomie. Es ist kein Restaurant, es ist keine Bar und es ist kein Beisl (siehe *Der Wiener Charme – Netter geht immer, Seite 65*). Ein Kaffeehaus liegt irgendwo dazwischen. Im Beisl trinkt man Bier und isst hin und wieder ein Gulasch oder eine Suppe. Im Restaurant trinkt man Wein und bestellt dazu Steak oder Fisch. Im Kaffeehaus trinkt man Kaffee oder Tee, in Ausnahmefällen ein Glas Sekt. Zu Essen gibt es Kuchen, Torten und kleine Snacks. Würde man einen Tag ausschließlich in der Wiener Gastronomie verbringen, so würde man im Kaffeehaus spät frühstücken, danach zu Kaffee und Kuchen einfach sitzen bleiben, zum Abendessen ins Restaurant gehen und danach noch auf einen Absacker ins Beisl. Wo man vermutlich hängen bleibt, bis es schon wieder Zeit ist fürs Kaffeehaus.

Das Westend ist ein Gustostückerl eines Wiener Kaffeehauses. Hier stimmt alles. Die Möbel sind alt, der Parkettboden knarzt bei jedem Schritt, mitten im Raum steht eine Kuchenvitrine, auf einem Tisch daneben liegen Tageszeitungen und Magazine. Das ist überhaupt das wichtigste Merkmal eines guten Kaffeehauses. Alle aktuellen Tageszeitungen sowie die wichtigsten Wochen- und Monatsmagazine müssen vorhanden sein. Schließlich ist für viele Gäste der einzige Grund für einen Kaffeehausbesuch der, dass sie endlich einmal in Ruhe zum Zeitunglesen kommen. Ich habe sogar schon erlebt, dass man dazu einzelne Zigaretten bestellen kann. Wer ins Kaffeehaus kommt, will nicht selten einfach seine Ruhe haben. Gut zum Arbeiten, was, wie wir beinahe schon vergessen haben, der Grund für unser Treffen hier ist. Also los.

Vorher noch einmal zurück zur Ruhe. Die hat man interessanterweise auch vor den Kellnern, die in Wien praktisch ebenfalls zum Inventar eines Kaffeehauses gehören. Die klassischen Wiener Kellner werden mit »Herr Ober« angesprochen. Der aufmerksame Leser wird sich ärgern, dass wir an dieser Stelle nicht »gendern«, also nicht von KellnerInnen sprechen. Müssen wir nicht, weil wir im Westend noch nie von einer Kellnerin bedient wurden. »Herr Ober« daher, weil es neben den »normalen« Kellnern auch einen Oberkellner gibt. In Österreich wurde aus einem Überschwang an Charme einfach jeder Kellner quasi befördert und zum Ober gestempelt. Schon seit Langem sind beide Begriffe praktisch identisch.

Die Ober lassen den Gast also gerne in Ruhe. Der Idealfall eines Obers erkennt genau den Moment, in dem der Gast, der bisher seine Ruhe genossen hatte, suchend aufsieht und etwas braucht. Dann eilt der ideale Ober sofort herbei, um dem Gast jeden Wunsch von den Lippen abzulesen. Wie gesagt, das tut der ideale Ober. Die Ober im Westend, dass muss in aller Deutlichkeit gesagt werden, verfehlen das Idealbild nur um Millimeter. Niemand ist perfekt. Der herkömmliche Ober dagegen verfehlt das Idealbild oft so weit, dass er es fast schon von hinten trifft. Die meistgehörte Antwort auf einen Zuruf, egal ob zur Bestellung oder zum Bezahlen, lautet: »Kollege kommt gleich!« (siehe dazu auch *Emotionen der Wiener, Abschnitt: Gemütlichkeit, Seite 41*). Die Ober im Westend bestechen allerdings nicht nur durch ihren Service, auch ihr Äußeres ist so, wie man es sich in Wien wünscht: Smoking, Weste, Fliege. So muss das sein und nicht anders. Sämtliche Etablissements, in denen junge Menschen mit einheitlichen T-Shirts und langen Barista-Schürzen oder sogar noch mit Baseballkappen herumstehen, verdienen den Titel Kaffeehaus nicht im Entferntesten. Coffee-Shop vielleicht, aber das ist etwas völlig anderes. Jetzt an die Arbeit.

Buchgraber schlug seinen Laptop auf, ich blickte mich um. Ein Ober kam ins Blickfeld, nahm im Vorbeigehen etwas vom Nebentisch, an dem zwei Herren saßen, auf, stellte es ohne anzuhalten auf unserem Tisch wieder ab und war auch schon wieder verschwunden. Ein kleines Körbchen mit einer Brezel, einem Croissant, einem Knabbernossi (Markenname des beliebtesten Snackwürstchens Österreichs und als solches schon zum Gattungsnamen avanciert), Servietten, Besteck und einer Packung Mannerschnitten (siehe *Mannerschnitten, Seite 151*). Schlechtes Gewissen stieg in uns auf, mochte der Ober uns lieber als die anderen? Hatten sie was Blödes gesagt und wurden jetzt bestraft? Womit hatten sie das verdient? Die Herren reagierten auf den Diebstahl wenig bis gar nicht. Einer lächelte uns freundlich zu. Als wir einen anderen Ober im hinteren Teil des Lokals wieder ein Körbchen umstellen sahen, stellten wir unser schlechtes Gewissen ab. Das war dort offenbar so üblich. Nachdem wir unser Körbchen fünf Minuten lang nicht angerührt hatten, wanderte es weiter zu einer Gruppe älterer Damen.

Die Gruppe älterer Damen. Vier weißhaarige, mit Perlen und Rettungs-Notfall-Armbändern behängte Mitglieder der höheren Gesellschaft. Wie sehr schnell und sehr leicht erkennbar war, Stammgäste. Einerseits verraten durch das »Stammtisch«-Schild am Tisch, andererseits durch die Begrüßung des Obers: »Spät sind die Damen heute!« Sie waren vorher noch beim Friseur gewesen. Allesamt beim selben vermutlich, zumindest sahen alle vier genau gleich aus. Die Kuchenbestellung war üppig, das Gespräch verlief langsam, aber laut. Buchgraber und ich hatten alle Mühe, unser eigenes Gespräch in geordneten Bahnen fortzuführen.

Unsere weiteren Nachbarn waren zwei asiatische Touristen (ja, beinahe schon ein Klischee, aber so geschehen im Westend), zwei junge Damen Anfang 20, vor ihnen Frühstück, ein Eis und ein Laptop, ein Pärchen Mitte 50, das über sexuelle Belästigung am Arbeitsplatz diskutierte, und eine Familie, vermutlich auch Touristen. Drüben im Raucherbereich las ein Herr die Zeitung, zwei junge Männer mit Vollbart diskutierten hitzig, vermutlich über Kunst. Die sahen so aus. Apropos Kunst – wollten wir nicht arbeiten?

Vorher noch eine Randbemerkung. Auch das ist eine Eigenart der Wiener Kaffeehäuser: Sie haben keine Zielgruppe. Oder sie haben die größtmögliche Zielgruppe, nämlich alle. Im Beisl sitzen Leute, die trinken und reden wollen. In Restaurants sitzen Leute, die gerne zeigen, dass sie es sich leisten können, abends ins Restaurant zu gehen. In Clubs stehen vorwiegend junge Leute herum, die sich durch laute Musik anschreien und dabei nicht verstehen. In Kaffeehäusern sitzen alle. Sie reden, lesen, arbeiten oder schauen. Hin und wieder sieht man auch wen schlafen. Buchgraber und ich wurden unruhig. Im Westend gab es zu viel zu sehen. Wir konnten nicht arbeiten. So schön das Lokal auch war.

Wir starteten noch einen Versuch, als die Gruppe älterer Damen sich wieder zu Wort meldete. Während sie mit Essen beschäftigt waren, war es aus ihrem Eck angenehm ruhig geworden, da hätten wir arbeiten können, waren aber unsererseits mit Schauen beschäftigt. Als wir fertig waren mit Schauen, waren sie fertig mit Essen. An Arbeit nicht zu denken. »Kaffee«, schlug Buchgraber vor, vielleicht konnten wir die Zeit bis zum offenkundig bevorstehenden Abgang der Damen überbrücken. Der Kellner zischte mit einem Körbchen in der Hand vorbei, ich rief ihm »Zwei Kaffee, bitte!« nach. Der Kellner überdrehte kaum merklich die Augen und brachte uns die Karte. »Nein, nur Kaffee«, wollte ich gerade sagen, als er mir die aufgeschlagene Karte vor die Nase hielt. In Wien braucht man fürs Kaffeebestellen eine Karte.

Der Wiener kennt keinen »Kaffee«, der Wiener kennt so viele Sorten von Kaffee, wie der Inuit Sorten von Schnee kennt. Viele. Es gibt den kleinen Braunen, den großen Braunen, den kleinen Schwarzen (oder auch kleinen Mokka), den großen Schwarzen (Mokka), den Piccolo, den Verlängerten, den Konsul, den Doppelmokka, den Einspänner, die Schale Braun, die Schale Gold, die Melange, den Franziskaner, den Kapuziner, den türkischen Kaffee, den Häferlkaffee, den Eiskaffee, den Maria Theresia, den Almkaffee, den Biedermeier, den Pharisäer, den Fiaker, den Gespritzten und sicher noch welche, die ich vergessen habe. Jede Sorte hat ihre ganz besonderen Eigenheiten. Und: Caffè Latte oder Cappuccino gibt es nicht. Also, man bekommt schon was, das so schmeckt wie ein Latte oder ein Cappuccino, aber es heißt nicht so (siehe *Kaffeevariationen I, Seite 151*).

Wir waren überfordert. Buchgraber hatte sich nach gefühlten Stunden zu einer Entscheidung durchgerungen, ich stand kurz davor, als sich der Nebentisch mit einer Gruppe Studenten füllte. Fasziniert beobachteten wir, wie die jungen Leute, alle Anfang 20, eine Bestellung abgaben, die jener der Damenrunde zuvor fast bis aufs Haar glich. Kaffee, Wasser, Torte. Die Damen waren allerdings auf der sahnigen Seite gewesen, die jungen Leute mochten es offenbar fruchtig. Und wieder wurde es laut, mit dem Unterschied, dass unsere neuen Nachbarn auch während des Essens redeten. Die Geschichten um Literaten vergangener Tage, die die besten ihrer Werke in Kaffeehäusern geschrieben haben sollen, konnten nur erfunden sein. An Schreiben war hier nicht zu denken. Buchgraber und ich beschlossen, das Lokal zu wechseln.

Wir nahmen einen neuen Anlauf im Cafe Monarchie. Da war der Name Programm. Abgesehen von der üppigen Innenausstattung stach uns vor allem der Innenhof des Gebäudes ins Auge. Die Wände des Hofes waren bis auf eine Höhe von einigen Metern mit einem riesigen Fresko verziert. Der Blick vom Schloss Schönbrunn auf die Gloriette (siehe *Gloriette, Seite 153*). Außer uns kaum Gäste, und die wenigen tief in Lektüre oder gedämpfter Unterhaltung versunken. Hier würden wir arbeiten können. Endlich. Buchgraber packte erneut seinen Laptop aus, als wir hochfuhren. Die Dame, die mit dem Rücken zu uns einige Meter entfernt saß, hatte gehustet. Jetzt ist Husten an sich keine besondere Unart, dieser Husten allerdings ließ uns fast das Blut in den Adern gefrieren. Wenn man im Winter, nach einer durchzechten Nacht, in der man mindestens zwei Packungen Zigaretten geraucht hat, versucht, auf einen kleinen Hügel zu laufen, dann könnte man eventuell so husten. Aber nur einmal, ein zweites Mal würde die Lunge nicht mitspielen. Buchgraber und ich warfen uns einen vielsagenden Blick zu und wollten schon aufstehen und gehen, als Buchgraber plötzlich zu tippen begann. Er schrieb eine Nummer, die Eingang in unser Kabarettprogramm fand. Protagonistin: Frau Mesitsch, die sich dadurch auszeichnet, dass sie nie spricht, sondern nur hustet. Und zwar so, als würde sie im Winter, nach einer durchzechten Nacht ...

Im Kaffeehaus kann man doch schreiben. Und zwar richtig gut.

Tratschen unter dem Schönbrunn-Panorama

ℋeimatwissen – Rauchergesetz

In österreichischen Lokalen ist das Rauchen inzwischen generell verboten. Die Lokale müssen für Raucher einen eigenen, baulich getrennten Bereich anbieten. Ausnahmen sind Lokale, die kleiner sind als 50 Quadratmeter. In diesen Fällen können die Betreiber entscheiden, ob sie ein Raucher- oder ein Nichtraucherlokal führen wollen.

ℋeimatküche – Mannerschnitten

Mannerschnitten sind ein Teil der Identität Wiens. Erfunden von Josef Manner, einem Wiener Chocolatier, im Jahr 1898. Fünf Lagen dünne Waffeln, dazwischen vier Lagen Haselnusscreme. Kaum ein Logo ist in Österreich so bekannt wie der Manner-Schriftzug. Sogar Arnold Schwarzenegger greift in »Terminator 3« zu den Schnitten aus Österreich.

ℋeimatwissen – Kaffeevariationen I

Alle Kaffeevariationen aus Wien aufzuzählen, würde hier zu weit führen. Wir wollen Ihnen einige im Detail vorstellen.

kleiner Brauner – einfacher Mokka (also ein schwarzer Kaffee, wie ein Espresso, aber mit mehr Wasser zubereitet) mit Milch oder Obers (Sahne) in kleiner Schale. Milch oder Obers sollten in einem kleinen Porzellankännchen extra serviert werden

großer Brauner – doppelter Mokka mit Kaffeeobers in großer Schale

kleiner Schwarzer (auch **kleiner Mokka**) – einfacher Mokka in kleiner Schale. Der große Schwarze ist die doppelte Menge

Verlängerter – die Dosierung eines kleinen Schwarzen wird mit der Wassermenge eines großen Schwarzen zubereitet oder ein mit etwa doppelter Menge Wasser zubereiteter Espresso

Einspänner – großer Mokka im Henkelglas mit Schlagobershaube

Melange – halb Kaffee, halb Milch

Kapuziner – schwarzer Kaffee mit einem Schuss flüssigen Schlagobers

Kaisermelange – Mokka mit Eidotter, auch mit Honig und Weinbrand/Cognac

Fiaker – großer Mokka im Glas mit viel Zucker und einem Stamperl Sliwowitz oder Rum

Heimatwissen – Kaffeevariationen II

Einer Anekdote des Schriftstellers Friedrich Torberg zufolge soll in einem Kaffeehaus der Kellner dem Gast eine Farbpalette gereicht haben, auf der die Stärke des Kaffees in Farbabstufungen von Schwarz bis Milchig-Weiß symbolisiert war, woraufhin dieser wählte, indem er auf die gewünschte Farbe zeigte.

Heimatgeschichte – Kaffee in Wien

Das erste Kaffeehaus Wiens wurde kurz nach der zweiten Türkenbelagerung im Jahr 1685 von einem Armenier namens Deodato eröffnet. Die Geschichte, dass die Türken ihre Kaffeevorräte bei der Flucht in Wien vergessen hätten und der Kaffee einem österreichischen Offizier als Kriegsbeute übereignet wurde, muss ins Reich der Legende verwiesen werden. Erst als der Kaffee mit Milch und Zucker vermengt wurde, begann der Siegeszug des neuen Getränks in Wien.

Ende des 19. und Anfang des 20. Jahrhunderts erlebte das Wiener Kaffeehaus seine Hochblüte. Zahlreiche Wiener Literaten erhoben damals ihre Stammcafés zu ihrem Lebens- und Arbeitsmittelpunkt, darunter Peter Altenberg, Karl Kraus und Friedrich Torberg. Der Begriff der »Kaffeehausliteratur« war geboren.

Quelle: www.wiener-kaffeehaus.at

Heimatgeschichte – Gloriette

Eine Gloriette ist ein Gebäude in einem Garten oder Park, das auf einem erhöhten Standpunkt steht. Die größte und vermutlich auch bekannteste steht im Schlosspark Schönbrunn. Sie wurde im Jahr 1775 als Hauptblickfang des Gartens und zugleich als Aussichtspunkt errichtet. Sie diente als Speise- und Festsaal, später als als Frühstückszimmer für Kaiser Franz Joseph I. Heute ist dort ein wahrlich kaiserliches Café eingerichtet.

Heimatküche – Café Heissenberger

In Wien kann man guten Kaffee trinken, das ist bekannt. Den nach meiner Meinung besten Kaffee gibt es bei Heissenberger (Kohlmarkt 11) neben dem Michaelerplatz. Das Geheimnis ist die eigene Röstung – man trinkt Kaffee, der vom Inhaber selbst auf der ganzen Welt eingekauft und von Hand knapp außerhalb von Wien geröstet wurde.

Die Hermesvilla

Sis(s)is (Alb-)Traum

Kurzer Exkurs vorab: Zunächst muss ein kleiner und allzu oft begangener Fehler aufgeklärt werden. Die ehemalige Kaiserin von Österreich und Königin von Ungarn, Elisabeth, auch gern liebevoll »Sissi« genannt, wurde eigentlich gar nie »Sissi«, sondern immer »Sisi« oder »Lisi« gerufen. Zur allseits bekannten »Sissi« wurde sie erst durch die gleichnamigen Filme mit Romy Schneider und Karl-Heinz Böhm.

Ebenfalls weniger bekannt ist, dass das Verhältnis zwischen Kaiser Franz Joseph und seiner Sisi nicht immer das Beste und nicht immer so romantisch war, wie es der Film gerne erzählt. Sisi war reiselustig und Franz Joseph musste seinen Amtsgeschäften nachgehen. Also wollte er seiner Frau (und sich) etwas Gutes tun und versuchte Sisi mehr an sich und an Wien binden. Er erbaute ihr am Stadtrand die sogenannte Hermesvilla. Sie liegt inmitten des Lainzer Tiergartens. Dieses Areal diente einst als kaiserliches Jagdrevier. Heute findet man dort eine Vielfalt an Tieren wie Hirsche, Rehe, Wildschweine, Mufflons und zahlreiche Pflanzenarten.

Ursprünglich hätte die Villa der Sisi ja »Villa Waldruh« heißen sollen, später wurde daraus die Hermesvilla. Sie ist das, was man sich als High-End-Variante des Wochenendhauses vorstellt, umgeben vom letzten Rest des urtümlichen Wienerwaldes.

An einem schönen Sommersonntag begab ich mich auf Entdeckungsreise in den Lainzer Tiergarten, um mehr über dieses Anwesen zu erfahren. Ich meldete mich zu einer Führung durch die Gemächer der Sisi an.

Nach kurzer Zeit wurde klar, dass mein Guide nicht gerade ein Fan der beliebten ehemaligen österreichischen Kaiserin war. Der Guide beschrieb Sisi als eine magersüchtige, despotische Herrscherin, die ihren Mann, wo immer sie konnte, kritisierte, verhöhnte und ausnutzte. Aus der Sicht des Guides war Sisi ein schlechter, ja geradezu unmöglicher Mensch. Ich war schockiert. Ein Weltbild wurde da gerade zerstört. Sollten Sätze wie folgende etwa erfunden sein?
»Ja, Franzel.«
»Ja, meine Sisi.«
»Schau dort an der Lichtung. Ein Rehlein!«
»Mei schön! So schön wie du, Sisi!«

Natürlich wusste ich, dass Sisi sicher nicht immer die perfekte Kaiserin war, aber so eine Darstellung irritierte mein wunderschönes Bild von der guten alten Zeit.

Der Guide fuhr fort und meinte, dass Sisi niemals dankbar gewesen sei für das, was ihr von ihrem Kaiser geboten wurde. Außerdem sei sie ungerecht, eitel und gemein gewesen, eine Person, die ihren Mann andauernd hinterging, ihn ausnutzte, wo sie nur konnte. Sisi habe unter dem Kaiser und der Hermesvilla gelitten. Dabei hätte Kaiser Franz Joseph doch alles unternommen, damit seine Sisi eine schöne Zeit hatte. Eigentlich sei Sisi permanent arm gewesen, wie auch der Guide.

Immerhin lernte ich bei der Führung, woher die Hermesvilla ihren Namen hat. Nun, Sisi war eine dauernde Reisende und konnte niemals länger an einem Ort bleiben. Hermes ist der »Schutzgott der Reisenden«. Sisi selbst beauftragte einen Berliner Bildhauer mit der Anfertigung einer »Hermes der Wächter«-Statue. Die Statue ist heute noch ein beliebtes Touristenziel. Sisi ließ sie direkt vor Franz Josephs Schlafzimmer platzieren. Wenn Franz Joseph in der Früh seine Fenster öffnete, dann sah er immer die Hermesstatue vor sich, genauer das blanke Hinterteil der Hermesstatue. Böse Zungen behaupten, so der Guide, dass es ihm Sisi jeden Tag auf diese Art und Weise dankte, dass Franz Joseph ihr dieses Refugium hatte bauen lassen.

Buchgraber und Hermes

Dabei hat der Kaiser sein Möglichstes getan, damit sich Sisi in ihrem neuen Wochenendhaus wohlfühlt. Sie bekam eine eigene Reitschule, die k. u. k. Hofgärtner mussten jeden Maulwurfshügel wegplanieren, sie bekam eine eigene Badekabine beim nahe gelegenen Badeteich, und die Straße zur Hermesvilla war eine der ersten Straßen im Großraum Wien, die eine elektrische Beleuchtung erhielt. Ja, sogar ein eigenes Telefon hat sie bekommen. Und das alles nur aus Liebe. Sisi nannte die Hermesvilla einmal »Schloss der Träume«, ob sie dies ernst oder ironisch gemeint hat, werden wir wohl niemals erfahren.

Was ich daraus gelernt habe?

Nun, wenn meine Frau einmal eine Hermesstatue vor das Schlafzimmerfenster im Garten stellt, dann weiß ich, dass es Zeit für eine neue Bleibe ist. Aber Gott sei Dank habe ich keinen Garten – nicht einmal einen Balkon.

Heimatspuren – Lainzer Tiergarten

Der Lainzer Tiergarten ist ein öffentlich zugängliches Naturschutzgebiet in Wien. Führungen und Exkursionen werden laufend angeboten.

Erreichbarkeit mit öffentlichen Verkehrsmitteln
Lainzer Tor (Besucherzentrum): **Straßenbahnlinie 60** bis Hermesstraße, **Autobuslinie 60B** bis Lainzer Tor

Weitere Informationen und Fahrpläne unter:
www.wienerlinien.at

Öffnungszeiten: die Zeiten variieren je nach Jahreszeit (in den Sommermonaten: 8–20 Uhr, in den Wintermonaten: 9–17 Uhr). Detaillierte Informationen bietet das Besucherzentrum Lainzer Tiergarten, Tel: +43 (0) 1 / 40 00-49200.

Heimatspuren – Hermesvilla

Sie wird für ständig wechselnde Ausstellungen des Wien Museums genutzt. Weitere Infos unter: Tel.: +43 (0) 1 / 804 13 24 oder E-Mail an: office@wienmuseum.at
Öffnungszeiten: 7. April bis 26. Oktober 2011, Di–So & Feiertag, 10–18 Uhr

Eintrittspreise

Erwachsene	€ 5
Senioren, Wien-Karte, Ö1-Club, Menschen mit Behinderung, Gruppen ab 10 Personen	€ 3,50
Lehrlinge, Studierende bis 27 Jahre, Präsenz- und Zivildiener	€ 2,50
Kinder und Jugendliche unter 19 Jahren	Eintritt frei
Jeden ersten Sonntag im Monat für alle Besucher	Eintritt frei

Führungsentgelt

Führungskarte (pro Person)	€ 2
Führungspauschale für Erwachsenengruppen (empf. TeilnehmerInnenzahl: 20 Personen)	€ 45
Führungspauschale für Schul- und Jugendgruppen	€ 15

Noch ein kleiner Tipp: Wenn Sie den Lainzer Tiergarten im Sommer besuchen möchten, nehmen Sie immer ein Insektenspray mit.

*S*innloses Wissen

Rund um den Lainzer Tiergarten wurde im 18. Jahrhundert eine 22 Kilometer lange Mauer gebaut. Verantwortlich für diesen Bau war der Maurermeister Philipp Schlucker. Das Preisangebot des Maurermeisters war damals so niedrig, dass die Wiener Bevölkerung befürchtete, dass der arme Maurermeister verhungern müsse. Daher stammt der heute bekannte Begriff »armer Schlucker«.

Dörfer in der Stadt
Die Wiener Grätzl

Wir hatten einen Vormittag in »unserem« Theater am Alsergrund (siehe auch *Kabarett in Wien – Kleine und große Brettln, Seite 90*) gearbeitet und waren hungrig. Wir riefen also einen unserer Techniker an und baten in um Rat, wir waren mit den lokalen Lokalen noch nicht richtig vertraut. Er schickte uns ohne nachzudenken auf den Sobieskiplatz, benannt nach dem Polenkönig Johann Sobieski, der Wien 1683 vor den Türken rettete. »Der schönste Platz im Grätzl«, sprach der Techniker und wir gehorchten.

Zu diesem Zeitpunkt wussten wir schon, was ein Grätzl ist. Als ich den Begriff Jahre zuvor zum ersten Mal gehört hatte, dachte ich sofort an eine Verballhornung meiner schönen Heimatstadt Graz, was falscher nicht sein konnte. »Grätzl« bezeichnet ein Stadtviertel, wobei ein Viertel fast schon zu viel ist. Ein Achtel vielmehr, manchmal auch ein Sechzehntel. Mit anderen Worten: eine denkbar kleine städtische Einheit, bestehend aus nur einigen Straßen oder Gassen. Wie ein kleines Dorf. Wir haben ja schon geklärt, dass es in Österreich außer Wien keine echte Stadt gibt – alles, was sich für eine Stadt hält und auf dem Papier auch als solche gilt, würde einem internationalen Vergleich nicht standhalten. Wien ist natürlich besonders stolz auf seinen Sonderstatus als einzige echte Stadt (siehe auch *Wien ist wichtiger – Der Wasserkopf, Seite 257*). Nur leider stimmt das nicht so ganz. Wien ist nämlich auch keine echte Stadt, sondern mehr eine Ansammlung von Dörfern.

Wien hat sich, so wie die meisten mitteleuropäischen Großstädte, aus einem relativ kleinen Kern und einem relativ weiten Einzugsgebiet drum herum gebildet. Schaut man sich alte Stadtansichten von Wien an, dann ist diese Struktur klar erkennbar. Außerhalb der Mauern sieht man Felder, Bauernhöfe und kleine Weiler. Mit Namen, die sich in den heutigen Stadtbezirken wiederfinden. So weit ist das noch nicht ungewöhnlich, wie gesagt, die meisten europäischen Städte sind nach demselben Muster gewachsen. Nur dass in Wien die Dörfer noch da sind. Und obwohl diese Einheiten nicht immer den historischen Dörfern der Wiener Vorstadt entsprechen, bilden sie Dörfer – in den Köpfen der Leute aus dem Grätzl.

Buchgraber und ich bogen um ein Eck und hatten Wien schlagartig verlassen. Oder wir waren wirklich in Wien angekommen, das konnten wir nicht so genau sagen. Vor uns tat sich ein kleiner Platz auf. Vier Ecken, vier Grünflächen, vier stattliche Bäume. Eine kleine Fußgängerzone, ein *Installateur* (Klempner), eine Bügelstube, zwei Gastgärten. Ein Brunnen. Kein Spring- oder Zierbrunnen, sondern so einer, wo man früher Wasser geholt hat. Wir setzten uns in den Garten des Walletschek, ein *Greißler* (Krämer), mit Vinothek und einem fantastischen Koch. Wir aßen, und dann schauten wir eine Weile. Manchmal macht man das in Wien, man schaut einfach (siehe auch *Der Naschmarkt – Schauen und kosten, Seite 26*). Während wir schauten, hörten wir, und zwar das Wasser aus dem Brunnen. Was uns doch etwas eigenartig vorkam, immerhin waren wir hier nicht auf dem Land, sondern doch, man kann es wohl so sagen, mitten in Wien.

Das Grätzl rund um den Sobieskiplatz liegt zwischen zwei großen Verkehrsadern, dem Gürtel auf der einen und der Nussdorferstraße auf der anderen Seite. Auf beiden ist praktisch immer Stoßzeit, und von beiden hörte man beim Walletschek nichts. Ja, hin und wieder fuhr ein Auto über den Platz, das war's dann aber auch. Wenn nicht gerade der Wind in die Bäume fuhr, war das Wasser das lauteste Geräusch.

Der Sobieskiplatz

Wir hatten eine Idee. Knapp zwei Wochen zuvor hatten wir begonnen, in der Umgebung des Theaters Plakate und Flyer anzubringen, dabei waren wir auch in der Volkshochschule

Alsergrund (folgend VHS genannt) vorstellig geworden mit der Bitte um Werbefläche. Die Leiterin zeigte sich interessiert und sprach mit uns gleich über eine mögliche Kooperation, vielleicht mal ein Gemeinschaftsauftritt von ein paar Künstlern, die sonst im Theater spielen oder so. Als wir an jenem Tag im Walletschek saßen und auf den kleinen Platz schauten, war klar: Der Platz schreit nach einem Open Air. Die Leiterin der VHS war begeistert. Sie kümmerte sich ums Publikum, wir um den Rest.

Buchgraber und ich setzten uns wieder auf den Platz, diesmal ins Pub gegenüber, das Highlander, und planten die Sache durch. Das Problem bei solchen Plätzen ist, dass man beginnt abzuschweifen. Immerhin passiert dort eine ganze Menge. Eine alte Frau setzt sich auf eine Parkbank und hustet fünf Minuten lang. Ein Hund bellt. Der Stadtgärtner gießt die Blumenbeete. Die Müllabfuhr macht Pause. Die alte Frau hört auf zu husten und bekommt Gesellschaft von einem Mann, beiden schauen schweigend den anderen Menschen beim Schauen zu. Nach circa zehn Minuten sagt er: »Was ich alles zu tun hab.« Eine Weile später spaziert eine Bekannte der beiden vorbei, sie bleibt stehen und beginnt ein Gespräch über Krankheiten und Ärzte. Als die Bekannte weg ist, singt der Mann auf der Bank ein Lied. Wir beginnen zu erkennen, was das Besondere an diesem Platz ist. Er ist ein Rückzugsgebiet.

Inzwischen haben wir viele solcher Orte überall in Wien gefunden. Das Grätzl rund um den Sobieskiplatz ist bei Weitem nicht das einzige in Wien, und es wird auch schwer möglich sein, ihre Anzahl zu benennen. Immerhin sind ja oft nicht einmal der Name, geschweige denn die Grenzen eines Grätzls festgeschrieben. Es gibt eindeutig definierte wie den Pfarrplatz Heiligenstadt im 19. Bezirk, der tatsächlich noch dem alten Dorfplatz entspricht (und auch genauso aussieht). Der Margarethenplatz im 5. Bezirk besteht inzwischen nur noch aus einer Kreuzung, aber dort steht immer noch eine alte Mariensäule. Das Grätzl am Spittelberg etwa besteht aus nur vier parallel verlaufenden Gassen, die allesamt ausschauen, als wären sie einer Filmrequisite entlehnt. Der dort stattfindende Weihnachtsmarkt gehört zu den schönsten Wiens und ist dementsprechend gut besucht. Im Sommer dagegen ist es am Spittelberg fast gespenstisch still, nur einige Anrainer toben mit ihren Kindern auf dem kleinen Spielplatz herum. Es gibt Grätzl, die sich um Märkte, Kirchen oder Straßenzüge entwickeln. Und es gibt Grätzl, die kein eigentliches Zentrum haben und in denen niemand sagen könnte, warum dieses Grätzl überhaupt eines ist. Diese Frage wird von den Menschen entschieden, die ihre Gegend irgendwann zum Grätzl erheben. Interessanterweise ist die Bindung an dieses Kunstgebilde ebenso stark, wie das Gebilde selbst schwammig ist. Es geht um die Zugehörigkeit zu einer Gruppe, die sich über nichts anderes definiert als die Entscheidung, sich zu einer Gruppe zugehörig zu fühlen.

Buchgraber und ich planten unser Open Air. Wir hatten einen Termin, drei Künstler hatten sich bereiterklärt, einen Beitrag zu liefern, die VHS-Direktorin hatte Einladungen verschickt. Unser Techniker half uns beim Aufbau. Es war nicht viel, ein kleines Podest, ein paar Scheinwerfer, Strom, Stühle. Aber auch das braucht seine Zeit und so trafen wir uns am frühen Nachmittag wieder auf dem Platz. Unsere Bekannten waren vor uns da. Die alte Frau und ihr Begleiter saßen auf derselben Bank wie zuletzt und schauten. Diesmal uns zu. Wir waren vermutlich das Interessanteste, das seit langer Zeit auf dem Sobieskiplatz passiert war. Leider waren wir aber auch ein Grund für einigen Ärger. Wir waren gerade dabei, Stromleitungen zu verlegen, als wir merkten, dass unsere beiden »Gäste« uns im Weg saßen. Wir hatten alles wunderbar geplant. Das kleine Podest stand schon an seinem Platz, und danach musste sich zwangsläufig der Rest des Aufbaus richten. Die Örtlichkeiten, im Zusammenspiel mit den verfügbaren Kabeln und der von uns gewünschten Ästhetik des Gesamtaufbaus machte es notwendig, das Technikerpult an einer ganz bestimmten Stelle zu platzieren. Nämlich genau vor die Bank, auf der die beiden Beobachter saßen. Und jetzt war der Zeitpunkt gekommen, dieses Pult aufzubauen und alle Einstellungen vorzunehmen. Wir mussten sie bitten, zu gehen. Achtung Fehler: Ein Grätzl definiert sich neben vielen anderen Faktoren auch über die Stimmung, die dort herrscht. Und diese Stimmung wird in den meisten Fällen bestimmt von Gemütlichkeit (siehe auch *Die Wiener Emotionen – Grant und Gemütlichkeit, Seite 40*). Buchgraber kam die undankbare Aufgabe zu, unser Begehr vorzutragen. Er musste zwei (verzeihen Sie den Begriff) »Ureinwohnern« des Grätzls sagen, dass sie gerade jetzt an gerade diesem Ort stören. Wenn Sie, werter Leser, sich in einem Wiener Grätzl wiederfinden, dieses als solches erkennen und dort verweilen wollen, dann passen Sie Ihr Tempo an Ihre Umgebung an. Nichts wird weniger goutiert als Außenstehende, die versuchen, Unruhe zu verbreiten. Das kann auf vielerlei Arten geschehen: lautes Sprechen, schnelle Bewegungen, Fotografieren. Wenn das Grätzl mit Ihnen kommunizieren will, dann wird es das tun. Lassen Sie es auf sich zukommen.

Nur Buchgrabers unterwürfiger Tonfall verhinderte Schlimmeres. Die beiden waren missmutig und verärgert, aber nicht zum Äußersten bereit: zum trotzigen Sitzenbleiben. Sie standen auf und wählten eine andere Bank, die im Prinzip genau gleich war, aber eben nicht dieselbe. Was wir auch die nächsten paar Minuten durch ein Dauerfeuer an halblaut gesprochenen Beschwerden zu hören bekamen. Als der schlimmste Ärger verflogen war, wurden wir direkt angesprochen.

»*Wos wird denn des überhaupt? Saads ihr a Kapön?*« (Was wird denn das, seid ihre eine Kapelle?)

»Kabarettisten.«

»*Wos?*«

»Kabarettisten, also ... Kabarett eben.«

»*Des Lustige!*«

»Genau.«

»*Wanns mants ...*« (Wenn ihr meint ...)

»Heute Abend um acht. Freier Eintritt. Wenn Sie Lust haben ...?«

»*Na, dann gemmas an*«, (Nun, dann packen wir es an) beendete der Mann den Dialog und stand drei Minuten später auf, um wortlos zu gehen.

Der Abend war lau, das Wetter perfekt, die Voraussetzungen ideal. Nur das mit dem Publikum hatte nicht ganz nach Wunsch funktioniert, die Frau Direktor war entsprechend enttäuscht, ihrer Einladung waren nicht allzu viele Gäste gefolgt. Uns war das einigermaßen egal. Erstens, weil wir einen angenehmen Abend hatten, zweitens, weil man immer für die Gäste spielt, die da sind, und sich nicht über die ärgern soll, die nicht da sind, und drittens, weil zumindest ein Gast unserer Einladung gefolgt war: Der ältere Mann war tatsächlich da. Er war kurz nach Beginn gekommen und hatte nicht auf einem der von uns aufgestellten Stühle Platz genommen, sondern sich auf seinen Bankplatz gesetzt. Dort saß er den ganzen Abend ohne sichtbare Regung, ohne Lacher, ohne Applaus. Vom restlichen Publikum unbemerkt zwar, wir aber hatten das Gefühl, nur für diesen einen Gast zu spielen. Nach der Show stand er auf und wollte wortlos verschwinden, ich ließ es mir nicht nehmen, ihn noch einmal anzusprechen. Ich lief ihm nach und bedankte mich für sein Kommen, seine Reaktion war ein klassischer »Nuller«, also genau genommen keine Reaktion. Abschließend fragte ich ihn nach seiner Meinung, ich wollte wissen, ob ihm die Vorstellung wenigstens ein wenig gefallen hätte. Die Antwort fiel recht pragmatisch aus: »*Na ja, meins war's nicht, aber die Hauptsach is, es passiert was im Grätzl!*«

*H*eimatwissen –
Liste von Grätzln (Auswahl)

In Wahrheit kann jede Gruppe von Menschen in Wien ihr Grätzl definieren, wie sie es will. Es gibt keine vorgeschriebenen Kriterien für ein Grätzl. Wenn man glaubt, man hat eines, dann hat man es meist schon. Die hier angeführten sind solche, die es zu »überregionaler«, also Wien-weiter Bekanntheit gebracht haben.

* **Brunnenviertel**, 16. Bezirk, das Zentrum des Grätzls ist der Brunnenmarkt
* **Botschaftsviertel**, 3. Bezirk
* **Cottageviertel**, 18. und 19. Bezirk
* **Franziskanerviertel**, 1. Bezirk
* **Freihausviertel**, 4. Bezirk
* **Karmeliterviertel**, 2. Bezirk, ursprünglich jüdisches Viertel
* **Museumsviertel**, 1. beziehungsweise 7. Bezirk
* **Naschmarkt**, 6. Bezirk
* **Rochusviertel**, 3. Bezirk

*G*lossar –
Etymologie Grätzl

Für das Wort »Grätzl« (auch: »Gretzl« oder »Grätzel«) gibt es mehrere mögliche Ursprünge. Wehle verweist in »Sprechen Sie Wienerisch?« auf das mittelhochdeutsche *gerötze*, das als »zentrale Häusergruppe« übersetzt wird. Wikipedia führt als mögliche Quelle das Wort »reißen« an: »Im Mittelhochdeutschen findet sich der ebenfalls zu »reißen« gebildete Begriff *gereiz*, der so viel wie »Umkreis« bedeutet.

Haare lassen
Ein absolut einmaliges Erlebnis

Ich habe, und das ist nicht gelogen, eine Friseurphobie. Wenn ich nur daran denke, bekomme ich ein ungutes Gefühl. Alle zwei Monate gehe ich aus dem Haus und nehme mir vor: Heute lass ich mir die Haare schneiden!

Doch dieses Engagement lässt schnell nach. Sobald ich ein Friseurgeschäft sehe, schwindet mein Mut. Ich finde eigentlich immer irgendeinen Grund, warum ich dann nicht in das Geschäft gehen muss, entweder weil der Preis zu hoch ist, weil ich von außen, auch wenn das nicht möglich ist, erkenne, dass viel zu viele Menschen drinnen sitzen, oder weil mir das Geschäft oder der Friseur einfach nicht sympathisch genug erscheinen. Selten gehe ich zum selben Friseur zweimal. Nicht weil sie mich alle so jämmerlich schneiden, sondern weil ich beim Friseur nicht reden will. Es ist eine Angewohnheit des Friseurs, immer während seiner Arbeit zu reden. Muss das sein?

Selbstverständlich, auch ein Schauspieler spricht auf der Bühne, aber der hat eine Ausbildung. Der Friseur hat keine Sprachausbildung – viele glauben einfach, dass es dazugehört, und sehen es als eine Art Serviceleistung. Ich bin der Meinung, dass sie sich auf das Schneiden konzentrieren sollten.

Bis ich mich endlich entschieden habe, ein Friseurgeschäft zu betreten, bin ich bereits an drei Friseurläden vorbeigelaufen.

Am liebsten gehe ich noch zu Friseurdiskontern, da ist es schön anonym. Friseurdiskonter gibt es in Wien genug. Und es hat für mich nur Vorteile. Erstens, der Friseur kennt mich nicht. Zweitens, er will, wie ich von ihm, nix von mir wissen. Also er will nicht reden. Drittens gibt es keine Wartezeiten. Und viertens ist der Schnitt billig (circa zehn Euro).

Wenn diese vier Punkte erfüllt sind, hat er mich als einmaligen Kunden gewonnen. So ein Friseurbesuch bei einem Diskonter dauert in meinem Fall ungefähr zehn Minuten. Viel länger würde ich es in so einer Schneidehalle auch nicht aushalten. Es werden an die 30 Gäste gleichzeitig geschnitten und frisiert. Beschallt wird die Halle mit lauter Technomusik. Nach dem Schnitt wird schnell gezahlt. Ich frage noch, in welches Schwein ich das Trinkgeld stecken darf, und dann nix wie weg. Für mich die perfekte Lösung.

Bis ich den Diskonter entdeckt hab, musste ich einige herbe Enttäuschungen einstecken.

Einmal landete ich, nach langem Hin und Her, im »Salon Elfie« ... von außen war zu erkennen, dass keine Kundschaft im Laden war. Auch als ich den Salon betrat, tat sich nicht viel. Ich hörte Geräusche und Geschirrklappern aus dem Nebenzimmer. Dann passierte wieder länger nichts und ich ließ meinen Blick durch den Raum schweifen. An den Wänden hingen zahlreiche (schon etwas vergilbte) Auszeichnungen aus der Vergangenheit, unter anderem ein gerahmter Zeitungsausschnitt aus dem Jahr 1963 von der Saloneröffnung. Man sah darauf die Inhaberin, vermutlich die Frau Elfie, eine fesche junge Frau in den Zwanzigern mit langen blonden Haaren, zusammen mit dem Herrn Bezirksrat. Die Schlagzeile des Artikels lautete: »Neuer moderner Frisiersalon am Alsergrund eröffnet!«

Als ich schon wieder gehen wollte, kam eine ältere Frau mit blonden Haaren – wenn man genauer hinsah, sah man den dunklen Haaransatz –, die mithilfe von sehr viel Haarspray aufrechterhalten wurden, aus dem Nebenzimmer in den Salon. Das muss die Frau Elfie sein, dachte ich mir. Sie musterte mich und meine Haarpracht und meinte: »Bitte ...?«

Ich sah ihr an, dass ich sie offenbar in ihrer Kaffeepause gestört hatte, und bekam ein schlechtes Gewissen. Das ist wieder etwas Typisches am Wiener, dass er es schafft, auch wenn er nichts tut, dass sein Gegenüber das Gefühl bekommt, dass man ihn gerade bei der wichtigsten Sache der ganzen Welt gestört hat. In Frau Elfies Fall – beim Nichtstun.

»Ich würd nur ganz gern meine Haare mit der Maschine kurz schneiden lassen, nur wenn das kurz geht, natürlich!«, stammelte ich.

Sie holte tief Luft, setzte ihre goldene Lesebrille auf und ging zu einem großen dicken schwarzen Buch bei der Kassa. Darin hatte sie vermutlich sämtliche Termine seit 1963 vermerkt. Sie schlug das Buch auf ...

»Ah, also, aber wenn es jetzt nicht geht, dann komm ich gern ein anderes Mal wieder«, log ich mit dem Vorsatz, dass ich bestimmt nie mehr wiederkommen würde.

Sie schaute noch immer in ihr Buch und machte sich Notizen. Dann schaute sie auf, schnaufte tief und deutete auf einen der drei freien Friseursessel. Ich nahm, wie befohlen, Platz und hatte das Gefühl, ich sei der Frau Elfie komplett ausgeliefert. Ich getraute mich überhaupt nichts mehr zu sagen.

»Wie hätten mirs denn gern?«, fragte sie mit einem leicht süffisanten Grinsen.

Jetzt war meine Zeit gekommen – ich sagte meinen klassischen Friseurbesuch-Standardsatz: »Neun Millimeter mit der Maschine. Bitte.«

Die Frau Elfie schaute mich durch den Spiegel an, schnaufte und verschwand im Nebenzimmer. Ich hörte sie in einer Kiste kramen. Sie kam mit einer alten Haarschneidemaschine wieder zurück. Ich hatte das Gefühl, dass ich sie in ihrer Ehre gekränkt hatte. Sie setzte mir die Maschine an den Kopf und schnitt mir kommentarlos meine Haare. Dieses Prozedere war, wie immer bei mir, nach fünf Minuten beendet. Ich wollte schon aufstehen, bezahlen und flüchten, aber da hatte die Frau Elfie was dagegen. Sie nahm eine kleine Schere und begann nach Haaren zu suchen, die die Maschine nicht erwischt hatte. Mir war das fast ein wenig unangenehm und zugleich fühlte ich mich geehrt, weil das so genau noch nie ein Friseur bei mir gemacht hat. Nach weiteren fünf Minuten konnte auch die Frau Elfie nichts mehr für mich tun. Sie war fertig. Ich bezahlte zwölf Euro inklusive Trinkgeld für den Schnitt. Von weiteren Kunden war immer noch weit und breit nichts zu sehen. Als ich meine Jacke anzog und mich verabschieden wollte, läutete das Telefon, übrigens noch eines mit Drehscheibe. Die Frau Elfie hob ab:

»Salon Coiffeur Elfie. Guten Tag, Herr Hofrat. Schön, von Ihnen zu hören. Wie geht es Ihnen, Herr Hofrat? Na, bei mir ist alles bestens. Es ist halt immer viel los. Keine Ruh hat man ... Moment, ich schau gleich in meinen Kalender, ob ich einen Termin für Sie find ...«

Und weg war ich von der Elfie.

In unmittelbarer Nähe zur Elfie befand sich auch ein anderer Salon. Selbstverständlich ging ich sieben Wochen später mit derselben Weltoffenheit hinein wie in jeden anderen Friseurladen. Es ist dazu zu schreiben, dass es ein sehr hipper, noch besser ein hip-hopper Salon war. Wie ich später herausfand, war es ein türkischer Friseur. Ein freundlicher Mann beim Empfang meinte, dass ich bitte ganz kurz Platz nehmen solle und dass ich der Nächste sei. Es gab, wie ich es bei meinen zahlreichen Friseurbesuchen selten vorfand, einen eigenen Warteraum. Dieser wurde mit Hip-Hop-Musik beschallt. Dieselbe Musik lief dann auch beim Haareschneiden selbst. Zuvor bekam ich einen türkischen Kaffee. Der

Maschinenschnitt war, wie immer, nach fünf Minuten erledigt. Normalerweise schließe ich während des Haareschneidens immer die Augen, das war aber nach dem Genuss des Kaffees und wegen der lauten Hip-Hop-Musik nicht möglich. Weiters hätte der türkische Friseur ein Wegbrennen der Nasen- beziehungsweise Ohrenhaare im Programm gehabt. Ich meinte, dass ich das selbst mache, bezahlte beinahe taub und war dahin.

Wenn ich nach einem Friseurbesuch wieder nach Hause komme, ist die Reaktion meiner Frau immer dieselbe – nämlich keine. Und dann frag ich mich schon oft, warum ich mir das immer wieder antue.

Heimatwissen – Friseursalons

Wie bei vielen anderen sollten Sie auch bei einigen Wiener Friseuren am Montag einen Termin vereinbaren. Montag ist der Sonntag des Friseurs – da hat er nämlich geschlossen.

Nutzloses Wissen

Bei Ball- und Hochzeitsfrisuren bitte um rechtzeitige Terminvereinbarung.

Die Donauinsel
Der größte Schrebergarten der Stadt

Nimm einen Rucksack, pack eine Weste ein, auch eine für mich, was zu Trinken und Geld. Wir machen eine Radtour«, sprach meine Freundin und ich gehorchte. Freundinnen haben manchmal einen Tonfall, da gehorcht man einfach.

Zum Glück hatte sie sich einen wunderbaren Tag mit Sonnenschein und leichtem Wind ausgesucht, eigentlich wie geschaffen für einen kleinen Ausflug. Es sollte auf die Donauinsel gehen, ein angebliches »Naherholungsgebiet« inmitten der Stadt, was ich mir ehrlich gesagt nicht wirklich vorstellen konnte (siehe *Die Entstehung der Donauinsel, Seite 180*). Ich kannte nur zweierlei Sorten von Berichten über die Donauinsel. Die Berichterstattung vom Donauinselfest, einem alljährlich stattfindenden Open-Air-Festival, zu dem geschätzte Millionen Menschen strömen, was für mich ein ausreichender Grund ist, dort nicht hinzugehen. Und die Erzählungen einiger Freunde, die immer wieder mal von der Insel geschwärmt hatten. Von Sommerabenden mit Grillen und Bier. Wirklich vorstellen hatte ich mir die Insel nie können, für mich war das immer eine Art Baggersee, an dem sich die Menschen in Massen betrinken. Aber nachdem meine Freundin diesen »Gehorchen-Tonfall« angeschlagen hatte, gab es kein Entrinnen.

Wir betraten die Insel ziemlich genau in der Mitte, auf Höhe des Stadtzentrums von Wien. Ich war fast ein wenig enttäuscht. Keine Betrunkenen. Stattdessen eine weitläufige Parkanlage auf der einen Seite, eine Ansammlung von Strandcafés auf der anderen. »Strand« deshalb, weil die Lokale allesamt an der Wasserfront lagen, die kulinarische und thematische Ausrichtung passte dazu: Fisch und Mambo. Ein Hauch von Urlaub lag in der Luft. Schnell wieder unterbrochen von einem Hauch Container-Toilette. Wir waren eben immer noch in Wien. Aber genau das war es, was mich so überraschte. Wir waren in Wien und doch nicht. Die Insel liegt mitten in der Stadt. Sie fühlt sich aber nicht so an. Man schaut von beiden Seiten aus auf Wasser: Im Nordosten liegt das stehende Gewässer der Neuen Donau. Dahinter sieht man die UNO-City, einige Gemeindebauten, davor ein langer grüner Kai, der Hubertusdamm. Im Südwesten der Insel fließt die Donau, das ist der Hauptarm. Da fahren Frachtschiffe vorbei und Flusskreuzer, kleine Motorboote. Dahinter erhebt sich, irgendwo, Wien. Man radelt also knappe 15 Minuten und ist nicht mehr in der Stadt. Obwohl doch. Es war verwirrend.

Mit einem hatte ich wenigstens recht: Da waren viele Menschen. Die waren aber alle völlig entspannt, lagen in der Sonne, waren mit Laufschuhen oder Inlineskates unterwegs oder stellten sich bei einem Eisstand an. Eis – gute Idee, dachte ich und reihte mich ein. Nach einigen Minuten war ich in der Schlange noch keinen Meter weiter gekommen und meine Freundin warf mir einen »Siehst du, das wäre ein guter Grund, auf ein Eis zu verzichten, obwohl mir noch ein weiterer Grund einfallen würde«-Blick zu, bevor ihr Blick auf meinen Bauch wanderte. Ich stieg wieder aufs Rad. Ohne Eis.

Wir radelten flussaufwärts und stellten fest, dass die vielen Menschen offenbar zur Donauinsel dazugehören. Die Wiener schienen ihre Insel wirklich gut und intensiv zu nutzen. Ein Mann fütterte Tauben, überall lagen Leute in der Sonne, ein junges Pärchen hatte zwischen zwei Bäumen eine Slackline gespannt und versuchte darauf zu balancieren. Überall sah man Badegäste. Die Neue Donau wird praktisch überall als größtes Freibad der Stadt genutzt (siehe *Baden auf der Donauinsel, Seite 180*). Es war voll, aber gemütlich. Wir umrundeten eine Baumgruppe und stießen auf eine Volksschulklasse. Das war nett, die kamen mit ihren Kindern hier raus, um einen Nachmittag in der Sonne zu genießen, vermutlich Naturkunde oder Sport oder so was. Falsch. Essen. Die Kinder stellten sich gerade bei einem gemauerten Grill an, die Frau Lehrerin verteilte Würstel. Zu Hause las ich später nach: Die Stadt Wien hat auf der ganzen Donauinsel Grillplätze und Grillzonen eingerichtet, die jeder (teilweise nach Voranmeldung und Vorauskassa) benutzen darf (siehe *Grillen in Wien, Seite 181*). Weniger wienerisch war das Picknick einer Gruppe von etwa fünf Frauen aus dem südostasiatischen Raum einige Hundert Meter weiter. Sie hatten auf geschätzten 15 Quadratmetern Wiese eine regelrechte Burg aus Decken und Plastiksackerln errichtet, inmitten derer sie speisten. Ich sah im Vorbeifahren nicht, was auf den Tisch beziehungsweise auf die Decke kam, aber es roch fantastisch.

Je weiter wir uns auf der Insel nach Norden bewegten, desto ruhiger wurde es. Wir machten in einer kleinen Sandbucht Pause. Hier waren wir schon auf Höhe der nördlichen Bezirke Wiens, und das merkte man unter anderem am Geräuschpegel. Weiter unten war die Stadt präsent gewesen. Nicht mit Lärm, sondern mit einer Art Hintergrundrauschen. Wenn man nicht gerade unter einer Donaubrücke steht, von der natürlich Autolärm zu hören ist, dann macht sich Wien nur von fern bemerkbar. Hier, weiter oben, war es stiller geworden. Man hörte jetzt den Fluss selbst, die Schritte der Läufer, das Spaßgeschrei eines Wakeboard-Fahrers, der von einem Motorboot gezogen wurde. Die Ruhe schätzte offenbar auch eine Gruppe Herren mittleren Alters, die sich ein Stück weiter ausgebreitet hatte. Sie angelten. Ich hatte schon häufiger Angler auch am Donaukanal in der Stadtmitte gesehen, mir aber nie vorstellen können, dass man da tatsächlich was fangen könnte. Ich beschloss zu fragen. Die Herren sahen äußerst entspannt aus, sie trugen nichts als Badehosen und Tattoos, von Letzteren reichlich, die Hosen hätten für meinen Geschmack auch gerne mehr bedecken können. Ich wagte mich vor:

»Guten Tag, die Herren, sagen Sie einmal, was fangen Sie da eigentlich?«

»Fische.«

»Danke, ja, das hab ich mir gedacht, was für Fische?«

»Alles, was es gibt, also jeden Süßwasserfisch: Karpfen, Hecht, Barsch, Welse, Karl, was war dein großer letztes Jahr?«

»70 Kilo.«

Ich war sprachlos und erfuhr noch mehr. Dass die Herren seit 40 Jahren in der Donau fischen würden, dass man im Donaukanal noch viel mehr gefangen hat, weil dort keine Schiffe fahren, dass aber inzwischen wegen all der »*depperten Beisln*« nichts mehr geht, weil der Lärm die Fische verscheucht, dass man schon mal an einem Tag so 70 Kilo gefangen hat, dass der größte jemals in der Donau gefangene Fisch acht Meter lang und 1.300 Kilo schwer war und dass man hier mehr wegen der Natur herkomme als wegen irgendwas anderem. »Die da drüben« wüssten ja gar nicht, was sie an der Insel hätten.

Hier müssen einige Dinge erläutert werden.

Erstens: Der Fisch, von dem die Herren gesprochen haben, war ein Hausen, einer der größten Süßwasserfische weltweit, der bis zur Mitte des 19. Jahrhunderts auch in der Donau vorgekommen ist. Hausen konnten ein Gewicht von bis zu 2,5 Tonnen erreichen. Das Wiener Naturhistorische Museum besitzt einen präparierten Hausen, drei Meter lang und rein rechnerisch gut eine Tonne schwer. Dieser wurde allerdings bei der Raab-Mündung in Ungarn aus der Donau gefischt. Von besagtem Acht-Meter-Hausen weiß man im NHM nichts, dass Hausen dieser Größe auch durch Wien geschwommen sind, ist aber freilich nicht auszuschließen. Inzwischen ist der Hausen vom Aussterben bedroht.*

Zweitens: Die Donau teilt Wien in zwei Hälften, wobei das Stadtzentrum und damit der ältere Teil von Wien im Südwesten liegt. Der Nordosten wird von vielen Wienern als »nicht zu Wien gehörig« angesehen, die dort liegenden Bezirke wurden erst recht spät eingemeindet. Daraus ergibt sich ein Konflikt zwischen den Bewohnern. Die alte Seite von Wien wird als borniert, die neue Seite als prollig angesehen. Sie hat sogar einen eigenen Namen bekommen: Transdanubien. Die Herren blickten bei »die da drüben« in Richtung alter Hälfte von Wien, machten also klar, woher sie kamen und was sie von »denen da drüben« hielten. Nicht viel.

Drittens: Der Donaukanal wird von der Donau abgeleitet und läuft dann mitten durchs Zentrum der Stadt. An der »Lände«, also der Uferpromenade, hat sich in den letzten Jahren eine echte Unterhaltungsmeile gebildet, zahlreiche Clubs und Cafés laden ein, man macht es sich auf künstlich angelegten Sandstränden in Liegestühlen gemütlich und schlürft Cocktails, dazu gibt's sehr feine DJ-Sounds. Ein Traum für die jungen Wiener, ein Albtraum für die alten Fischer.

---

* Ernst Mikschi: Vom Hausen, der Donau und dem Naturhistorischen Museum. In: Christoph Steinbrener (Hrsg.): Unternehmen Capricorn. Eine Expedition durch Museen. Triton, Wien 2001

Wir fuhren weiter flussaufwärts. Von den recht entblößten Fischern sensibilisiert stellten meine Freundin und ich fest, dass hier generell sehr viele Menschen ihre Kleidung mehr mit sich herum als am Körper trugen. Radfahrer oben ohne, Läufer oben ohne, Skater und Spaziergänger oben ohne. Und zwar ausschließlich Männer, so freizügig sind die Wiener dann doch nicht. Es ging auch nicht um Freizügigkeit oder Frivolität, es war etwas anderes. Vertrautheit. Man fühlte sich zu Hause. Man geht nicht in den Park, man geht auf die Insel. Und während man im Park schon im öffentlichen Raum ist, auf der Insel kann man sein, wie man will, auch halb nackt. Die Insel schien so etwas wie der verlängerte Schrebergarten der Wiener zu sein. Plötzlich ein ganz Nackter. Wir waren aus Versehen in den FKK-Bereich eingedrungen. Ja, werte Leser, auf der Donauinsel gibt es Bereiche, in denen die Verfechter des Nacktbadens das auch bei Tageslicht und ganz ungestört tun können. Wenn man's weiß, eh kein Problem. Wir wussten es nicht. Bemerkten aber später am Rückweg eine große Markierung, die quer über den Radweg gepinselt war: FKK. Gut, das hätten wir sehen können.

Wir waren jetzt schon außerhalb des Stadtgebietes angekommen, am gegenüberliegenden Ufer sah man inzwischen nicht mehr Stadt, sondern nur noch Vororte, wenn die Sicht nicht gerade wieder von einem Frachter verstellt wurde. Immer stärker wurde das Gefühl der freien Natur, hier gab es nur den Wald, den Fluss und hin und wieder eine kleine Bucht, in der eine Familie spielte. Die Sportler wurden rarer. Zumindest diejenigen, die zu Fuß unterwegs waren. Verständlich, immerhin war es inzwischen ein weiter Weg zurück ins Zentrum, oder wenigstens zur nächsten Haltestelle. Hierher verirrten sich nur noch die wirklich ausdauernden Läufer, man sah es ihnen auch an. Meine Gattung Läufer (»Ich mach jeden zweiten Tag fünf Kilometer, dann kann ich weiter Schokolade essen«) wäre schon einige Kilometer früher umgekehrt.

Am Rand des Weges saßen zwei Männer, wir fuhren zuerst vorbei, dann wurde ich stutzig und radelte zurück, um das Transparent noch einmal zu lesen, das neben den Männern in der Wiese aufgestellt war: Es war kein Transparent, es war eine grellgelbe Warnweste, wie man sie im Auto mitführt, mit der Aufschrift »Beichte«. Einer der Männer trug eine Kutte. Er ist Kapuzinermönch und bietet auf der Donauinsel einen Ort zum Reden an, zum Diskutieren oder auch zum Beichten. Diese »Einsiedelei« gibt es seit 2006, sie »öffnet« bei gutem Wetter jeden Sonntagnachmittag im Sommer und an den Sonntagen in der Fastenzeit (Februar bis April).

Wir erreichten das Nordende der Insel, eindeutig markiert durch ein massives Sperrwerk, das uns erneut an den Grund für die Insel an sich erinnerte. Hier wurde ein zweites Flussbett geschaffen, das bei Hochwasser geflutet wird. Erst jetzt fiel uns auf, dass alles auf der Insel – Bänke, Tische, Grillplätze und sogar die Mülleimer – aus massivem Beton war. Sollte die Insel überschwemmt werden, blieben die Sachen stehen. Wobei zu hoffen ist, dass eine echte Überschwemmung der Insel nie stattfindet, das würde ein größeres Problem für Wien bedeuten. Das Entlastungsgerinne ist so ausgelegt, dass es dem bisher schwersten Hochwasser der Geschichte Wiens standhält, und das gab's im Jahr 1501.

Die Nordspitze der Donauinsel ist richtig gemütlich. Wir stellten die Räder ab und gingen das letzte Stück zu Fuß weiter. Unterhalb des Radwegs führt ein Trampelpfad zu einer kleinen Steinmole, die wiederum in einigen einzeln in den Fluss gelegten Steinblöcken ausläuft. Wir setzten uns auf den vordersten dieser Steinblöcke und waren plötzlich nur noch von der Donau umgeben. Hier hörte man Fluss und sonst nichts. Ein Kreuzfahrtschiff warf Wellen ans Ufer.

Dann gingen wir wieder zu den Rädern und erlebten noch eine weitere angenehme Überraschung. Der Eismann war gekommen – und ich durfte. Immerhin hatten wir Sport gemacht.

ℋeimatgeschichte –
Die Entstehung der Donauinsel

Man darf sich die Donauinsel nicht wie eine »echte Insel« vorstellen, sie ist nicht klein, nicht rund, und es gibt keine Palmen. Obwohl sie eine echte Insel ist. Sie entstand im Zuge der Donauregulierung der 1970er-Jahre. Der Hauptarm der Donau war schon 100 Jahre zuvor reguliert worden, jetzt war ein weiterer Schritt notwendig geworden. Man hob ein sogenanntes Entlastungsgerinne aus, also praktisch ein zweites Flussbett. Das Aushubmaterial wurde zwischen der Neuen Donau und dem Hauptarm aufgeschüttet, und fertig war die Insel.

Die Donauinsel ist 21 Kilometer lang und bis zu 250 Meter breit. Die Neue Donau ist mit Wehren vom Hauptarm getrennt und damit ein stehendes Gewässer. Nur bei Hochwasser wird sie geflutet, um den Hauptarm zu entlasten.

ℋeimatwissen –
Baden auf der Donauinsel

Im Prinzip kann man auf der Donauinsel baden gehen, wo man will. Die Rede ist hier aber immer von der Neuen Donau, also dem Donauarm, in dem keine Strömung herrscht. Außerdem gibt es ein Familienstrandbad, durch seine geringe Wassertiefe besonders für Kinder geeignet. Es liegt zwischen Nordbahnbrücke und Brigittenauer Brücke und ist mit der U-Bahn Linie 6, Station Neue Donau erreichbar.

Über die Wasserqualität der Neuen Donau kann man sich auf der Homepage der Stadt Wien informieren. www.wien.gv.at

Heimatwissen –
Grillen in Wien

Auf der Donauinsel und am linken Ufer der Neuen Donau gibt es eine Reihe von Grillplätzen und Grillzonen. In den Grillzonen darf mit selbst mitgebrachter Ausrüstung gegrillt werden, kostenfrei. Auf den 15 Grillplätzen stehen gemauerte Griller zur Verfügung, eine Reservierung kostet zehn Euro, unabhängig von der Anzahl der Personen. Brennmaterial muss selbst mitgebracht werden. Diese Grillplätze sind allerdings heiß begehrt und sollten schon Wochen im Voraus gebucht werden. Das ist auch das Risiko bei der Sache, bei Schlechtwetter gibt es keine Rückerstattung, der Zehner ist weg. Wenn's aber klappt, dann ist Grillen auf der Donauinsel eine zutiefst wienerische und zutiefst befriedigende Freizeitgestaltung. Infos gibt es auf www.wien.gv.at.

Schönbrunn

Wohnen wie der Kaiser

Noch im Treppenhaus öffnete ich das gelbe Kuvert, das ich gerade aus dem Briefkasten gefischt hatte.

»Ich würde mich freuen, Dich (samt Begleitung) bei meiner House Warming Party begrüßen zu dürfen.

Wann: 23. April um 19:30 Uhr

Wo: Schloss Schönbrunn, Molnargasse, 1130 Wien«

Wo??? Ich musste die Einladung noch mal lesen, dass ich es wirklich glauben konnte.

»Sissi!«

Ich sage immer Sissi zu meiner Frau, obwohl sie eigentlich Miriam heißt. Sissi sag ich nur deswegen zu ihr, weil wir einmal bei einer Kostümparty eingeladen waren und wir hatten uns als Sissi und Franzel verkleidet. Und sie war der Film-Sissi (nicht der echten) so ähnlich, dass ich sie seit diesem Zeitpunkt Sissi rufe.

»Wir sind bei dir zu Haus im Schloss Schönbrunn eingeladen!«

Dabei verlor sie fast ihre majestätische Contenance und meinte nur: »Wow.«

Das Schloss Schönbrunn, das war für uns Sommersitz

der Habsburger, mächtige Filmkulisse, ein Touristenhighlight in Wien, aber dass man dort auch richtig wohnen kann, war uns neu. Wir waren komplett überfordert. Was sollten wir tun? Was sollten wir anziehen? Was würden da für Leute hinkommen? Vielleicht sogar Adlige? Würde das Fernsehen kommen? Wer lud da eigentlich ein?

Die Einladung wurde von Jan, ein Kollege und mittlerweile ein lieber Freund, ausgesprochen. Wir hatten mit ihm bei einem Filmdreh zusammengearbeitet und seine Arbeit und seine Art schnell schätzen gelernt.

Und dann passierte das, was leider oft geschieht, wenn man sich zu sehr auf etwas freut. Ich wurde krank, musste absagen, und allein wollte die Sissi auch nicht zu der Party gehen. Was auch klar ist, weil die Film-Sissi ohne den Film-Franzel auch nirgendwo hingegangen wäre.

Aber ich durfte meinen Besuch in Jans Wohnung bald nachholen ... Er hatte zu einem Arbeitstreffen zu sich ins Schloss geladen.

Also ganz genau wohnte er nicht direkt im Schloss, sondern in einem Teil der ehemaligen Stallungen und Wäschereien, die sich seitlich links und rechts des Schlosses befinden. Es ist schon ein erhebendes Gefühl, wenn man dieses weitläufige Gelände betritt und wenn man das nicht als Tourist, sondern als Gast tut. Insgesamt wohnen an die 200 Mieter auf dem Areal des Schlosses Schönbrunn.

Mit stolzgeschwellter Brust passierte ich Massen von Touristen, die mit ihren Kameras vor dem Schloss posierten und Aufnahmen machten. Am liebsten wäre ich zu ihnen hingegangen und hätte in sämtlichen Sprachen gesagt: »Ich bin nicht als Tourist hier, sondern ich besuche einen Bekannten. Der wohnt nämlich hier. Ha!« Ich hab es mich dann doch nicht getraut.

Die Wohnung lag im ersten Stock. Sie hatte etwa 130 Quadratmeter Wohnfläche und ein riesiges Wohnzimmer, worauf der Hausherr sichtlich stolz war. Selbstverständlich logierte dort auch, wie man sich in einer Schlosswohnung nichts anderes erwartet, ein kleiner Siamkater, der auf den Namen Oscar hörte. Ein nettes Tier, mit dem ich leider nicht viel anfangen durfte, weil jegliche Berührung sofort allergische Reaktionen bei mir auslöste.

Was mir beim ersten Wohnungsbesuch gleich auffiel, war, dass die Fenster auf Kniehöhe begannen und circa auf Kinnhöhe wieder aufhörten. Vermutlich waren die Menschen damals kleiner oder vielleicht waren darin seinerzeit die k. u. k. Jockeys untergebracht. Jan bestätigte diese Vermutung leider nie. Die niedrigen Fenster waren optimal für Kinder, aber nichts für erwachsene Menschen, außer vielleicht Jockeys.

Dass ein Leben im Schloss nicht superbillig ist, war mir klar. Jan hat mir auch mal gesagt, wie hoch ihre Miete war. Ich weiß nur noch, dass sie für meine Verhältnisse um einiges zu hoch war. Dass ein Leben im Schloss auch für Jan, als Filmemacher, nicht immer leicht war, habe ich immer gemerkt, wenn ich ihn in den Wintermonaten besuchte. Häufig war es kühl, weil die Wohnung äußerst schlecht isoliert war und die warme Luft der Heizkörper schnell den Weg nach draußen fand.

Im Sommer hatte sie die Wärme, die ihr im Winter fehlte. Da befand sich nämlich ein Baugerüst an der Außenfassade und es war schier unmöglich, die Fenster zu öffnen, weil sonst Baulärm und Staub in die Wohnung drangen. Der Baulärm ging täglich um sieben Uhr morgens vor Jans Schlafzimmer los. Was wiederum blöd für Jan war, weil der ein Nachtmensch ist und in den seltensten Fällen freiwillig um sieben Uhr morgens aufsteht.

Dennoch ließ sich Jan den Spaß an der noblen Wohngegend nicht nehmen. Immer abends, wenn der Park für die Öffentlichkeit geschlossen wurde, joggte bis zum Tierpark Schönbrunn, hörte die Elefanten, lief hinauf zur Gloriette und sah Wien vor sich im Mondschein liegen. Und ich glaube, selbst wenn er pudelnackt in der Nacht in den Park gelaufen wäre, hätte das wahrscheinlich auch niemanden gestört.

Den schönsten Moment beim Jan erlebte ich, als ich ihn eines Abends nach Hause brachte. Das Portierhäuschen am Hietzinger Tor war nicht mehr besetzt und es war nur mehr möglich, durch das Hauptportal des Schlosses zur Wohnung zu gelangen. Ein echt einmaliges Erlebnis. Da fährt man mit dem Auto durch das große Tor des Schlosses Schönbrunn, und das ist etwas, das ich bestimmt nie vergessen werde. Ich sah das Schloss so, wie es ein normaler Tourist nie sieht.

Aber so manche Märchen gehen irgendwann mal zu Ende, so auch die Zeit vom Jan im Schloss Schönbrunn. Er fand eine neue Liebe, nur wollte die nicht im Schloss leben. Sie hatte Angst vor den Geistern der Habsburger, der Wäscherinnen, der Jockeys und der Pferde. Angeblich gibt es derer in den ehemaligen Stallungen und Wäschereien genug. Jan lebt heute glücklich in einer gut isolierten Wohnung in der Stadt. Aber ... wer kann denn so was schon von sich behaupten? Wohnort: Schloss Schönbrunn.

Heimatkultur –
UNESCO-Weltkulturerbe Schloss Schönbrunn

Das Schloss Schönbrunn stellt eines der bedeutendsten Kulturgüter Österreichs und seit den 60er-Jahren des 20. Jahrhunderts eine der wichtigsten Sehenswürdigkeiten Wiens dar.

Schon bald nach dem Ende der Monarchie entdeckte die Wiener Bevölkerung die Parkanlagen des Schlosses als Naherholungsgebiet. Schließlich wurde auch das Schloss, das jährlich circa zwei Millionen Gäste besuchen, für das nationale wie internationale Publikum geöffnet. Der Park und alle anderen Einrichtungen in Schönbrunn ziehen weitere sechs Millionen Menschen im Jahr an. Somit frequentieren rund acht Millionen Besucher jährlich die Attraktion der beeindruckenden Schlossanlage in Schönbrunn.

Im Dezember 1996 wurde Schloss Schönbrunn anlässlich der 20. Sitzung des World Heritage Committees in das 1972 begründete Verzeichnis des Welterbes der UNESCO aufgenommen. Die Eintragung in dieser Liste bestätigt weltweit die Bedeutung des Schlosses und der Gartenanlage als barockes Gesamtkunstwerk.

Quelle: www.schoenbrunn.at

Öffnungszeiten Schloss Schönbrunn

1. April bis 30. Juni:	8:30–17 Uhr
1. Juli bis 31. August:	8:30–18 Uhr
1. September bis 31. Oktober:	8:30–17 Uhr
1. November bis 31. März:	8:30–16:30 Uhr

Toröffnungszeiten Schlosspark Schönbrunn

1. April bis 31. Oktober	ab 6 Uhr
1. November bis 31. März	ab 6:30 Uhr

Heimatküche –
Das Café Residenz

Am besten kommen Sie an einem trüben Novembertag zwischen zehn und zwölf Uhr, weil da am wenigsten los ist. Trinken Sie einen »Sissi Kaffee«, das ist ein Kaffee, wie ihn die Sissi, aus figürlichen Beweggründen, garantiert niemals zu sich genommen hätte, aber er ist echt gut. Einziger Wehrmutstropfen: Die Preise erschienen mir etwas überteuert. Auf der anderen Seite, man ist in Schönbrunn, man weilt auf historischem Areal.

Schloss Schönbrunn
Kavalierstrakt 52
1130 Wien
Tel.: +43 (0) 1 / 24 100-300

𝄞

Wenn Sie mehr über Jan und seine exzellente Arbeit als Filmemacher erfahren möchten, dann besuchen Sie doch einfach seine Homepage unter www.janwoletz.com.

Anonym

Jeder muss einmal
Auf der Operntoilette

Wir wollen mal ehrlich sein: Das folgende Kapitel lässt sich in einen Kultur- und Gesellschaftsführer nur mit einem ordentlich zugedrückten Auge einordnen. Es geht hier nicht wirklich um ein kulturelles oder gesellschaftliches Thema, sondern vielmehr um ein sehr ... nennen wir es »ursprüngliches« Thema. Um eine Toilette. Wir wissen, was Sie jetzt sagen wollen, geschätzte Leser. »Dieses Buch, das bisher nur so sprüht von Wortwitz und Charme, beschäftigt sich mit einem Klo? Also pfui!« Sagen Sie es noch nicht, schenken Sie uns noch eine Weile Ihre Aufmerksamkeit. Es geht nämlich um eine ganz besondere Toilette. Die es in dieser Form nur in Wien geben kann. Um die »Operntoilette«.

Damit keine Missverständnisse aufkommen: Wir reden nicht von einem stillen Ort in den Gängen der Wiener Staatsoper. Diese hat sicherlich auch sehr ansprechende stille Orte, die ebenfalls durch eine Erwähnung gewürdigt sein sollen, was hiermit geschehen ist. Die Operntoilette hingegen ist genau das Gegenteil von einem stillen Ort.

Ich fand die Operntoilette, als ich mich in einer Notlage befand. In einer der Notlagen, über die man nicht so gerne öffentlich spricht. Besonders nicht in Büchern. (Deswegen werden wir an dieser Stelle auch nicht verraten, von wem diese Episode handelt.) Ich war im Zentrum unterwegs, Einkäufe oder so, genau weiß ich das nicht mehr. Um meine Notlage zu lindern, wären mir verschiedene Wege offengestanden. Ich hätte in ein Café gehen können, in ein Geschäft oder in eine öffentliche Bedürfnisanstalt. Letztere war nirgends zu sehen und in Geschäften und Cafés sind die Angestellten meist nicht besonders erfreut, wenn ein Kunde kein Kunde, sondern ein Bittsteller ist. Noch dazu mit dieser speziellen Bitte. Natürlich hätte ich mich durchargumentieren können, an diesem Tag war ich einfach nicht in der richtigen Stimmung. Manchmal mag man sich streiten, manchmal eben nicht. Dann muss man leiden. So wie ich an diesem Tag.

Mein Plan sah vor, möglichst schnell zur U-Bahn zu gelangen und damit nach Hause. So lange würde ich durchhalten müssen. Ich kehrte der Staatsoper den Rücken und nahm die Rolltreppe in den Untergrund der Stadt, in die Passage, die zur U-Bahn-Station Karlsplatz führt. Ein Relikt aus den 50er-Jahren, damals eine kleine Sensation, war es doch die erste Unterführung der Stadt. Inzwischen ist es kein Ort mehr, der zum Verweilen einlädt, obwohl die Stadt sich schon im Jahr 2010 an die Sanierung gemacht hat. Ich allerdings hatte für diese städteplanerischen Details keinen Sinn, meine Sorgen waren weit irdischerer Natur. Ich kam am unteren Ende der Rolltreppe an, als mir Musik entgegenschlug. Nett, dachte ich, da spielen sie zu Ehren der Staatsoper sogar im Untergrund Walzer. Weit gefehlt. Die Walzermusik kam aus zwei Boxen, die in der Decke vor einer kleinen Türe eingelassen waren. Rechts und links der Türe leuchteten zwei kleine Laternen, darüber leuchtete ein Schild: »Vienna Opera Toilet«. Musik und Laternen waren mir in dem Moment egal, meine ganze Aufmerksamkeit richtete sich schlagartig auf das Wort mit dem »T«. Ich stürzte hinein, entrichtete meinen Obolus und verließ das

Etablissement als neuer Mensch. Erst als ich wieder in der Passage stand, richtete sich mein Blick zurück, und ich sah, was ich zuvor nicht zu sehen imstand war. Ein Kleinod.

Von außen einigermaßen unscheinbar, wäre da nicht die Musik. Der Donauwalzer von Johann Strauß. Passend, was sonst in der Stadt des Walzerkönigs. Dahinter erspähte ich roten Samt, ein Drehkreuz und die Wiener Staatsoper. Und zwar kein Bild der Oper, wie ich sie gerade noch draußen oberhalb der Passage gesehen hatte. Die Wiener Staatsoper so, wie man sie von der Mittelloge aus sehen würde. Der Blick des Bundespräsidenten also. Ich konnte nicht widerstehen, ich musste noch einmal zurück. Erneut, und diesmal viel entspannter, warf ich 60 Cent in den Münzeinwurf des Drehkreuzes, das mich mit einem elektrischen Surren durchließ. Dieser Blick. Die ganze Wand ausfüllend sah ich Sitzreihen und Logen, viel Gold und barocken Schmuck. Opulenz, wohin ich schaute. Eine Dame trat an mir vorbei und ging, nein sie schritt förmlich (was kann man angesichts des Ambientes auch anderes tun?), in Richtung Bühne. Dort, wo Carmen und Don Giovanni sich den Schmerz von der Seele sangen, dorthin schritt sie und schloss die Türe hinter sich. Die Bühne war die Damenabteilung. Ich war wie verzaubert.

Ich musste nach rechts – also nicht weil ich musste, sondern weil das für Herren der einzig mögliche Weg war. Ein Gang mit Logen tat sich vor mir auf. Der aufmerksame Leser kann sich vermutlich schon denken, dass es sich dabei nicht um echte Logen gehandelt hat, ich war ja auch nicht in einem echten Opernhaus. Aber zumindest waren die Türen mit »Loge« beschriftet. Daneben noch ein Durchgang. Ich gehe durch, und stehe in einer Bar. Wie man sich eine Bar vorstellt. Ein Tresen, dahinter flächendeckend tapezierte Gläser, Flaschen, eine Kaffeemaschine. Im Eck ein schwarzes Piano. Der einzige Unterschied zu einer echten Bar waren die Porzellanmuscheln, die unterhalb des Tresens an die Wand montiert waren. Schöner kann man sich nicht erleichtern.

Das ist die Bar

Ich verließ die Räumlichkeiten und wurde im Nachhinein noch von zwei Enttäuschungen heimgesucht. Erstens stellte sich heraus, dass die Innenansicht des Opernhauses doch nicht das ehrwürdige Haus am Ring zeigt, sondern ein anderes Opernhaus, unbenannt, recht hübsch anzusehen, aber eben nicht das Original. Andererseits – was hatte ich mir schon erwartet? Es war und ist eine Toilette. Da ist ein Opernhaus an sich schon was Schönes. Zweitens stellte sich heraus, dass die Dame, die an mir vorbeigeschritten war, doch keine solche war. Auch hier hatte der Zauber des Augenblicks meine Wahrnehmung vernebelt.

Zum Schluss noch eine Anmerkung. Ich erwähnte eingangs, dass es sich bei dieser Episode weder um ein kulturelles noch um ein gesellschaftliches Thema dreht. Diese Aussage möchte ich widerrufen. Alleine die Tatsache, dass es unterhalb der berühmten Wiener Staatsoper eine Bedürfnisanstalt gibt, die sich als Opernhaus ausgibt, sagt einiges über die Stadt und ihre Menschen aus. Kaum wo treffen sich das Leben der Salons und das Leben der Straße so schön wie in Wien.

Heimatkultur –
Die Wiener Staatsoper

Die Staatsoper wurde 1869 in Anwesenheit von Kaiser Franz Joseph und Kaiserin Elisabeth eröffnet, auf dem Programm stand »Don Juan« von Wolfgang Amadeus Mozart. 1945 durch Bombentreffer weitgehend zerstört wurde die Oper zehn Jahre lang wiederaufgebaut und unter Dirigent Karl Böhm im Jahr 1955 wiedereröffnet. Die Feierlichkeiten wurden sogar vom österreichischen Fernsehen übertragen.

Heute gilt die Wiener Staatsoper als eines der wichtigsten Opernhäuser der Welt, vor allem aber als das Haus mit dem größten Repertoire.

Heimatwissen –
Operntoilette

Erreichbar durch die Opernpassage. Zugänge: Staatsoper, Karlsplatz, Secession, Resselpark.

Preis: € 0,60

Heimatwissen –
Skandal am Opernklo

Die Operntoilette hat vor einigen Jahren für einen handfesten Skandal gesorgt. In den Medien tauchte die Meldung auf, dass die Pissoirs aussähen wie geöffnete Münder. Riesen-Aufregung, der Betreiber ließ die »Kunstobjekte« entfernen und versteigern.

Detail am Rande: Die Mund-Muscheln sind davor drei Jahre lang in Betrieb gewesen, wurden aber offenbar nicht beanstandet.

Gar nicht so nutzloses Wissen

Wenn man nicht unvorbereitet auf Wiens Straßen gehen will, kann man sich seine Route entlang öffentlicher WC-Anlagen auch im Voraus planen. Die Website der Stadt Wien bietet auf www.wien.gv.at/umwelt/ma48/sauberestadt/wc eine komplette Übersicht über alle öffentlichen Anlagen. Insgesamt 301.

Es ist alles schlecht
Die Wiener sudern

Es war irgendwann im letzten Winter. Ein grauer Tag, typisch für Wien. Kalt, windig, Winter, wie er nicht sein sollte. Winter stellt man sich immer so vor wie in den Bilderbüchern aus der Kindheit, mit viel Schnee und viel Sonne und schneien tut es grundsätzlich nur in der Nacht, wenn aus den Fenstern warmes Licht nach draußen scheint. Niemand macht Bilderbücher über die öden grauen Wintertage. Zu Recht, von solchen Tagen will kein Kind Bilder sehen. Was die Bilderbücher nicht sagen, ist die Wahrheit. Dass Winter in Wien nur aus öden grauen Tagen bestehen.

Ein solcher Tag war es also, und eigentlich bin ich schon mitten im Thema. Ich setzte mich an den Frühstückstisch und brach in eine Schimpftirade aus. Über das Wetter, die Kälte, die Dunkelheit in der Früh, die Dunkelheit am Abend, den Wind, und natürlich war an allem Wien schuld, wären wir in der steirischen Heimat geblieben, wäre alles anders, dort sind die Winter verschneit und sonnig und alle Kinder fahren mit den Rodeln in die Schule. Stimmt natürlich nicht, aber wenn man gerade in einer Schimpftirade festhängt, dann neigt man zur Übertreibung. Sie merken schon was, ich war an dem Tag nicht gut drauf. Meine Freundin reagierte sehr souverän. Sie hörte mich einige Minuten lang an, um dann zum Gegenangriff überzugehen. Ich solle jetzt endlich aufhören, das könne sich ja keiner anhören, dieses dauernde Raunzen, immer passe irgendwas nicht, wenn es nicht der Winter sei, dann sei es der Sommer, sei es nicht der Wind, sei es die Hitze, man könne nicht immer nur die schlechten Seiten der Dinge sehen. Und überhaupt sei ich in letzter Zeit immer so schlecht gelaunt, sie wolle jetzt endlich wieder mal ein Lachen sehen, ich hätte schon seit Monaten nicht mehr gelacht, was sagt sie, seit Jahren! Wie gesagt, in einer Schimpftirade neigt man zur Übertreibung. Schluss mit dem *Gesudere*, forderte sie. Ich tat dasselbe.

Sudern, das *Gesudere*, der *Suderer* oder *Suderant*. Jammern oder raunzen, das Gejammere oder Geraunze, der jammernde oder raunzende Mensch. *Sudern* ist die österreichische Form der Beschwerde, aber der zumeist an der falschen Stelle vorgebrachten Beschwerde. Man *sudert* über alles Mögliche, was sich eben gerade so anbietet. Dabei geht es oft gar nicht um die Beschwerde an sich. Hätte man eine Beschwerde gegen das Wetter, wo sollte man sie auch anbringen? Aber man kann *sudern* und diese Beschwerde eben bei denjenigen anbringen, die sich gerade in der Nähe befinden. Am Wetter ändert das nichts, aber das Gegenüber ist anschließend ebenso schlecht gelaunt wie man selbst. Geteiltes Leid ist halbes Leid.

Meine liebe Freundin und ich waren sofort der Meinung, dass Wien uns das angetan hätte. Die Stadt und die Menschen hätten aus an sich sehr fröhlichen Steirern *sudernde* Neo-Wiener gemacht. Eine völlig haltlose Unterstellung freilich, wir aber gingen daraufhin dem Klischee des *sudernden* Wieners ein wenig nach. Einfach nur, indem wir aufmerksam wurden.

Das Ergebnis war recht eindeutig. Wenn man in Wien jemanden *sudern* hören will, dann muss man nicht lange suchen. Zum Beispiel in der U-Bahn. Meine Freundin nimmt jeden Tag die U-Bahn-Linie 4, um zur Arbeit zu gelangen. Das ist jene Linie, in der sich im letzten Jahr die Ausfälle und Verspätungen dermaßen gehäuft haben, dass die Betreiber die Modernisierung von Strecke und Waggons zur Chefsache erhoben haben. In der U4 haben die Leute nicht nur allen Grund zum *Sudern*, sie haben auch Zeit. *Gesudert* wird über die U-Bahn, natürlich, aber auch über alles sonst Erdenkliche. Grundsätzlich ist alles schlecht und war früher nicht so. Beim *Sudern* gibt es auch kein Ende, man kann immer weitermachen. Es geht nämlich nicht nur um die Feststellung eines Missstandes oder eines unliebsamen Zustandes, es geht um das Sich-Luft-Machen über ganz grundlegende Miss- oder Zustände, der jeweils aktuelle ist dann nur der Auslöser.

Inhaltlich geht das so:

Die U-Bahn-Linie 4 ist schon wieder verspätet.

Die U-Bahn-Linie 4 ist oft verspätet.

Man kommt daher oft zu spät in die Arbeit.

Der Chef bemerkt das jedes Mal und ist darüber nicht erfreut.

Der Chef ist wenig tolerant.

Der Chef ist überhaupt kein guter Mensch.

Dabei kann man selber nichts dafür.

Schuld ist die U-Bahn.

Die ist nicht nur zu spät, sondern auch zu voll, zu heiß und voll von schlecht riechenden Menschen.

Und dann telefoniert ständig irgendeiner.

Das mit den Handys ist auch schon eine echte Plage geworden.

Wofür brauchen vor allem die Kinder schon ein Handy?

Früher haben wir das auch nicht gehabt, und es ist uns trotzdem gut gegangen.

Die Kinder sind alle schlecht erzogen.

Weil die Eltern keine Zeit mehr haben.

Die eigenen Kinder haben auch keine Zeit mehr.
Überhaupt kümmert sich jeder nur noch um sich selbst.
Die Welt ist schlecht, die Menschen auch und besonders die Politiker.
Ach, hören Sie mir auf mit den Politikern!
Na ja, da kann man nix machen.

Das *Sudern* befolgt drei goldene Regeln: Es kann irgendwo anfangen, es kommt irgendwann auf die Politik zu sprechen, und es endet mit Resignation. Denn: Der Wiener will, wenn er *sudert*, keineswegs Lösungen anbieten oder sich selbst zur Verbesserung einer Situation ins Spiel bringen. Das sollten andere tun. Das *Sudern* sollte diese anderen nur animieren, endlich tätig zu werden. Denn selber kann man (siehe oben) ja ohnehin nichts ausrichten. Taxler *sudern* genauso wie Bankdirektoren, Fiaker *sudern* und Kabarettisten. Wobei keiner der *Suderanten* sein Tun eingestehen würde. *Sudern* – das machen nur die anderen, und ja, die sind echt anstrengend. Man selbst *sudert* nicht, man stellt fest. Oder bemerkt. Oder regt an. Oder: »Man sagt ja nur.« Schuld sind die anderen, also sollen sie auch gefälligst alles wieder in Ordnung bringen.

Die auf Bairisch verfasste Wikipedia-Seite widmet dem *Suderer* einen Artikel, der sehr zu meiner Freude auch noch auf *Weanarisch*, also im Wiener Dialekt verfasst ist. Dort heißt es: »*Da Suderer is ana, dem ma grundsätzlich nix rechd mocha kaun, dea imma raunzt. Da Suderer is oisa a notorischa Meckerer, dea wos si üba ollas aufgregt und imma a Hoar in da Suppn findt, imma lamentiat.*« (Der *Suderer* ist einer, dem man grundsätzlich nichts recht machen kann, der immer raunzt. Der *Suderer* ist also ein notorischer Meckerer, der sich über alles aufregt und immer ein Haar in der Suppe findet, immer lamentiert.) Wobei hier noch weiter unterschieden wird. Der *Suderer* sei »boshaft« und würde absichtlich *sudern*, der Grantler sei mürrisch, aber im Herzen gutmütig. Dem *Suderer* Boshaftigkeit zu unterstellen, geht mir zu weit.

Es ist vielmehr der Ausdruck einer zutiefst empfundenen Ungerechtigkeit der Welt gegen einen selbst. Wenn man das Opfer (von allem und jedem) ist, dann ist man nie an irgendetwas schuld. Das ist eine sehr bequeme Gemütslage, um nicht zu sagen, eine sehr gemütliche (siehe auch *Die Wiener Emotionen – Grant und Gemütlichkeit, Seite 40*).

Meine Freundin und ich wurden mit der Zeit immer hellhöriger. Dabei fiel uns eine Besonderheit des Wiener *Suderns* auf – der Tonfall. Wir haben in der Episode über den Wiener Dialekt schon über das Ziehen oder Strecken der Sprache gesprochen. Eine Eigenheit, der beim *Sudern* ein besonderer Stellenwert zukommt. In Wien wird die Klage zum Klagelied. Das macht den Inhalt des *Suderns* zwar nicht wichtiger oder vermittelt ihn eindringlicher, es geht dem Zuhörer nur noch schneller auf die Nerven.

Ein besonders eindringliches Beispiel eines solchen Klageliedes fand meine Freundin und mich im letzten Frühjahr beim Heurigen. Ich schreibe: Es fand uns. Solch ein *Sudern* will selten gehört werden, aber immer wieder schafft es das *Sudern*, Gehör zu finden. Durch seine schiere Aufdringlichkeit.

Der Gastgarten war sehr gut gefüllt, zu gut sogar, kein Tisch war mehr zu bekommen. Wir konnten uns nur an ein Ende eines Tisches setzen, an dessen anderem Ende ein Mann allein vor einem Glas Wein saß. Er sah einigermaßen harmlos aus, also nahmen wir Platz. Wir grüßten, unser Tischgenosse erwiderte den Gruß, wir vertieften uns in die Karte. Als unser Wein kam, prosteten wir uns nicht nur gegenseitig, sondern auch ihm zu, alles andere wäre unhöflich gewesen.

»*Schee is da, gö?*« (Schön ist es hier, oder?)
»Sehr.«
»*Genau richti für Valiebte!*« (Genau richtig für Verliebte!)
»Haha, ja, genau.«

Wir wandten uns wieder unserem Gespräch unter vier Augen zu.

»*Wobei, friera woas no scheena!*« (Obwohl, früher war es noch schöner!)

»Aja?«

»*Do woa des ollas no ned vabaut mit de schiachen Gemeindebauten.*« (Da war noch nicht alles mit hässlichen Gemeindewohnungen verbaut.)

»Ja, das passiert überall.«

»*Oba is scho schod, gö? I man, wenn ma denkt, wo des fia a scheene Gegend woa. Do hob i als Gschrapp no gschpüt in da Wiesn, des kennts ihr eich goa ned vuastöin.*« (Aber schade ist es, oder? Wenn man bedenkt, wie schön die Gegend früher war. Als Kind habe ich hier noch in der Wiese gespielt, das könnt ihr euch gar nicht vorstellen.)

»Schade drum, oder?«

An der Stelle haben wir den ersten von drei möglichen Fehlern gemacht, die man gegenüber einem *Suderer* begehen kann. Man geht auf sein *Sudern* ein. Der *Suderer* fühlt sich bestätigt, ja sogar akzeptiert, und interpretiert jede Art von Zustimmung als eine Aufforderung, richtig loszulegen. Wir fingen bei der schlechten Wohnungspolitik der Stadt Wien an, hörten viel über seine eigenen schlechten Wohnverhältnisse, bekamen einen Überblick über die derzeitigen Pensionsregelungen, hörten einiges über Musik, Italien und die Donauschifffahrt und kamen schließlich bei der Politik an. Wir beschlossen, uns auszuklinken. Ich bestellte noch zwei Gläser Wein und nutzte die kurze Unterbrechung im Redefluss des Mannes, mich ganz innig meiner Freundin zuzuwenden. Schon unsere Körpersprache sagte klar und deutlich: Wir bitten um Ruhe. Entweder das oder: Wir beginnen jetzt, wild zu schmusen. Klarer konnten wir uns nicht abwenden.

Zweiter Fehler: Wir ignorierten ihn. Also galt es, uns zu überzeugen, dass er recht hatte.

»*Glaabts es mir ned? Glaabts es, i red an Schas? Owa sicha san des ollas Vabarecha in da Stodt!*« (Glaubt ihr mir nicht? Das sind alles Verbrecher in der Stadtverwaltung!)

Es folgte eine lange Klage über die Zustände in Politik, Gesellschaft und Gastronomie, weil der Kellner es verabsäumte, nachzuschenken.

Ich wagte: »So schlimm ist es auch nicht.« Dritter Fehler: Ich widersprach. Die Antwort war eine Frage nach meinem geistigen Wohlbefinden, nach dem geistigen Wohlbefinden der ganzen Welt und ob er selbst denn der letzte vernünftige Mensch auf Erden sei. Am Schluss blieb nichts mehr zu sagen als: »*Oba da kamma nix machen.*« (Aber da kann man nichts machen.)

Zustimmung bringt nichts, weil man den *Suderer* damit nur auffordert, weiterzumachen. Ignorieren bringt nichts, weil man den *Suderer* damit provoziert, ihm das Gefühl gibt, nicht ernst genommen zu werden. Widerspruch bringt nichts, weil man den *Suderer* damit herausfordert, seinen Standpunkt zu untermauern.

Am besten ist, Sie gehen einfach weg.

Das taten wir auch, und zwar wortlos.

»*Griassen ham de jungen Leit a valernt ...*« (Die jungen Leute können nicht einmal mehr grüßen.)

Heimatwissen –
Worterklärung Sudern

Für *Sudern* findet man überall dieselben Erklärungen. Es bedeutet »jammern«, »sich pausenlos beschweren«, oft auch ohne Grund. Interessanterweise findet das Wort bisher keinen Eingang in das Österreichische Wörterbuch, auch Wehle (»Sprechen Sie Wienerisch?«) erwähnt das *Sudern* nicht.

Quelle: www.ostarrichi.org/wort-1129-at-sudern.html

Wien und doch nicht Wien
Transdanubien

Ich habe eine gute und eine schlechte Nachricht«, sagte Christian zu mir.

»Die gute zuerst, bitte.«

»Ich ziehe mit der Alex zusammen.«

»Gratuliere! Was ist die schlechte?«

»Sie will unbedingt drüben wohnen.«

Das war in der Tat eine schlechte Nachricht. Mit »drüben« bezeichnete Christian nämlich die Hälfte Wiens, die von vielen Wienern gar nicht mehr als zu Wien gehörig betrachtet wird, die zwei Bezirke jenseits der Donau: Floridsdorf und Donaustadt – »Transdanubien«.

Beim Betrachten einer Karte von Wien ist das auffälligste Merkmal die Donau, die mitten durchs Stadtgebiet schneidet. Das war nicht immer so. Das historische Wien lag ausschließlich am rechten Donauufer, sogar ein ganzes Stück weit weg vom eigentlichen Donaustrom. Da war Wien, dann der Flussarm, der später zum Donaukanal mitten in der Innenstadt wurde, dahinter kam ein regelrechter Wirrwarr aus Flussarmen, Auen und Inseln, dann kam der Hauptflussarm und dann das Marchfeld. Das Marchfeld war übersät mit kleinen Dörfern. Da gab es Floridsdorf, Kagran, Wagram, Leopoldau, Kaisermühlen, Breitenlee, Hischstetten, Jedlsee, Stadlau (siehe *Die Wiener Marchfelddörfer, Seite 208*). Alles eigenständige Bauerndörfer weit vor den Toren der Stadt. Dazwischen gab es Felder und ... sonst nichts eigentlich. Dann wurde die Donau reguliert. Im Jahr 1875 wurde der neue Strom eröffnet. Die Auenlandschaft war von einem schnurgeraden Kanal durchstochen, der Strom in ein völlig neues Bett gezwungen worden. Seitenarme wurden trockengelegt oder blieben als stehende Gewässer erhalten (siehe *Die Donauregulierung, Seite 208*). Das brachte nicht nur mehr Sicherheit für die Stadt und die Dörfer am anderen Ufer, weil der Weg nach Wien plötzlich um vieles einfacher passierbar war, es brachte diese Dörfer auch näher an die Stadt heran.

Christian war schon einige Jahre zuvor von Graz weggezogen. Wir hatten uns in Wien wiedergetroffen, weil wir zufällig im selben Grätzl strandeten (siehe *Dörfer in der Stadt – Die Wiener Grätzl, Seite 160*). Das war ein unschätzbarer Vorteil, denn wer in Wien nicht in der Nähe wohnt, ist praktisch nicht existent. Jetzt sollte dieses für uns beide sehr angenehme Arrangement beendet werden. Von der Frau, die Christian zwar sehr glücklich machte, ihn aber quasi wieder aus Wien hinausbringen wollte. Nach drüben.

Die meisten Wiener haben ein gespaltenes Verhältnis zu Transdanubien. Allein der Begriff zeichnet ein recht eindeutiges Bild. Eine Gegend jenseits der Donau, eine Gegend, die sich mit einer eigenen Ortsbezeichnung von der eigentlichen Stadt abhebt und dadurch auch abgetrennt ist. Spricht man mit Wienern, dann hat Wien alles: den alten Stadtkern, die Staatsoper, die Museen, das Schloss Schönbrunn, die Cafés. Transdanubien ist ... auch da. Aber irgendwie scheint keiner so recht zu wissen, warum eigentlich. Kaum jemand von den Leuten, mit denen ich bis dahin zu tun hatte, hatte jemals freiwillig einen Fuß nach »drüben« gesetzt. Außer in ein Einkaufszentrum, von denen es dort viele gibt. Aber das auch nur in Notfällen, denn auch »herüben« gibt es ausreichend Möglichkeiten zum Shoppen. Ich hatte in vielen Gesprächen immer das Gefühl, dass Wien sich in ganz viele kleine Einheiten aufteilt. Da gibt es die Wiener gegen die Restösterreicher, da gibt es die Grätzl gegeneinander und es gibt »hier« gegen »drüben«. Alex war darüber alles andere als begeistert. Sie war »drüben« aufgewachsen, sah sich selbst als waschechte Wienerin, was sie ja rein technisch gesehen auch war, und regte sich immer unglaublich auf, wenn sie von manchen Leuten mit einem süffisanten Lächeln »in Wien« begrüßt wurde. Was übrigens nicht oft vorkam, weil sie meistens keinen Grund sah, die Donau zu überqueren.

Christian bat mich, mit ihm einige Wohnungen anzuschauen, er hatte mit einigen Maklern Termine ausgemacht. Ich half gerne, vor allem, weil ich sicherstellen wollte, dass er in annehmbarer Nähe zur U-Bahn wohnen und damit nicht ganz aus meiner Welt verschwinden würde. Wir nahmen die U1 vom Schwedenplatz aus. Als wir die Donau überquerten, lachten wir beide noch, weil wir jetzt in die »Provinz« aufbrechen würden. Dann kam die UNO. Unmittelbar nach der Neuen Donau (dem Entlastungsgerinne, das nach dem Bau der Donauinsel entstand) hält die U-Bahn vor dem Vienna International Center – im Volksmund einfach UNO-City genannt. Vom U-Bahn-Waggon aus sieht man direkt zum Eingang des Sitzes der Vereinten Nationen, Menschen aller Hautfarben und Sprachen verlassen die Waggons, gut geschnittene Anzüge aus gutem Stoff sind der Standard, wir kamen uns in Jeans und Turnschuhen fast ein wenig underdressed vor. Von wegen Provinz.

Der Eindruck änderte sich schlagartig, als wir die nächste U-Bahn-Station erreichten. Wieder betrachteten wir vom Waggon aus die Umgebung. Ein Badeteich, Liegewiesen, kleine Segelboote. Keine Spur von Diplomaten, Krawatten oder Aktentaschen. Christian begann sich Sorgen zu machen. Würde er sich hier wohlfühlen? Würde er den Anschluss an die Stadt verlieren? Würden seine Kinder später in gute Schulen gehen können? Ich versuchte ihn zu beruhigen. Immerhin waren wir noch in Wien, auch wenn es immer weniger danach aussah. Das Stadtbild hatte sich schlagartig verändert. Der Großteil der heutigen Stadtfläche von Wien war in der Gründerzeit, in der zweiten Hälfte des 19. Jahrhunderts verbaut worden. Damals waren die Vororte und Vorstädte diesseits der Donau eingemeindet worden, ganze Stadtviertel wurden mehr oder weniger auf die grüne Wiese gestellt. Häuserblocks, im Schnitt vier oder fünf Stockwerke hoch, mit reich verzierten historischen Fassaden. Hier in Transdanubien war davon keine Spur.

Wir stiegen am Kagraner Platz aus, um die erste Adresse zu suchen. Mir kam schlagartig der Begriff »Dorf« in den Sinn. Ich stand in einem Dorf. Verschandelt zwar durch zu viel Verkehr und eine heruntergekommene *Trafik*, die in der Auslage mit »billige Urlaubslektüre« für völlig vergilbte Comichefte warb. Daneben ein großformatiges Plakat, auf dem eine fröhliche Herrenrunde einen der Ihren zum 50. hochleben ließ. Das Bild zeigte den Jubilar als »Baywatch-Bademeister«. Gebäude ohne Obergeschoss, jedes mit einer breiten Einfahrt, vermutlich für Fuhrwerke, dicht an dicht gebaut um einen lang gezogenen Platz. In der Mitte eine kleine Grünfläche. Ein Dorf eben. Ich war einigermaßen fasziniert, damit hätte ich nicht gerechnet.

Der Eindruck verstärkte sich sogar an der nächsten Adresse. Am Leopoldauer Platz steht noch die alte Pfarrkirche, auch hier reihen sich kleine geduckte Häuser mit großen Toren rund um eine zentrale Wiese. Hier gab es kaum Autoverkehr, hier gab es eine große Wiese, hier gab es Bäume. Es war ruhig, gemütlich direkt. Wenn nicht die Busse der Wiener Linien klargemacht hätten, dass das immer noch Wien war, von alleine wäre man nie drauf gekommen. Später sah ich mir im Internet alte Karten der Gegend an. Der Leopoldauer und der Kagraner Platz stehen heute noch genauso da wir vor 150 Jahren und vermutlich einige Hundert Jahre zuvor. Die Ortskerne sind genauso erhalten geblieben wie das Stadtzentrum rund um den Stephansdom. Sobald man diese Plätze verlässt, befindet man sich allerdings wieder im Niemandsland. Nach der Eingemeindung der Dörfer im Jahre 1904 begann erst in den 30er-Jahren eine flächendeckende Bebauung, die vom Krieg unterbrochen und danach wiederaufgenommen wurde. Das Resultat ist nur wenig charmant. Wo früher Felder waren, sind heute Industrieparks, Einkaufszentren oder Wohnviertel mit Einfamilienhäusern.

Oder mit Gemeindebauten.

Der zweite Makler erwartete uns vor einem riesigen Komplex aus Gemeindebauwohnungen. Ein Häuserblock rund um einen Innenhof, die Fronten einige Hundert Meter lang. Vom Prinzip her nicht viel anders als die Mietshäuser außerhalb des Ringes, aber eben 70 Jahre später errichtet und daher noch nicht mit dem Prädikat »historisch« versehen. Eher mit dem Prädikat *schiach* (hässlich). Der Makler pries die Anbindung mit Bussen, die Ruhe, die Parkplatzsituation, die Infrastruktur. Die Wohnung selbst war in Ordnung, der Hof überraschte uns. So groß der Block von außen betrachtet wirkte, so groß wirkte auch der Innenhof, der mehr ein Park war. Das Feld, das einst hier gelegen hatte, war praktisch noch da. Und voller Kinder, die Fußball spielten oder mit dem Rad fuhren. Detail am Rande: Die Wege in der Siedlung trugen die Namen: »Falcoweg« und »Drahdiwaberlgasse«. In ihren Blütezeiten waren diese Künstler regelrechte Bürgerschrecke gewesen, jetzt wird ihrer im Herzen des Bürgertums gedacht.

Dennoch war Christian ein wenig frustriert. Er war bis zu diesem Zeitpunkt einer gewesen, für den Wien auch immer an der Donau geendet hatte. Und jetzt würde er in einem Gemeindebau leben müssen oder neben einem Auto-Tuning-Center oder an einer Durchzugsstraße. Er hätte eine Dachgeschosswohnung mit Terrasse in der Innenstadt bevorzugt.

Alexandra versuchte ihren Freund zu beruhigen. Dummerweise tat sie das nicht, indem sie die Vorzüge der neuen gemeinsamen Heimat aufzählte, sondern indem sie auflistete, was an Wien nicht so toll sei. Sie führte den Lärm ins Rennen, die fehlenden Parkplätze, die borniertenIntellektuellen, die versnobten Studenten der Wirtschaftsuniversität, die teuren Kaffeehäuser, die langweiligen Clubbings. Darunter lauter Sachen, die Christian bisher an Wien so geliebt hatte. Durch Alex' Argumentation fiel mir aber auf, dass die Antipathie der Wiener gegen Transdanubien offenbar gegenseitiger Natur ist. Sie hatte noch nie am rechten Donauufer gelebt, wollte dort auch nie leben und war fest davon überzeugt, die bessere Seite gewählt zu haben. Die Fischer fielen mir ein, die ich zuvor einmal auf der Donauinsel getroffen hatte. Sie hatten die Insel gepriesen und mit einem verächtlichen Kopfnicken in Richtung Stadtzentrum gemeint: »Die da drüben wissen ja gar nicht, was sie da haben.« »Die da drüben« – das ging in beide Richtungen. Und das geht schon seit langer Zeit in beide Richtungen.

Bei den Recherchen für dieses Buch bin ich auf die »Briefe eines Eipeldauers an seinen Herrn Vetter in Kakran über d'Wienerstadt« gestoßen. Ab dem Jahr 1785 verfasste der Schriftsteller Joseph Richter fiktive Briefe über fiktive Reisen von Eipeldau (dem heutigen Leopoldau) in die Großstadt Wien, in denen er Sitten und Gebräuche und aktuelle Vorkommnisse satirisch beleuchtete. Richter war zwar selbst Wiener, richtete sich in seinen Betrachtungen jedoch trotzdem gegen die Wiener. Die Tatsache, dass er seine Briefe aber von einem »Touristen« aus Eipeldau schreiben ließ, zeigt uns, dass zwischen der Hauptstadt und den Dörfern ringsum ein nicht immer ganz spannungsfreies Verhältnis geherrscht haben dürfte.

Die Wohnungssuche zog sich hin. Mal war's zu eng, dann zu laut. Immer wieder schlug Christian vor, doch in Wien zu suchen, was Alexandra kategorisch ablehnte. Dann fehlte mir irgendwann die Zeit und die Muße, die Suche weiter zu verfolgen. Einige Monate vergingen, in denen ich immer wieder feststellte, dass es auch für mich tatsächlich keinen Grund gab, die Donau zu überqueren, außer um auf der Autobahn die Stadt zu umrunden. Aber das zählt nicht, oder?

Schlussendlich wurden die beiden fündig. Christian rief mich an, und er klang überraschend erfreut. Sie hätten da was gefunden, ich müsse es mir selber anschauen. Bei nächster Gelegenheit tat ich das. Ich nahm wieder die U-Bahn, ließ wieder die UNO hinter mir und stieg an einer lauten Straße aus. Ich bog in eine kleine Seitengasse ein, dann in noch eine und stand in einer kleinen Allee aus Kastanienbäumen. Kleine Häuser reihten sich aneinander, dahinter lagen kleine Gärten. Bis auf den von Christian und Alex, der war einigermaßen groß. Christian begrüßte mich in Shorts und T-Shirt, er wirkte entspannt. Beim Rundgang wurde mir klar, warum. Sie hatten hier ein kleines Paradies gefunden. Zwei Bäume im Garten, eine kleine Terrasse, ein Griller. In der Nähe ein Park, in der anderen Richtung einige Geschäfte. Ein eigener Parkplatz, Luxus in Wien. Und das alles vier Gehminuten von der U-Bahn entfernt, die ihrerseits zehn Minuten bis zum Stephansplatz braucht. Ja, sie könnten sehr schnell nach Wien reinfahren, sagte Christian, sie würden es aber nicht sehr oft tun: »Wir haben keinen Grund, rüberzufahren.«

Transdanubien ist überall – es kommt nur auf den Standpunkt an.

Heimatgeschichte –
Die Wiener Marchfelddörfer

Leopoldau, Stammersdorf, Jedlsee, Kagran, Stadlau, Hirschstetten, Aspern, Essling, Breitenlee, Süßenbrunn – obwohl die Dörfer im Marchfeld alle eigenständige Siedlungen und Gemeinden waren, verbindet sie viel an gemeinsamer Geschichte. Erstmals erwähnt zumeist im frühen Mittelalter (Jedlsee 1014, Leopoldau 1125, Kagran 1199) lebten dort zumeist Bauern oder Fischer – damals waren einige der Orte noch an Donauarmen gelegen, die erst mit der Regulierung der Donau verschwanden. Im Falle von Leopoldau kann man noch sehr gut die alte Struktur des Angerdorfes erkennen. Eine geschlossene Häuserreihe, in Form eines Auges rund um eine Gemeindewiese angeordnet. Mit Ausnahme von Kaisermühlen kamen diese Orte erst im Jahre 1904 zu Wien.

Aspern und Essling wurden in der Schlacht von Aspern berühmt, in der die österreichischen Truppen dem Franzosenkaiser Napoleon im Jahre 1809 seine erste Niederlage beibrachten.

Heimatgeschichte –
Die Donauregulierung

Die Donau floss auf der Höhe von Wien ursprünglich durch eine weite Auenlandschaft, in der sie sich ihr Bett selbst suchte – größtenteils links des heutigen Verlaufes. Nachdem immer wieder schwere Hochwasser die Dörfer am Fluss verwüstet hatten, wurde 1785 ein erster Schutzdamm am linken Ufer errichtet – der aber beim nächsten Hochwasser bereits wieder zerstört wurde. Dann geschah fast 80 Jahre lang nichts. Erst Mitte des 19. Jahrhunderts wurde wieder über eine Regulierung nachgedacht. 1875 wurde der neue Donaustrom eröffnet. Gleichzeitig wurden fünf neue Donaubrücken errichtet – was den Übergang über den Strom um einiges einfacher machte.

Spätestens nach drei weiteren Hochwassern war klar, dass die Regulierung noch nicht ausreichend war, und so wurde innerhalb des bisherigen Überschwemmungsgebietes ein zweiter Donauarm ausgehoben, das sogenannte Entlastungsgerinne. Das Aushubmaterial wurde zur Donauinsel. Das Entlastungsgerinne ist durch Wehranlagen abgesperrt und wird nur bei Hochwasser durchflossen. Die Neue Donau und die Donauinsel sind zwei der wichtigsten Freizeitgebiete für die Wiener.

Im Kaufrausch
Ein Geschenk für Brandl

Manchmal hat man Ideen für Episoden, bei denen man sagt: Die schreibt sich von alleine. Das heißt so viel wie, dass für diese Nummer so wahnsinnig viel an Potenzial vorhanden ist, dass man seine Gedanken einfach nur noch niederschreiben muss und voilà, fertig ist das Meisterwerk. Klingt einfach, ist es aber nicht immer. Genauso hat es sich mit dieser Episode verhalten.

Brandl hat schon wieder Geburtstag. Und ich weiß erneut nicht, was ich ihm schenken soll.

So ein Mann wie er, der hat ja schon alles, denk ich mir ... und für den Kollegen sollte es schon etwas Ausgefallenes, also was ganz Besonderes sein. Aber wo bekommt man so etwas her? Selbstverständlich könnte ich es lustig gestalten und mir eine Freude machen. Ich könnte ihm selbst bemalte Entspannungssteine, einen originellen Wunderbaum mit Pina-Colada-Geruch oder einen Jahresvorrat an Rosinen schenken. All diese Sachen braucht er nicht, und Rosinen mag er schon gar nicht. Ich würde ihm das Geschenk übergeben und mich anschließend ob seines Gesichts erfreuen, wenn er das Paket öffnet. Aber so gemein bin ich dann doch nicht, weil mir sehr wohl bewusst ist, dass auch er an dem

Geschenk eine kleine Freude haben sollte.

Für ihn müsste es ein Geschenk sein, über das er sich einerseits freut, weil er es noch nicht hat, und das mit dem »Aber hallo«-Effekt ausgestattet ist. Bei dem er meint: Das Ding hab ich noch nicht, ich weiß auch nicht so richtig, ob ich es unbedingt brauchen kann, aber ich find es lustig. Und somit als Präsent in Erinnerung bleibt.

Was ist denn mit dem Kaufrausch? Meint meine Frau.

Das wär's vielleicht – der Kaufrausch, denk ich mir. Er ist bei uns eigentlich ums Eck im 20. Bezirk in der Wallensteinstraße. Also mache ich mich auf den Weg. Ich verlasse den 9., einen klassischen gutbürgerlichen Wiener Bezirk, überquere die Friedensbrücke, die den 9. vom 20. Bezirk trennt, und betrete eine, für mich, völlig neue Welt. Schon am Anfang der Wallensteinstraße entdecke ich eine Wiener Spezialität – einen Pferdefleischhauer. Hier bekommt man heißen Pferdeleberkäs und Pferdefleisch in den verschiedensten Variationen.

Wer es mag, dem schmeckt das bestimmt, denk ich mir und tauche immer mehr ein in die Welt des 20. Er ist Wiens Multikulti-Viertel, ein gelebter Melting Pot. Kaum hat man die Friedensbrücke überquert, wird man mit hineingezogen. Man hört fremde Sprachen, nimmt neue Gerüche wahr, und es herrscht beinah ein Gewusel wie in New Yorks Chinatown. Hier leben Österreicher, Serben, Türken, Kroaten, Bosnier, Polen. Man findet türkische Bäckereien, Elektronikläden, Bekleidungsgeschäfte, Friseure und eben auch den Kaufrausch.

Der Kaufrausch ist ein Geschäft, wie man es in der Wallensteinstraße häufig findet. Ich werde beim Betreten vom türkischen Inhaber mit einem herzlichen »Grüßgott« empfangen. Überrascht halte ich kurz inne und grüße höflich »Guten Tag!« zurück. Im Geschäft wird man von »Top«-Artikeln quasi erschlagen. Es ist ein Geschäft, das auf Schnäppchen spezialisiert ist. Beim Kaufrausch bekommt man Töpfe, wunderbare Plastikblumen, Spielzeugautos, Geschirr und Fertiggerichte. Und das alles ab 0,79 Euro.

Ich weiß, dass ich hier garantiert etwas für den Kollegen finden werde. Es sind natürlich die unpraktischen Dinge, die mich gleich interessieren. Mein Blick fällt auf einen wunderbar kitschigen Zimmerbrunnen, der in den verschiedensten Farben strahlt. Im normalen Leben würde ich nie auf die Idee kommen, so einen neonfarbenen Brunnen in meinem Zimmer zu positionieren, aber hier passt es wieder. Ob es auch beim Kollegen passt? Was würde Brandl damit machen?

Dann entdecke ich etwas, womit ich ihm, und auch mir, garantiert eine Riesenfreude machen würde. Vor mir hängt ein rot und grün blinkendes Kebab-Schild. Das ist es. Ja, da wird er schauen, wenn er so ein Kebab-Schild zu seinem 36. Geburtstag bekommt. Das kann er sich ins Arbeitszimmer hängen, das steht nicht herum und an den Wänden ist in Brandls Wohnung ohnehin noch genügend Platz. Und, wenn es ihm zu viel blinkt, dann kann er es einfach abschalten. Und Kebab mag er auch. Das nehm ich. Ich bin glücklich. Doch wie ich den Karton anhebe, entdecke ich, dass es noch andere blinkende Schilder gibt: Open, Closed, Peep-Show, Coffee, Wiener Schnitzel. Jetzt bin ich hin- und hergerissen. Oder soll ich ihm statt des Kebab-Schilds doch ein blinkendes »Wiener Schnitzel«-Schild schenken? Worüber freut er sich mehr? Ich bleibe bei meiner ersten Wahl und bin überzeugt, eine gute Tat vollbracht zu haben. Als ich gerade zur Kassa gehen will, sticht mir ein Fondue-Set ins Auge. Und das ist jetzt was wirklich Praktisches noch dazu. Davon spricht der Kollege nämlich schon seit langer Zeit, dass er sich so was dringend einmal kaufen muss. Dann will ich das doch gerne übernehmen. Ich kaufe das wunderbar blinkende, mich ein wenig in Las-Vegas-Stimmung versetzende Schild und das praktische Fondue-Set zu einem wahrhaft erschwinglichen Preis. Ich fühle mich in diesem Geschäft ein bisschen wie bei Interio, einem beliebten Möbelhaus. Nur ist alles ein wenig schriller, bunter und um einiges billiger. Also eigentlich perfekt für Klein- beziehungsweise Kleinstkünstler, wie wir es sind.

Neben dem Kaufrausch gibt es in der Wallensteinstraße zahlreiche andere Läden mit demselben Geschäftsprinzip. »Wir haben von allem etwas, und das noch dazu sehr billig!«

Auf dem Heimweg entdecke ich einen russischen Supermarkt, der auf Wodka und Waffen spezialisiert ist. Der Verkaufshit ist eine mit Wodka befüllte Kalaschnikow. Ich überlege kurz, denke mir jedoch, dass ich heute schon genug gute Taten vollbracht habe. Die Wodka-Kalaschnikow kauf ich ihm vielleicht im nächsten Jahr.

Aber bitte, falls Sie Brandl sehen, verraten Sie ihm nicht, was ich für ihn besorgt habe, weil es ist ja ein Geschenk und Geschenke sollten doch eine Überraschung sein.

Heimatspuren – Wallensteinstraße

Benannt wurde die Wallensteinstraße nach: Wallenstein, eigentlich Albrecht Wenzel Eusebius von Waldstein. Er war Herzog von Friedland und Mecklenburg, Fürst von Sagan und gilt als der erfolgreichste militärische Führer des kaiserlichen Heeres und bedeutendste europäische Feldherr der ersten Hälfte des Dreißigjährigen Krieges. In der deutschsprachigen Literatur ist selten einer Person so viel Aufmerksamkeit gewidmet worden wie Wallenstein. In der Wallensteinstraße befinden sich heute mehr als 160 Betriebe. Man findet Dienstleistungsbetriebe, Bekleidungsgeschäfte, Schuh- und Lederwarenhändler und viele mehr. Erreichbarkeit: **U4** (Friedensbrücke), **U6** (Jägerstraße); 5, 5A, 31, 33

Quelle: www.lebendige-wallensteinstrasse.at

𝒩utzloses Wissen

Was man in Wien besonders häufig antrifft, besser sieht, sind Menschen jedes Alters, die den ganzen langen Tag nichts anderes zu tun haben, als andere Menschen zu beobachten und mit Blicken zu verfolgen. In den Vereinigten Staaten hört man immer wieder mal etwas von »Stalkern«. Also Menschen, die andere Menschen aus unerklärlichen Gründen verfolgen. In Wien ist das Stalken, wie vieles, gemütlicher und harmloser. Hier wird vom Fenster aus gestalkt. Diese Variante des Mitlebens erinnert mich ein wenig an das ehemalige, im Internet sehr beliebte Spiel »Second Life«. Man nimmt am Leben des anderen vom Fenster aus teil, für die paar Sekunden, in denen der unten auf der Straße vorbeiläuft. Mir persönlich wäre das zu langweilig, aber für die, die oben am Fensterbankerl (oft auch mit einem Polster als Unterlage für die geforderten Ellenbogen) lehnen, ist es wie Weihnachten, Geburtstag und Ostern zugleich. Feste, die sie vermutlich auch alleine feiern, weil sie alleine am Fensterbankerl stalken. Auch wenn Sie nicht berühmt sind, ist das kein Problem. Kommen Sie in die Brigittenau und lassen Sie sich stalken.

Wien geheim

»Der dritte Mann«

In Wien hat ein Kanaldeckel Geschichte geschrieben. Dort gab es keine wichtigen politischen Ereignisse, dort wurde kein archäologisches Artefakt gefunden. Nein, dort stieg ein Schauspieler in die Kanalisation ab. Besagter Kanaldeckel befindet sich am Karlsplatz, im Herzen der Stadt, zwischen dem Café Museum und der Kunsthalle. Er schaut heute noch genauso aus wie vor über 60 Jahren, und auch heute noch kann man durch diesen Deckel in die Unterwelt absteigen. Der Schauspieler war Orson Welles, der Film »Der dritte Mann« (siehe *»Der dritte Mann«, Seite 220*).

Bevor Buchgraber und ich nach Wien gezogen sind, hatten wir natürlich schon von dem Film gehört, ihn aber noch nie gesehen. Überhaupt hatte jeder meiner Grazer Freunde von dem Film gehört, ihn aber noch nie gesehen. Es ist eine Geschichte, mit der jeder Österreicher irgendwie aufwächst. Halt – ich muss mich korrigieren. Kein Österreicher wächst mit der Geschichte wirklich auf. Jeder weiß, dass es diesen Film gibt, jeder weiß, dass er in Wien spielt und dass er irgendwas mit der Kanalisation zu tun hat. Den Namen des Films, geschweige denn den Namen des Hauptdarstellers, könnten vermutlich nur die wenigsten nennen.

Meine liebe Freundin und ich waren von unserer neuen Stadt richtiggehend fasziniert. Und so nahmen wir uns vor, Dinge zu tun, die man sonst in seiner Heimatstadt nicht so oft tut. Touristendinge. Wir besuchten Museen, wir unternahmen kleinere Ausflüge in die Umgebung. Und wir hatten von dieser Tour gehört, bei der man Wien von unten sieht – eine Tour durch die Kanäle. Wir waren auf dem Weg zum Naschmarkt an diesem Kanaldeckel vorbeigekommen, aus dem gerade eine Gruppe lachender Touristen gestiegen war, alle mit Helmen und Stirnlampen. Wir nahmen uns vor, das auch zu machen.

Erst als wir uns um Karten anstellten, erfuhren wir, dass es sich hier um die berühmte »3. Mann Tour« handelt, die die Besucher an die unterirdischen Drehorte des Films führt. Das war uns zu dem Zeitpunkt noch einigermaßen egal, wir wollten die Kanäle sehen. Einen Platz in einer Führung zu bekommen, war nicht so einfach, erst zwei Tage später durften wir mit. Die Touren waren (und sind es immer noch) sehr beliebt und nur nach Voranmeldung zu besuchen (siehe »*Die 3. Mann Tour*«, Seite 221).

Die zwei Tage bis zu unserem Termin verbrachten wir damit, uns zu fragen, was an diesem »Dritten Mann« so Besonderes dran war, dass es sogar eigene Führungen dazu gibt. Immerhin war das nur ein Film, oder? Wir lasen nach. Ein Film aus dem Jahre 1949, er spielt im besetzten Wien nach dem Zweiten Weltkrieg, das durch die Besatzungen der vier Siegermächte zu einer Hauptstadt der internationalen Spionage geworden war. Nicht nur das, in der zerbombten Stadt blühte der Schwarzhandel, die Menschen versuchten sich auf jede erdenkliche Art über Wasser zu halten. Manche mehr, manche weniger nach dem Gesetz. Alles Zutaten für einen spannenden Film, aber kein Grund für Kultstatus. Vielleicht wären wir nach der Tour schlauer.

Die Tour begann mit dem Hinweis, dass der Kanaldeckel, durch den wir steigen würden, derselbe sei, den Orson Welles damals angehoben hat. Seine Figur Harry Lime flüchtet vor der internationalen Polizei. Unter der Erde spielt sich eine minutenlange Verfolgungsjagd ab. Wir stiegen eine Wendeltreppe hinab, schlagartig war die Luft feuchtwarm und sie roch, nun ja, nicht mehr nach Veilchen. Eher anders. Aber das war eben der Kanal. Wir marschierten durch enge stickige Tunnel, spärlich beleuchtet von einzelnen Glühbirnen in verrosteten Käfigen. Wir erreichten eine Brücke hoch über zwei Wasserläufen, der Guide wusste allerlei Interessantes über die Wiener Abwasserwirtschaft zu berichten. Vom »Dritten Mann« noch keine Spur. Wir gingen weiter und blieben wieder auf einer Brücke stehen, diesmal lag unter uns eine Art Damm, daneben ein kleiner Fluss. Hier fand damals alles statt, sagte der Guide. Tatsächlich wurde die gesamte wilde Jagd an nur drei verschiedenen Orten im Tunnelsystem gedreht. Perspektivenwechsel, Beleuchtung und Schnitt taten das Ihrige, herausgekommen ist eine Oscar-Nominierung für den Cutter. Auf die Wand wurden Ausschnitte aus dem Film projiziert, man erkannte Details wieder. Der Guide berichtete von der Diva Welles, die den »Duft« unter Tage nicht aushielt und verlangte, dass Chanel No 5 versprüht werde, was auch geschah. Dass Welles sich so oft wie möglich doubeln ließ. Was ein Problem darstellte. Welles war bei den Dreharbeiten ein »gestandenes Mannsbild« wie man in Österreich sagt, soll heißen, er war nicht gerade schlank. Im Nachkriegs-Wien einen Mann zu finden, der ähnlich gut genährt war, stellte die Filmcrew vor Probleme, schließlich kam ein Fleischer zu Film-Ehren. Wir gingen weiter und standen plötzlich in einem Tunnel, der groß genug für eine vierspurige Autobahn gewesen wäre. Statt Asphalt aber Wasser – wir hatten den Wienfluss erreicht. Die Wien war Ende des 19. Jahrhunderts zuerst reguliert, später komplett in Tunnel verlegt worden. Über uns lag der Karlsplatz, den es bis zu dieser Einhausung noch gar nicht gegeben hatte. Alles äußerst imposant, aber noch lange kein Grund für einen derartigen Hype um einen Film.

Und der ist in Wien enorm. Es gibt nicht nur die Tour durch die Kanäle, es gibt das Dritte Mann Museum, es gibt den »3. Mann Walk« (eine Tour zu den überirdischen Drehorten), es gibt das Burg-Kino, das den Film dreimal die Woche zeigt. Eine beachtliche Bilanz für einen Film, der von den Wienern zuerst sehr skeptisch aufgenommen wurde. Immerhin zeigt er nicht die Walzerseligkeit, den Kaiser und die Schnitzel, er zeigt eine zerbombte Stadt, er zeigt Korruption und Spionage, er zeigt Kanäle und Menschen, die über Leichen gehen. Ein Porträt der Stadt, das vermutlich näher an der Realität lag, als den Wienern lieb war. Aber es gab immer noch das Harry-Lime-Thema. Die Zithermusik, die jeder in Österreich kennt, auch wenn viele nicht wissen, dass es sich dabei um Filmmusik handelt. Geschrieben vom Wiener Anton Karas (siehe *Anton Karas, Seite 221*), der zufällig in einem Heurigen spielte, als die Filmcrew dort eingekehrt war. Regisseur Carol Reed war zu dem Zeitpunkt auf der Suche nach Musik. Kein Walzer, aber passend zu Wien. Er hörte Karas auf der Zither und engagierte ihn. Das Stück machte Karas weltberühmt, es landete 1950 sogar auf Platz eins der US-Billboard-Charts.

Immer noch im Kanal wunderten wir uns weiter. Es gibt viele gute Filme, auch solche, die in Wien spielen, ein Museum und zwei Führungen hat aber kein anderer Film. Uns fiel auf, dass in unserer Gruppe kaum Österreicher waren, man hörte vorwiegend Deutsche und Amerikaner. Und von uns paar Einheimischen waren wir die einzigen »Wiener«, der Guide hatte zu Beginn gefragt, wer von außerhalb und wer aus Wien war. Lauter Touristen. War das Geheimnis des »Dritten Mannes« dasselbe wie das von »Sound of Music«? Wann immer wir früher im Ausland gesagt haben, dass wir aus Österreich kommen, sagte jemand: »Ah – the ›Sound of Music‹!« Und wir mussten immer antworten »Häh?« Keiner meiner Freunde hatte »Sound of Music« je gesehen, als ich Mitte 20 war, lief es das erste Mal im heimischen Fernsehen.

War der »Dritte Mann« überall berühmt, nur in Österreich nicht? War das hier alles nur für Touristen?

Sicherheit geht vor Mode

Wieder an der Oberfläche beschlossen wir, uns den Film endlich anzusehen. Wir ließen uns vom Guide zum Burg-Kino lotsen, wo Orson Welles als Harry Lime dreimal die Woche durch den berühmten Kanaldeckel flüchten darf (siehe *Burg-Kino, Seite 222*). Auch hier bot sich uns dasselbe Bild. Wir waren die einzigen Österreicher, um uns herum saßen Amerikaner, Deutsche und andere Touristen. Vielleicht auch, weil der Film im englischen Original gezeigt wurde. Andererseits haben wir schon einige englische Filme in Wien gesehen, und überall finden sich ein paar Einheimische, die sich einfach gerne die echten Stimmen der Schauspieler anhören, daran konnte es also nicht liegen.

Der Film ist gut. Die Verfolgungsjagd im Kanal ist eindrucksvoll, verliert allerdings, wenn man schon vorher weiß, dass alles nur gefälscht ist. Sollten Sie den Film noch nicht gesehen haben, dann entschuldige ich mich hiermit für dieses Detail. Dafür verrate ich nicht, wie es ausgeht, keine Sorge. Die Bilder sind bedrückend, die Kamera großartig, die Musik eindringlich, Orson Welles trotz seiner überraschend kleinen Rolle ein Traum, die Stadt wird von einer Seite gezeigt, die wir noch nie gesehen hatten. Alles in allem ein guter Film. Aber der Kult? Bleibt unerklärlich.

Wenn ich eine Empfehlung abgeben darf, vermeiden Sie folgenden Fehler: Sehen Sie sich den Film ohne jegliche Erwartung an, noch bevor Sie in Museen oder Kanälen waren. Am besten bevor Sie diese Episode gelesen haben. Was sich ja jetzt wohl erledigt haben dürfte. Die Gegenwart kann mit der Vergangenheit leider nicht ganz mithalten. Oder Sie machen es wie meine liebe Freundin und schlafen im Kino einfach ein. Dann bleibt der »Dritte Mann« Kult. Weil Sie ihn nicht gesehen haben.

Heimatwissen – »Der dritte Mann« (1949)

»Der dritte Mann« entstand nach einem Buch von Graham Greene, Regie führte Carol Reed.

Neben Orson Welles spielten Joseph Cotten, Alida Valli und Paul Hörbiger mit. Die Handlung: Holly Martins wird von seinem Freund Harry Lime nach Wien geholt, er hat einen Job für ihn. Als Martins ankommt, erfährt er, dass Lime bei einem Unfall ums Leben gekommen ist. Er beginnt, Nachforschungen anzustellen, und kommt einer Lüge auf die Spur.

Der Film wurde 1951 mit dem Oscar für die beste Kamera ausgezeichnet und in den Kategorien Bester Schnitt und Beste Regie nominiert.

Heimatspuren – Die »3. Mann Tour«

Die Tour in den Kanälen findet in den Monaten Mai bis Oktober immer Donnerstag bis Sonntag zu jeder vollen Stunde 10–19 Uhr statt.

Eintritt	€ 7, ermäßigt € 5,50
Achtung	Sie müssen sich vorher telefonisch anmelden und Plätze reservieren: Tel.: +43 (0) 1 / 40 00-3033
Adresse	Karlsplatz-Girardipark, 1010 Wien, vis-à-vis Café Museum

Hier finden Sie alle weiteren Informationen zu anderen Führungen und zum Museum: www.drittemanntour.at

Heimatpersonen – Anton Karas (1906–1985)

1948 kam es zum Zusammentreffen zwischen dem Zitherspieler und Komponisten Anton Karas und dem Regisseur Carol Reed, der auf der Suche nach der passenden Musik für den »Dritten Mann« war. 1949 ging Karas nach London, um dort den gesamten Soundtrack zu schaffen. Karas soll sich später beklagt haben, dass er zwölf Wochen lang bis zu 14 Stunden täglich arbeiten musste. Dafür wurde er allerdings weltberühmt, er spielte in den USA, vor Königen und sogar vor dem Papst. In manchen Ländern wurde »Der dritte Mann« nur *the zither film* genannt.

Heimatspuren – Burg-Kino

Opernring 19
1010 Wien
Der Film läuft jeden Freitag um 22:45 Uhr und jeden Sonntag- und Dienstagnachmittag. Beginn bitte telefonisch erfragen unter: Tel.: +43 (0) 1 / 587 84 06
www.burgkino.at

Die Tante Hedi
Alle Wege führen nach Wien

Wien ist eine Weltstadt und hat als solche viele Geschichten über sich und seine Bewohner zu erzählen. Viele sind nach Wien gekommen, um hier zu bleiben. Viele sind aber auch nach Wien gekommen, um bald wieder zu gehen. Und viele sind nach Wien gekommen, um irgendwann später einmal wiederzukommen. So wie meine liebe Verwandte, die Tante Hedi.

Ursprünglich kommt die Tante Hedi ja aus Ungarn oder, wie sie sagt, *Ungorn*. Vier Jahre ging sie in Wien zu Schule, musste dann aber während des Krieges wieder zurück. Und lernte dort ihren späteren Mann kennen. Mit ihm zog sie in der Nachkriegszeit nach München, arbeitete als Krankenschwester und bekam zwei Kinder. Von München ging es nach Bad Aibling. Wo sie auch die letzten 30 Jahre verbracht hat.

Bis vor Kurzem wusste ich gar nicht, dass es die Tante Hedi überhaupt gibt. Meine Eltern erzählten mir immer wieder mal Geschichten und Anekdoten über eine Tante aus Ungarn, aber wo und wie und ob die noch lebt, wusste niemand. Bis auf einmal das Telefon läutete.

»*Jo. Challooo, do spricht die Tonte Hedi. Wie geht? Ich komm zu eich ibers Wochenände besuche noch Wien!*« (Ja. Hallo. Da spricht die Tante Hedi. Wie geht es dir? Wie wäre es, wenn ich zu euch über das Wochenende nach Wien komme?)

Nun kann man zu überfallartigen Verwandtenbesuchen ja stehen, wie man will, aber zur Tante Hedi sei gesagt, dass sie eine von den Verwandten ist, die man gerne in die Wohnung lässt ...

Eines Tages war es also so weit. Es läutete bei uns an der Tür und da stand sie – die Tante Hedi. In einer Hand eine kleine Reisetasche, in der anderen Hand einen Gehstock. Mittlerweile ist sie 80 Jahre alt, aber dieses (zugegebenermaßen ansehnliche) Alter hinderte sie nicht daran, selbst mit dem Auto von Bad Aibling (circa 50 Kilometer südlich von München) nach Wien zu fahren. Da saß sie nun in unserem Wohnzimmer und erzählte bei Kaffee und Kuchen von ihrer Jugend in Wien und Ungarn. Vieles habe sich getan in der Zwischenzeit. Mittlerweile lebe sie allein in einer großen Wohnung in Bayern. Die Kinder seien außer Haus und der Mann mittlerweile leider verstorben.

Und dass sie jetzt wieder den Drang habe, nach Wien zurückzukehren. Sie habe auch schon eine kleine Wohnung in Aussicht. Diese gehöre einer Verwandten und die wolle sie sich jetzt mal ansehen. Und sie bat mich, sie bei der Besichtigung zu begleiten, und meinte trocken:

»*Wäisst du. Ich möchte in meinem Läben nur mer äinmahl umziehen ...*« (Weißt du. In meinem Leben möchte ich nur noch einmal umziehen ...)

Die potenzielle neue Wohnung der Tante war nicht irgendeine Wohnung, sondern sie lag in Alt-Erlaa, dem größten nichtgenossenschaftlichen Wohnbau Wiens. Eigentlich wollte ich mit der U-Bahn nach Alt-Erlaa (es gibt eine eigene Station der Linie U6) fahren, aber die Tante ließ es sich nicht nehmen, mich mit ihrem Auto abzuholen (Wie das mit dem Auto durch Wien so ist, lesen Sie bitte in der

Episode *Durch Wien durch – Autofahren in der Hauptstadt nach, Seite 17*). Als Nicht-Wiener sah ich die Wohnsiedlung Alt-Erlaa immer von der Autobahnabfahrt Altmannsdorf und dachte mir jedes Mal: Das brauch ich nicht. Da möchte ich niemals wohnen müssen! Da wohn ich lieber in St. Pölten (niederösterreichische Landeshauptstadt; ein gerne erwähnter Ort im Kabarett, in dem nichts, aber wirklich nichts los ist).

Auch die Tante Hedi dürfte sich wohl Ähnliches gedacht haben, als sie zum ersten Mal vor diesem riesigen Komplex stand: »*Herje, dos sieht jo do aus!*« (Um Gottes willen. Wie sieht es denn hier aus!)

Der erste Eindruck des Wohnparks Alt-Erlaa ist, so glaube zumindest ich, bei fast jedem gleich. Entsetzen und Erstaunen wechseln einander ab. Letztendlich bleibt ein Gefühl der Ratlosigkeit zurück, was man mit diesen riesigen Gebäuden anfangen soll, sechs Wohnkomplexe mit über 3.000 Wohnungen. Man kommt nicht umhin, an die Architekten dieses Baus zu denken und sich zu fragen, was die sich damals dabei gedacht haben.

Als Tante Hedi und ich das Gebäude betraten, wurden wir überrascht. Jeder Komplex verfügt über zwei Schwimmbäder (ein Hallenbad im unteren Teil und ein Freibad im Dachgeschoss), jede Wohnung über einen eigenen Tiefgaragenplatz.

Beim Betreten der Wohnung erhellte sich Hedis Miene und sie meinte nur:

»*Chibsch. Serr Chibsch.*« (Das ist aber hübsch. Sehr hübsch sogar.)

Und es war wirklich anders als erwartet. Die Wohnung lag im 14. Stockwerk und es bot sich eine großartige Aussicht über den Westen Wiens. Für Hedi war die Wohnung perfekt. Sie hatte alles, was sie brauchte. Eine schöne Wohnung mit schöner Aussicht und einem netten Balkon, ein Einkaufszentrum mit über 60 Geschäften sowie ein Ärztezentrum. Hedi brauchte gar nicht lange zu überlegen, sie sagte Ja zu Wien und Ja zu Alt-Erlaa. Also setzte sie sich nach Vertragsunterzeichnung wieder in ihr Auto und fuhr heim nach Bad Aibling. Dort angekommen kündigte sie ihre Wohnung auf, verkaufte einen Großteil ihrer Möbel, packte Kisten und übersiedelte, selbstverständlich mit eigenem Auto, von Bad Aibling nach Wien.

Da oben winkt die Tante – oder da – oder da

Drei Wochen nachdem ich die Hedi zum ersten Mal getroffen hatte, war sie Wienerin, und es ging ihr gut. Es dauerte nicht lange, da erzählte sie, dass jetzt auch ihre Tochter nach Wien übersiedeln wolle. Und es blieb nicht bei der Tochter. Der Schwiegersohn der Hedi, der János, der habe eine Tante, und die sei während des Krieges, wie viele Ungarn, nach Amerika ausgewandert und würde auch gern wieder zurück nach Wien. Und da hatte der János die glorreiche Idee, dass doch die beiden Damen zusammen in einer Art »Golden Girls«-Damen-WG zusammenwohnen könnten. Davon war die Hedi anfangs gar nicht begeistert:

»*No, die fehlt mir noch. Die ist ja dauernd kronk. Do konn ich sie donn immer hörumschoffiern. Die hot jo kain Outo. Nano, das brauch ich nicht.*« (Muss das wirklich sein? Die arme Frau ist andauernd krank. Und dann muss ich sie immer zum Arzt bringen, weil sie selbst nicht mehr Auto fährt. Also das muss nicht sein.)

Bislang ist die Dame aus Amerika noch nicht in Alt-Erlaa angekommen, aber der János versucht noch immer, die Hedi umzustimmen ... und es soll wohl zeigen, dass es niemanden daran hindert, egal wie alt man ist, nach Wien zu kommen.

ℋeimatgeschehen – Alt-Erlaa

Der Wohnpark Alt-Erlaa liegt in Liesing, dem 23. Wiener Gemeindebezirk, nordöstlich des alten Ortskerns von Alt-Erlaa. Es handelt sich hierbei um die größte nichtkommunale Wohnhausanlage Österreichs, die 1973 bis 1985 als neues Wohngebiet gebaut wurde.

Alt-Erlaa gilt als typisches Beispiel für die Wohnbauplanung der späten 60er-Jahre in Österreich. Doch auch wenn der Wohnpark auf den ersten Blick trist und hässlich wirkt, fühlen sich die Menschen, die hier leben, offenbar wohl. In Studien bewerteten sie den Wohnpark im Hinblick auf Lebensqualität, Sicherheit und Nutzungsvielfalt als gut, was auch auf die vielen Infrastruktureinrichtungen zurückgeführt wird. Immerhin gibt es in Alt-Erlaa 3.400 Tiefgaragenplätze, zwei Ärztezentren, drei Schulen, zwei Kindergärten, ein Kindertagesheim, ein Einkaufszentrum, eine Turnhalle, 33 Freizeitclubs und mehrere Tennishallen, die Wohnparkkirche und seit 1995 mit der U-Bahn-Station Alterlaa einen direkten Zugang zur U-Bahn-Linie 6. Als besonderes Schmankerl befinden sich sieben Schwimmbäder in 70 Metern Höhe auf den Dächern der Hochhäuser sowie sieben Hallenbäder und Saunen, welche das Angebot abrunden.

Alt-Erlaa hat sogar eine eigene Monatszeitung und einen eigenen Fernsehsender. Auf WPTV werden die Mieter über Neuigkeiten aus dem Wohnpark informiert.

Wien ist tot

Eine morbide Stadt

Plötzlich stand ich davor. Er war über zwei Meter lang, etwa 80 Zentimeter breit, innen verkleidet mit irgendeinem Stoff. Außen in hellem Holz gehalten, das machte ihn aber nicht wirklich freundlicher. Im Vorfeld hatten wir darüber noch Witze gerissen. Wer sich reinlegt, kriegt nachher ein Bier. Ich hatte leichtsinnig gesagt: »Für ein Bier sicher!« Jetzt, wo ich es wirklich tun sollte, wurde mir flau im Magen. Für ein Bier? Wer legt sich für ein Bier freiwillig in einen Sarg?

Es war die Lange Nacht der Museen (siehe *Lange Nacht der Museen, Seite 232*). Einige Freunde und ich hatten uns aufgemacht, die Museen zu besuchen, die man sonst nicht mal eben so an einem Regentag ansteuert. Wie das Bestattungsmuseum (siehe *Das Bestattungsmuseum, Seite 232*). Die Wiener Bestattung hat wirklich ein eigenes Museum eingerichtet, in dem es darum geht, wie die Menschen im Verlauf der letzten paar Hundert Jahre unter die Erde gebracht wurden. Als Programm wurde in dieser Nacht unter anderem angeboten: eine Parade aus Leichenwagen, ein Konzert der »Funeral Gospel Singers«, das Basteln von kleinen Papiersärgen und – Highlight der Veranstaltung – ein Schausarg zum Probeliegen. Jetzt stand ich da und wusste: Wenn ich mich da nicht reinlege, bin ich für den Rest des Abends der Dumme. Also Augen zu und durch. Ich legte mich zurück und fand es eigenartig bequem, das Ding war gut gepolstert. Ich fragte mich, ob die Polsterung nur der Tatsache zu verdanken war, dass auf diese Art mehr Menschen was zu verdienen hätten. Dann fand einer meiner Freunde es amüsant, den Deckel zu schließen. Ich war schnell wieder draußen. Sehr schnell.

Die Wiener haben ein eigenwilliges Verhältnis zum Tod. Man hat ein wenig das Gefühl, in Wien sei der Tod ein alter Bekannter, der jeden irgendwann einmal besuchen kommt. Im besten Fall trinkt man mit ihm noch ein Glaserl Wein, dann geht man einfach mit. Mancher überlistet ihn oder springt ihm einfach von der Schaufel. Der Tod gehört in Wien zum Leben dazu, und die Wiener finden es viel zu anstrengend, sich über Dinge aufzuregen, die man ohnehin nicht ändern kann.

Das Paradebeispiel dafür ist der »Liebe Augustin«. Das Lied »O du lieber Augustin« (siehe *Das Lied vom lieben Augustin, Seite 233*) ist wohl bekannt. Weniger bekannt ist die historische Figur dahinter. Marx (oder Markus) Augustin war ein Bänkelsänger und Dudelsackspieler, der im Wien des 17. Jahrhunderts zu einiger Berühmtheit gelangte. Erstens, weil er die Leute unterhielt, zweitens, weil er selbst ein »tüchtiger Trinker« gewesen sein soll, und drittens – so will es die Legende –, weil er eines Tages während der Pestepidemie seinen Rausch ausschlief und für tot gehalten wurde. Also warf man ihn zusammen mit den anderen Toten in ein Massengrab. Am nächsten Morgen soll er so lange in der Pestgrube krakeelt und Dudelsack gespielt haben, bis er wieder gerettet wurde. Besser kann man das Verhältnis der Wiener zum Tod nicht beschreiben. Es ist einigermaßen entspannt. Selbst in der schlimmsten und dunkelsten Zeit, der Pestzeit, wird gesungen, gelacht und getrunken. Das Leben geht ja trotz allem irgendwie weiter.

Auch wenn es hin und wieder recht abrupt endet. Davon kann man sich im Wiener Kriminalmuseum (siehe *Das Kriminalmuseum, Seite 235*) ein Bild machen, das wir kurz nach dem Sargtest besuchten, weil wir irgendwie auf den Geschmack gekommen waren. Das Museum liegt im 2. Bezirk, in einem der ältesten Häuser der Gegend – ein kleines, verwinkeltes Haus, das in seiner Gasse das letzte seiner Art ist und deshalb umso charmanter. Es befindet sich in Privatbesitz, ist also kein Museum der Stadt. Umso mehr Respekt verdienen die Betreiber für die Sammlung, die sie zusammengetragen haben. Man kann die Entwicklung des Sicherheitswesens in Wien verfolgen, man sieht alte Uniformen und Waffen, Fotos von Tatorten, Tatwaffen, Totenmasken von verurteilten Verbrechern und gedruckte Urteile. Die wurden in vergangenen Jahrhunderten von Frauen in ganz Wien verteilt, später sogar verkauft. Wenn ein Todesurteil vollstreckt wurde, schwärmten die sogenannten Urtel-Weiber (von »Urteil«) aus, um das Urteil, und gleichzeitig den schaurigen Fall selbst, als Pamphlet unters Volk zu bringen. Ein einträgliches Geschäft, immerhin wollten die Wiener alles über die schrecklichen Verbrechen wissen, die zur Hinrichtung führten. Bis zu 200.000 Wiener verfolgten nach einem besonders spektakulären Fall den letzten Weg des Delinquenten zum Schafott. Mit einer ähnlichen Mischung aus Abscheu und wohligem Schauer wandelt man im Kriminalmuseum durch die Kellergewölbe und gruselt sich durch die berühmtesten Verbrechen Wiens. Und wenn man wieder draußen ist, lädt das Museumscafé zu einem Besuch ein. Da kann man bei einer Melange all das Schreckliche noch einmal Revue passieren lassen, das nichts von seiner Faszination verloren hat.

Im Gegenteil, das Schreckliche wird immer wieder zum Motiv richtig guter Unterhaltung gemacht. Wolfgang Ambros schrieb dem Tod eine eigene Hymne. »Es lebe der

Zentralfriedhof« ist einer der größten Hits der Austropop-Legende. Dort feiern »alle Toten ihre ersten hundert Jahr«. Die Schrammeln spielen auf, Hans Moser singt das Fiakerlied, das passenderweise ebenfalls mit einer Strophe über den Tod endet.

Die Wiener sind sich der Vergänglichkeit sehr bewusst. Vielleicht ist das auch eine der Quellen der Lebensfreude, für die die Wiener ebenfalls berühmt sind. Zum Heurigen gehen, solange es eben geht. Falco fragt in einem Lied »Muss ich denn sterben, um zu leben?«. In Wien gehört beides zusammen.

Heimatgeschehen – Lange Nacht der Museen

Die Lange Nacht der Museen wird vom ORF gemeinsam mit den Wiener Museen veranstaltet. Die Idee dahinter ist einfach und gut. Die teilnehmenden Museen halten eine Nacht lang offen, die Besucher kaufen ein einziges Ticket für alle Locations und die Shuttle-Busse, die zwischen den Museen pendeln. Das Angebot wird jedes Jahr von Tausenden Wienern angenommen, die Lange Nacht hat sich inzwischen zum Volksfest entwickelt.
Infos: http://langenacht1.orf.at

Heimatspuren – Das Bestattungsmuseum

Ein Überblick über Totenkult, Bestattungsrituale und die Geschichte der Bestattung in Wien.

Eine Besichtigung ist nur im Rahmen einer Führung möglich, und zwar werktags zwischen 12 und 15 Uhr. Vorher anrufen und einen Termin ausmachen!

Eintrittspreise
Erwachsene   € 4,50
Schüler, Lehrlinge,
Studenten, Senioren   € 2,50

Goldeggasse 19, 1041 Wien
Tel.: +43 (0) 1 / 501 950
www.bestattungsmuseum.at

Heimatwissen –
Das Lied vom lieben Augustin

O du lieber Augustin, Augustin, Augustin,
O du lieber Augustin, alles ist hin.

Geld ist weg, *Mensch* [Wienerisch für Mädchen] ist weg,
Alles hin, Augustin.
O du lieber Augustin,
Alles ist hin.

Rock ist weg, Stock ist weg,
Augustin liegt im Dreck,
O du lieber Augustin,
Alles ist hin.

Und selbst das reiche Wien,
Hin ist's wie Augustin;
Weint mit mir im gleichen Sinn,
Alles ist hin!

Jeder Tag war ein Fest,
Und was jetzt? Pest, die Pest!
Nur ein groß' Leichenfest,
Das ist der Rest.

> Augustin, Augustin,
> Leg nur ins Grab dich hin!
> O du lieber Augustin,
> Alles ist hin!

Für diesen Text kann ich keine Quelle angeben. Man findet ihn in verschiedenen Varianten in unzähligen Büchern, Liedersammlungen und auf Websites.

Das historische Vorbild für den »Lieben Augustin« war Marx Augustin (eigentlich Markus Augustin), der von vermutlich 1643 bis 1685 in Wien lebte. Er verdiente sein Geld damit, die Gäste in diversen Wirtshäusern mit Liedern und Gedichten zu unterhalten. Unter anderem trat er regelmäßig im »Griechenbeisl« im 1. Bezirk auf, das seit Mitte des 15. Jahrhunderts an derselben Stelle steht (Fleischmarkt 11). Seit seinem Erlebnis in der Pestgrube ist er Legende – er selbst soll die Geschichte sehr erfolgreich verbreitet haben. Der Autor des Liedes vom »Lieben Augustin« ist unbekannt, es könnte auch von Augustin selbst stammen.

Augustin war später Held von Bühnenstücken, Filmen und einer Rock-Oper. Die Stadt Wien errichtete 1908 einen Augustin-Brunnen. In der Zeit des Nationalsozialismus wurde die Statue Augustins gestohlen, daraufhin sollen Unbekannte ein Schild mit der folgenden Aufschrift angebracht haben:

> Der schwarzen Pest bin ich entronnen,
> die braune hat mich mitgenommen.

Der liebe Augustin

ℋeimatspuren – Das Kriminalmuseum

Große Sperlgasse 24, 1020 Wien
Tel.: +43 (0) 1 / 214 46 78, +43 (0) 664 / 300 56 77
Öffnungszeiten: Do–So 10–17 Uhr, Führungen sind nach
telefonischer Vereinbarung möglich

Eintrittspreise
Erwachsene   € 5
Studenten, Gruppen   € 4
Schüler   € 2

www.kriminalmuseum.at

Am Zentralfriedhof
Das Leben danach

Der Wiener Zentralfriedhof gehört zu Wien wie das Brandenburger Tor zu Berlin, die Grand Central Station zu New York oder der David zu Florenz. Der Zentralfriedhof ist für die meisten Wiener der Ort, an dem sie mit ihrem Leben nach dem Leben so richtig durchstarten wollen.

Die Wiener sind sich ihrer ausgeprägten Morbidität durchwegs bewusst und sie sind sogar noch ziemlich stolz darauf (siehe *Wien ist tot – Eine morbide Stadt, Seite 229*). Der Zentralfriedhof ist, wenn man so will, das Epizentrum der Wiener Morbidität. Am Wiener Zentralfriedhof ist der Tod zu Haus, dort wohnt er und hat einen Meldezettel.

Ein Wiener meinte einmal zu mir zu später Stunde:

»Ich hab keine Angst vor dem Sterben. Ich will nur irgendwann aufwachen und tot sein. Und dann geht's los!«

Soll heißen: Der Wiener hat keine Angst vor dem Tod. Er braucht ihn nur nicht zwingend, aber ganz ohne ihn geht es nun auch nicht.

Der Wiener, wie viele andere auch, redet zeitlebens nicht besonders gerne vom Tod. Warum auch? Das Leben ist ja viel zu schön (auch wenn der Wiener dafür bekannt ist, gerne *zwider* zu sein), als dass man es zu Tode redet. Und irgendwann, wenn es dann nicht mehr anders geht, dann kommt man ihm ohnedies nicht davon. Aber bis das so weit ist, fährt man zu Allerheiligen und Allerseelen »am Zentralfriedhof« hinaus. Besucht dort die Gräber seiner lieben Verstorbenen und gedenkt ihrer und der vielen anderen, die am Zentralfriedhof ihre letzte Ruhe fanden. Einmal im Jahr – das muss genügen. So hat man in Wien, wie übrigens in vielen anderen Problemen, einen sehr charmanten Kompromiss gefunden. Und dieser Kompromiss zwischen Leben und Tod heißt in Wien »Zentralfriedhof«. Dafür, dass der Zentralfriedhof in Simmering, also am östlichsten Eck von Wien liegt, ist er eigentlich gar nicht so zentral, wie man meinen mag. Aber für die Wiener liegt er noch immer zentral genug.

Ich wollte es auch wissen und besuchte den Wiener Zentralfriedhof, den ich erst nach einer elendig langen Straßenbahnfahrt mit der Linie 6 erreichte. So muss es sich anfühlen, wenn man ein langes unspektakuläres, tristes Leben führt und weiß, dass irgendwann das Ende seiner Tage kommt. Man startet in seiner prächtigen Jugend (mitten in der Stadt) und dann fährt man durch sämtliche graue Vorstadtbezirke nach Simmering hinaus in den Tod. Das Einzige, was Hoffnung gibt, auch wenn etwas schlüpfrig, ist die Nummer des Straßenbahnzuges »6«. Auch das Wetter war so, wie man es sich für einen Friedhofsbesuch vorstellt. Kalt, nebelig, und es nieselte. Und es war November. Beim Ausstieg sagte das Band in der Straßenbahn noch:

»Endstation, bitte alles aussteigen.«

Was blieb mir also anderes übrig? Ich war angekommen beim dritten Tor.

Der Wiener Zentralfriedhof ist, und das ist jetzt in keinster Weise übertrieben, riesig – eigentlich wäre er fast ein eigener Wiener Gemeindebezirk. Für mich, einen, der aus der Provinz kommt und der nur kleine regionale steirische Friedhöfe kennt, war es unglaublich. Bei uns in der Steiermark erschöpft sich ein Friedhof, nachdem man die üblichen Familiengräber der Pongratz, Reinischs, Steiners und die fünf Ehrengräber abgeklappert hat. Das ist in Wien anders. Man hat das Gefühl, dass sich hier die halbe Welt zur letzten Ruhe gesetzt hat. Egal ob Pospischil, Horvath, Rosenbaum, Slavicek oder Mozart.

Am Zentralfriedhof findet man einen islamischen, einen jüdischen, ja sogar einen buddhistischen Friedhof. Er zählt auch zu den größten Friedhöfen Europas und ist so groß, dass sogar eine eigene Buslinie am Zentralfriedhof verkehrt. Also, wenn der Weg von der Gretl-Tant zu dem Opa Helmut zu weit ist, dann ab in den Bus. Dieser Bus verkehrt halbstündlich.

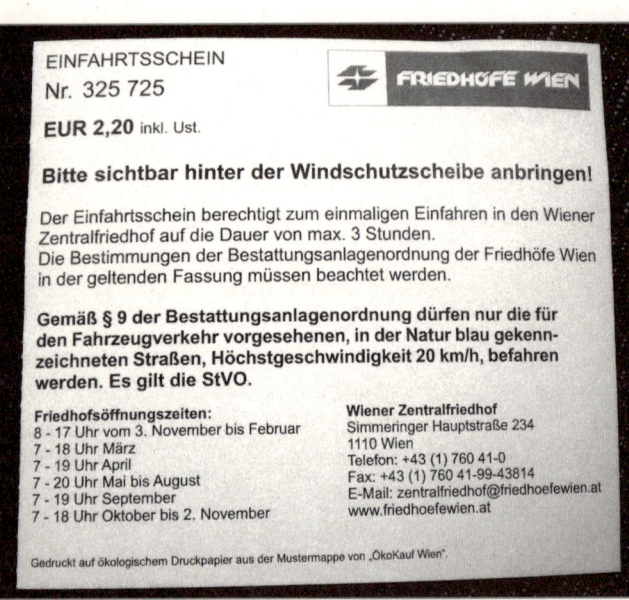

Ein Friedhof, auf dem Drive-in mit dem eigenen Auto gestattet ist

Wien liebt seinen Zentralfriedhof, dies auch wegen seiner Prominenten. Da ist man in Wien schon sehr stolz drauf, dass zum Beispiel der Mozart hier liegt. Das W. A. Mozart zunächst gar nicht am Zentralfriedhof, sondern in einem Armengrab am St. Marxer Friedhof bestattet und erst einige Jahre später auf den Zentralfriedhof überstellt wurde, verschweige ich an dieser Stelle charmant.

Beethoven, Nestroy, ja sogar Johann Hölzel alias Falco fanden hier ihre letzte Ruhe. Wobei das mit der letzten Ruhe ein wenig gelogen ist, weil jede Woche Hunderte von Touristen aus der ganzen Welt auf den Zentralfriedhof pilgern, um dort die prominenten Gräber zu besichtigen. Und wie man weiß, war W. A. Mozart kurz nach seinem Tod nicht sonderlich populär. Falcos Stern war auch schon am Verglühen und erst durch seinen unerwarteten Tod wurde er posthum wieder zum Star. Nicht ganz zu Unrecht fragte er in seinem Lied »Out of the Dark«: »Muss ich den sterben, um zu leben?«

Das ist leicht zu beantworten. »Ja.« In Österreich, ganz speziell in Wien, ist das mit höchster Wahrscheinlichkeit so. Und deshalb wird der Wiener Zentralfriedhof auch so geschätzt, weil der Wiener sich immer wieder seiner guten alten Zeit besinnt, in der alles besser war, und da werden dann die lieben Helden der Vergangenheit besucht und man sehnt sich zurück. Jedes Grab ist von einer ganz bestimmten Aura umgeben.

Unvergesslich wird mir wohl das Staatsbegräbnis von Dr. T. Klestil bleiben. Dr. Klestil war zweimaliger österreichischer Bundespräsident und verstarb während seiner zweiten Amtszeit, daher gebührte ihm die Ehre eines Staatsbegräbnisses. Und dieser, ich muss es leider so schreiben, Event wurde für alle, die nicht dabei sein konnten, vom ORF via Liveberichterstattung (streng genommen müsste es Liveberichtbestattung heißen) übertragen. Dr. Klestil wurde in der sogenannten Präsidentengruft beigesetzt. Eine besondere

Ehre, die nur ehemaligen Bundespräsidenten zuteil wird. Als UHBP Dr. Klestil seine letzte Reise antrat, waren Zigtausende beim Requiem im Wiener Stephansdom und später am Zentralfriedhof (und noch viel mehr an den Bildschirmen) dabei.

Skurriles Detail am Rande: Als der Verstorbene in die Gruft hinuntergelassen werden sollte, setzte der Bestatter eine Kurbel auf eine Vorrichtung auf. Es herrschte klarerweise Totenstille. Alle sahen den Sarg des Verstorbenen zum letzten Mal. Dann betätigte der Bestatter äußerst respektvoll die Kurbel – und sie gab laut quietschende Geräusche von sich. Da war die Pietät dahin. Bis UHBP in der Gruft angekommen war, dauerte es gefühlte fünf Stunden, und diese Zeit wurde vom quietschenden Geräusch der Kurbel begleitet. Beim Ende des Quietschens war wirklich Endstation. Dennoch war das Begräbnis, wie man in Wien sagt: *a schene Leich* (eine schöne Leiche = ein schönes Begräbnis).

Die Wiener waren sehr stolz auf dieses schöne Begräbnis. Auch wenn es österreichische Politiker während ihrer Amtszeit nicht immer leicht haben, oft werden sie auch (zu Recht?) von der Bevölkerung kritisiert, ebenso gerne werden sie dann wieder am Zentralfriedhof besucht.

Kleiner Exkurs: Auch in einem unserer Kabarettprogramme spielte der, pardon, in unserem Fall die Tod eine tragende Rolle. Die Tod war eine liebe, schon etwas genervte ältere Dame mit einem rosa Handtascherl. Wir dachten uns, wer schreibt uns denn eigentlich vor, dass der Tod männlich ist. Zumindest kann uns keiner das Gegenteil beweisen. Also entschieden wir uns, in Zeiten der Quote und der Emanzipation, dass der Tod doch eine Frau sein könnte. Standesgemäß stellte sich die Tod mit einem wunderbaren Wienerlied vor.

Lied von die Tod

Stirbt einer langsam, dann bin ich gemein,
stirbt einer plötzlich, dann bin ich ein Schwein.
Stirbt einer voll Schmerzen, so bin ich ein Hund,
und stirbt einer jung, dann weiß keiner den Grund.
Fließt Blut, bin ich grausamer Schlächter,
bei Arsen fühlt sehr lange sich schlecht er.
Stirbt er bei der Liebe im Bett,
nicht einmal das find man nett.

Refrain
A jeder hat a Arbeit, die ihm Spaß macht, nur meine
hat ein Image, das mich hass macht.
Die Leut tun sich was an, wenn Leute sterben, und
freun sich doch, weil dann gibt's was zu erben, hallo.

Gräber sind grauslich, damit hab ich nix am Hut,
in der Höll war ich nie, weiß nicht, was man dort tut.
Im Himmel schon gar nicht, das wär mir ein Graus,
die Höhe macht mir Angst, das halt ich nicht aus.
Ich mach nur mei Arbeit, und die mach ich gern,
wenn einer vom Leben erzählt, kann ich ewig zuhören.
Ich tu für mein Leben gern mit Leut philosophieren
und sie dabei durch die Gegend chauffieren.
Doch als Frau im Beruf, da hat man es schwer,
und ernst nimmt mich irgendwie auch keiner mehr.
Dabei ist ein Job nur ein Job, und mein Gott,
ich bin gern die Tod …

Refrain
A jeder hat a Arbeit, die ihm Spaß macht, nur dass ihn
dabei nicht ein jeder auslacht.
Wenn ich noch einmal irgendeinen kichern hör, dann
beißt als Nächster der ins Gras, ich schwör, hallo.

𝓗eimatwissen –
Der Zentralfriedhof

Der Wiener Zentralfriedhof ist der zweitgrößte Friedhof Europas. Er verfügt über circa 330.000 Grabstellen auf einer Fläche von 2,5 Millionen Quadratmetern. Im Zentrum des Friedhofes steht die im Jugendstil erbaute Friedhofskirche zum Heiligen Karl Borromäus (auch Lueger-Kirche genannt). Direkt davor liegen die Präsidentengruft und die Ehrengräber.

Öffnungszeiten

3. November bis Ende Februar	8–17 Uhr
März	7–18 Uhr
April	7–19 Uhr
1. Mai bis 31. August	7–20 Uhr
September	7–19 Uhr
1. Oktober bis 2. November	7–18 Uhr

Die Nebentore werden aus organisatorischen Gründen bis zu einer Stunde später geöffnet beziehungsweise früher geschlossen.

Wichtige Adressen
* Haupteingang: Tor 2, Simmeringer Hauptstraße 234
* 1. Tor – Wiener Zentralfriedhof, Alter jüdischer Friedhof
* 3. Tor – Evangelischer Friedhof, Park der Ruhe und Kraft
* 9. Tor
* 11. Tor

Kontakt
Tel.: +43 (0) 1 / 760 41-0
E-Mail: zentralfriedhof@friedhoefewien.at
Erreichbarkeit: Mo–Sa 8–15 Uhr

Innerhalb des Areals

Die Einfahrt mit dem Auto in den Friedhof ist (außer am 1. November) gegen ein Entgelt von € 2,20 möglich.

Die friedhofseigene Autobusrundlinie (Nummer 11) fährt täglich im Halbstundentakt (Abfahrt Tor 2) von 9–15:30 Uhr, an Samstagen auch um 16 und 16:30 Uhr. Sie erspart lange Wegstrecken innerhalb des riesigen Friedhofareals. Der Bus ist mit Tickets der Wiener Linien benutzbar. Am 1. November ist der Busverkehr eingestellt.

𝒩icht ganz nutzloses Wissen

Sollten Sie bei einem Besuch irrtümlich eingeschlossen werden, verständigen Sie die Polizei (Notruf: 133 oder 112). Sie besitzt Schlüssel zu den Haupttoren. Weitere Informationen finden Sie unter: www.friedhoefewien.at.

Alles Walzer
Mit dem Faschingsorden auf den Opernball

Wer kennt ihn nicht? Es gibt ihn bereits an allen Hotspots der Welt. Egal ob in New York, in Dubai oder in Graz. Den Opernball. Aber das Original gibt es nur im schönen Wien. Und bislang ist es noch niemandem gelungen, dieses Original in irgendeiner Form zu toppen.

»Willkommen und küss die Hand, gnä' Frau, hereinspaziert, meine Damen und Herren, zum Wiener Opernball! Willkommen in der guten alten Zeit!«

Eines vorneweg: Wir waren noch nie dabei. Erstens, weil wir nicht prominent genug sind, zweitens, weil wir es uns nicht leisten können, und drittens, weil wir, so hoffen wir zumindest, noch zu jung dafür sind.

Also brauchten wir Testdummies, und die fanden wir in meiner Tante und meinem Onkel aus dem Südburgenland. Die beiden sind regelmäßig mit von der Partie und geben sich zu »dem« gesellschaftlichen Highlight des Wiener Faschings, dem Pendant des Karnevals von Rio, die Ehre. Die elegante Abendrobe wird gereinigt, die Schuhe werden auf Hochglanz poliert und die Orden ausgeborgt.

Im gut sortierten Handel sind zum Beispiel erhältlich: das Große Goldene Ehrenzeichen am Bande für Verdienste um die Republik Österreich, die Militär-Anerkennungsmedaille oder, wenn die schon alle vergeben sind, das Feuerwehrverdienstzeichen des Landes Burgenland.

Meine Verwandten erscheinen jedes Jahr mit einem anderen Orden am Opernball. Man nimmt, was man kriegt beziehungsweise das, was die anderen noch nicht ausgeborgt haben.

Es ist ja schließlich Fasching. Die Wiener Staatsoper verwandelt sich in einen riesigen, mit wunderbaren Blumen geschmückten Ballsaal, um den uns die ganze Welt beneidet. Im schönsten Haus am Ring trifft sich das Who is Who der (High) Society, und die, die es auch so gerne wäre.

Die Staatsoper ist weltbekannt, einerseits weil hier tagtäglich große Opernstars von Anna Netrebko über Neil Shicoff bis Rolando Villazón ihr Bestes geben. Und andererseits, weil hier der Wiener Opernball stattfindet – der »Villacher Fasching« oder »Mainz bleibt Mainz, wie es singt und lacht« der oberen 12.000 (so viele kommen jedes Jahr zum Opernball). Das lässt keinen Gast aus fern (sogar aus Australien sind sie schon gekommen) und nah (eben meine Tante und meinen Onkel) kalt. Ein Tohuwabohu der Extraklasse, und es hat schon den einen oder anderen Staatsoperndirektor in Rage gebracht, weil er Bedenken hatte, dass das falsche Publikum in seinem Haus sei beziehungsweise durch dieses Publikum sein Haus ins falsche Licht gerückt würde. Hier wird jährlich bewiesen, dass man sich Stil (nicht nur) kaufen kann.

Beispiel gefällig? Ein mehr oder weniger bekannter Baumeister erscheint jedes Jahr mit einer mehr oder weniger bekannten Persönlichkeit und ganz Österreich ist amüsiert, wen er heuer wieder zum Opernball schleppt. Den Kontakt mit dem Baumeister meiden meine Verwandten übrigens jedes Jahr.

Der Opernball ist stets restlos ausverkauft und die 12.000 Gäste sind gerne bereit, sehr viel Geld hinzublättern, um mit von der Partie zu sein. Die billigste Karte kostet (Stand Jahr 2011) 230, die teuerste 17.000 Euro. Die Verpflegung ist hier exklusiv, versteht sich. Meine Verwandten kaufen sich meistens eher billigere Karten, setzen sich dann auf die teureren Plätze (zum Beispiel die Loge des Bundespräsidenten), wenn die anderen tanzen oder schon wieder heimgegangen sind, und tun dann so, als ob sie immer da gesessen wären. Von den Logen hat man übrigens einen hervorragenden Blick auf das bunte Treiben am Opernball. Sollte dann doch irgendwann der ursprüngliche Besitzer der Karten kommen, dann tun meine Verwandten zunächst so, also ob alles seine Ordnung hätte, und räumen erst das Feld, wenn es wirklich keinen anderen Weg mehr gibt und der Besitzer der echten Karte mit der Polizei droht. Dann setzen sich meine Verwandten einfach in die Nebenloge.

Der Opernball ist ein Ereignis, bei dem sich die Größen aus Österreichs Politik, Kultur und Gesellschaft treffen. Das Problem dabei ist, dass Österreich ein kleines Land ist und sich diese bei geschätzten 200 Personen (Liste ist den Autoren bekannt) erschöpfen. Dann werden Stars und Ähnliches gegen hohe Gagen eingeflogen. Alle waren schon da. Sophia Loren, die Queen, Dolly Buster, Pamela Anderson und Kid Rock, Paris Hilton und viele mehr. Diese Weltstars gepaart mit heimischer Prominenz wie Hannes Androsch (ehemaliger Finanzminister unter Bruno Kreisky), Karl-Heinz Grasser (ehemaliger Finanzminister), Fiona Pacifico Griffini-Grasser (Gattin des ehemaligen Finanzministers Karl-Heinz Grasser und Swarovski-Erbin), DJ Ötzi (Entertainer und vieles mehr – und das alles zusammengehalten von einer Swarovski-Häkelmütze), Gedeon Burkhard (ehemaliger Kollege vom Kommissar Rex) et cetera ergeben dann eine unvergessliche, leicht monarchisch angehauchte Opernball-Melange.

Und meine Verwandten dürfen bei diesem Event längst nicht mehr fehlen. Jedes Jahr, wenn sich die Prominenz über die Feststiege von Kameras begleitet zu ihren Plätzen kämpft, tauchen auch meine Verwandten immer wieder vor der Linse der einen oder anderen Fernsehstation auf. Für die

Reporter von ZDF, ORF, 3Sat sind sie längst keine Unbekannten mehr.

Ich vermute, dass meine Verwandten (im normalen Leben sind sie, auch das sei an dieser Stelle gesagt, wirklich große Freunde der Wiener Staatsoper) nur wegen der Promis und des Medienrummels zum Opernball pilgern. Es gibt nur wenige, die mein Onkel und meine Tante nicht schon vor ihre Kamera gebracht haben. Es gibt Aufnahmen mit Thomas Gottschalk, Anna Netrebko, Thomas Hampson und so weiter. Schauen Sie das nächste Mal bei einer Opernballübertragung genau hin, wenn auf dem Parkett die Prominenten interviewt werden, und falls Sie dann im Bildhintergrund ein tanzendes Pärchen (mit falschen Orden) sehen, dann sind das bestimmt ... genau! Meine Verwandten. Und sie haben es schon wieder ins Fernsehen geschafft. Nichtsdestotrotz ist der Opernball für viele Gäste und Prominente (nicht nur weil sie von meinen Verwandten abgelichtet werden) ein unvergessliches und unvergleichliches Erlebnis.

Ich gehöre zu denjenigen, die den Opernball lieber live auf der Couch von zu Hause aus verfolgen. Das staatliche österreichische Fernsehen (ORF) überträgt den ganzen Abend mit einer Tausendschaft an Moderatoren, Kommentatoren, Gast-Stars usw. usf. Dieser Event zählt neben der Hahnenkammabfahrt und der Neujahrsansprache des Bundespräsidenten zur Sendung mit den höchsten Einschaltquoten und somit zu den wichtigsten und prestigeträchtigsten Sendungen des ORF. Ich tue es 1,4 Millionen Österreichern gleich und verfolge den Wiener Opernball vor dem Fernseher. Ich mache es mir (samt Frau und Kind) mit einer Flasche Sekt, Lachsbrötchen und Babybrei daheim bequem. Die Show aus dem schönsten Ballsaal der Welt kann beginnen und man muss dabei nicht einmal tanzen.

Zunächst eröffnet der österreichische Bundespräsident durch das Betreten der Bundespräsidentenloge feierlich den Opernball. Im Anschluss folgt eine entzückende Eröffnungspolonaise mit jungen Debütantenpaaren aus dem In- und Ausland. Und dann erfolgt das mittlerweile schon weltweit bekannte »Alles Walzer!« und alle tanzwütigen Gäste drängen aufs Parkett.

Schon nett, diese Eröffnungspolonaise, sinniere ich vor dem Fernseher und denke dabei an meine kleine Tochter. Wenn die einmal, so in 16 Jahren, am Opernball debütieren würde, tja, das wär schon was. Dann könnte ich mir auch vorstellen, einmal dabei zu sein. Und zwar in der ersten Reihe mit Kamera und ausgeborgtem Orden, versteht sich. Der könnte dann gerne auch in Gold und mit Band sein ...

Heimatgeschichte – Die Geschichte des Opernballs

Der erste Opernball fand im Jahr 1877 statt. Die Tradition reicht allerdings schon länger zurück, nämlich bis 1814/15. Im Anschluss an die Feste des Wiener Kongresses organisierten die Künstler der Hofoper Tanzveranstaltungen in verschiedenen Räumlichkeiten. Nach dem Untergang des Kaiserreichs im Jahr 1918 wurde die Balltradition rasch wiederbelebt: Bereits am 29. Jänner 1921 traf man sich zur ersten Opernredoute der Ersten Republik.

Am 26. Jänner 1935 wurde unter dem Ehrenprotektorat von Bundeskanzler Kurt Schuschnigg der erste Wiener Opernball unter diesem Namen zugunsten der Welthungerhilfe veranstaltet. Seitdem findet er alle Jahre am letzten Donnerstag im Fasching in der Wiener Staatsoper statt – mit wenigen Ausnahmen, etwa während des Zweiten Weltkriegs. 1939 wurde der Opernball noch veranstaltet, obwohl der Kriegsausbruch bevorstand. Den nächsten Opernball gab es 1956. Im Jahr 1991, zur Zeit des Golfkriegs, wurde der Ball ebenfalls ausgesetzt, da man die Sicherheit der in-

und ausländischen (Staats-)Gäste nicht garantieren konnte. Noch heute ist der Wiener Opernball ein entscheidender Wirtschafts- und Tourismusfaktor und mit seinen bis zu 12.000 Besuchern größter Treffpunkt in- und ausländischer Vertreter aus Politik, Wirtschaft und Kultur.

Heimatspuren – Organisation

Rund 180 Tanzpaare– das sogenannte Jungdamen- und Jungherrenkomitee – sind an der Eröffnung des Balls beteiligt. Er beginnt mit dem Einzug des Bundespräsidenten in seine Loge, begleitet von einer Fanfare. Auf die Bundeshymne und »Freude, schöner Götterfunken« folgt Carl Michael Ziehrers »Fächerpolonaise«. Zu ihr zieht der erste Teil des Komitees in den Ballsaal ein. Nach Gesangs- und Tanzvorführungen folgt im zweiten Teil der Einzug der Tanzpaare. Danach wird traditionell mit dem von Johann Strauß geprägten Kommando »Alles Walzer!« die Tanzfläche für alle freigegeben. Weitere feste Programmpunkte sind die Mitternachtsquadrille sowie eine weitere Quadrille um drei Uhr früh. Um fünf Uhr wird der Ball beendet. Zum musikalischen Programm gehören traditionsgemäß »Donauwalzer«, »Radetzkymarsch« und »Brüderlein fein« aus dem Stück »Der Bauer als Millionär« von Ferdinand Raimund.

Sinnloses Wissen – Die Fliege

Dass auf dem Opernball Frackzwang herrscht, ist wahrscheinlich vielen bekannt. Aber warum müssen die Herren zu ihrem schwarzen Frack eine weiße und nicht wie üblich schwarze Fliegen tragen? Die Antwort ist so leicht wie logisch: damit man sie von den Kellnern unterscheidet. Die tragen nämlich schwarze.

Rapid Wien

Eine zeitlose Religion

Fußball hat in Wien wie in ganz Österreich einen eigenartigen Stellenwert, wie man ihn selten auf der Welt antrifft. Auf der einen Seite wird er in den siebenten Himmel gelobt, auf der anderen Seite wird er in die allertiefste aller Höllen verdammt.

Gewinnt eine österreichische Mannschaft ein wichtiges Spiel, dann ist diese Mannschaft wie schon Ernst Happel zu sagen pflegte *Wödmasta* (Weltmeister). In der Bevölkerung entsteht ein »*Mir san mir*«-(Wir sind wir-)Gefühl. Dann sind wir (die Österreicher) Weltmeister, auch wenn die Mannschaft nur ein kleines, für viele Außenstehende historisch unbedeutendes Spiel gewonnen hat. Man betrachte an dieser Stelle die Auswirkungen von Cordoba. Es ging für Österreich um nichts mehr, aber selbst heute, gefühlte 1.000 Jahre später, sind die Spieler von damals noch Idole der Jugend von heute. Aber wehe, wenn dann genau dieselbe Mannschaft verliert, dann sind wir vom Wir und *Wödmasta* so weit entfernt wie Wien von Cordoba, und die Mannschaft wird zum Deppen der Nation.

Fußball ist und bleibt in Österreich ein schwieriges Thema. Auch wenn der österreichische Fußball, egal ob auf nationaler oder internationaler Ebene, oder die österreichische Nationalmannschaft schon längere Zeit leider keine größeren Erfolge mehr zu feiern hatte, so gibt es doch eine große Ausnahme, und diese Ausnahme heißt in Wien: SK Rapid Wien. Rapid ist für seine Anhänger so etwas wie eine Religion. Das heißt, für die einen ist Rapid anerkannte Religionsgemeinschaft, für einige (wenige) ist Rapid eine radikale Sekte.

Kurzer Exkurs: In Wien gibt es zwei Vereine, die momentan in der höchsten österreichischen Spielklasse vertreten sind. Auf der einen Seite die Austria aus Favoriten und auf der anderen Seite Rapid Wien aus Hütteldorf.

Rapid Wien ist so wie Bayern München in Deutschland ein niemals endendes Reizthema. Entweder man liebt oder man hasst diesen Verein. Dazwischen gibt es nichts. Was ich bewundernswert finde, ist, dass die Rapid-Fans ihre Mannschaft auch dann, wenn sie bereits hoffnungslos im Rückstand liegt, noch immer lautstark unterstützen. Das mag für viele unlogisch, wenn nicht gar blöd klingen, ist es aber nicht. Wenn ich an andere Fußballvereine und deren Fans denke, fällt mir kein Verein ein, der so begeistert von seinen Fans unterstützt wird.

Bis vor Kurzem kannte ich Rapid nur von Fernseh-Liveübertragungen. Es ist bei Rapid wie bei vielen anderen Geschichten in Wien. Man soll sich erst ein Urteil darüber bilden, wenn man es wirklich gesehen hat. Also machte ich mich auf, wie man in Wien sagt, »zur Rapid«. Aber ich ging nicht zu irgendeinem Bundesligaspiel, es musste schon etwas Besonderes sein. Ich entschied mich für ein Europacupspiel. Sämtliche Europacupspiele von Rapid finden nicht in der Heimarena im Hanappi-Stadion (oder wie der religiöse Fan meint: »St. Hanappi«) statt, sondern im Ernst Happel Stadion im Wiener Prater.

Die Karten waren besorgt und mit Brandl zusammen machte ich mich am Abend des Spieles auf zum Stadion. Da bereits von vielen vorgewarnt, nahmen wir, ob der Verkehrsüberlastung, die U-Bahn. Das Ticket fürs Spiel ist zugleich die Freifahrt mit den Öffentlichen zum Stadion. Um dem großen Fanandrang standzuhalten, wurden extra U-Bahn-Züge eingeschoben. Schließlich wurden 50.000 Fans erwartet und ein Großteil reiste mit der U-Bahn an.

Seit der Austragung der Euro 2008 existiert eine neue U-Bahn-Linie. Die U2. Sie passiert das Wiener Stadion und ist somit das ideale Transportmittel für die Fans. Wir (im Gegensatz zu 99,9 Prozent der anderen Fans ohne Fanartikel) bestiegen die Bahn am Wiener Karlsplatz, um sie zehn Stationen später, praktisch komplett gehörlos, wieder zu verlassen. Die Fahrt war nichts für klaustrophobisch und lärmempfindliche Menschen. Von Station zu Station stiegen mehr Menschen, immer mehr gut gelaunte, eingestimmte und eingeölte Rapid-Fans zu. Die Hitze wurde von Mal zu Mal unerträglicher. Es sei gesagt, dass es grundsätzlich ein kalter regnerischer Novemberabend war und wir mit dicken Winterjacken unterwegs waren. Zumindest in der U-Bahn fragten wir uns, warum wir unsere Jacken überhaupt mithatten. Als wir beim Stadion ausstiegen, hörten wir nix mehr außer: »*Rapid, Rapid mir san a Einhaiiit! Rapid, Rapid mir hoidn z'samm!*« (Rapid, Rapid wir sind eine Einheit! Rapid, Rapid wir halten zusammen!)

Na bravo, dachten wir uns, wenn das jetzt den ganzen Abend so weitergeht, dann wissen wir, was uns die nächsten Tage blüht – nämlich dass wir bald taub sein würden, dafür aber nur mehr das Rapid-Lied hören würden. Wir gingen ins Stadion und suchten unsere Plätze. Das Happel Stadion ist wie wahrscheinlich viele andere Stadien auf dieser Welt vor allem eines: groß und ohne jeglichen Charme. Wir saßen auf unseren Plätzen, warteten in der Kälte und waren wieder dankbar, dass wir unsere Winterjacken dabeihatten. Noch bevor das Spiel startete, wurde von den Rapid-Fanclubs mit den anderen Zuschauern gemeinsam eine Choreografie vorgenommen. Wieder hörten wir den aus der U-Bahn bekannten Schlager:

»*Rapid, Rapid mir san a Einhaaaiiit!*«

Dieser Schlachtruf erschien mir jetzt noch lauter als in der U-Bahn und ich hatte permanent Angst, dass mir der grölende Fan hinter mir vor lauter Enthusiasmus gegenüber seiner Rapid (in Wien sagt man »die Rapid«) gleich seinen vollen Becher Bier in den Nacken schüttet. Wir sahen 50.000 begeisterte Fans in einem Meer aus Grün-Weiß – alle waren überzeugt, dass ihre Mannschaft heute gegen den Meister aus Israel klar gewinnen würde. Dann kamen die Mannschaften aufs Feld. Ja, jetzt war sowieso alles vorbei. Ein Orgasmus der guten Laune bei minus sieben Grad. Der junge Mann hinter mir stand bereits mit nacktem Oberkörper da und grölte wieder:

»*Raaaaaapid, Raaaapid...*«, Sie kennen den Text.

Das Spiel selbst war, wie schon eingangs erwähnt, ein typisches österreichisches Fußballspiel. Rapid war leider gleich nach 13 Spielminuten 0:1 im Rückstand. Das war für mich als leidgeprüfter Fußballfan nichts Neues. Normalerweise wäre das österreichische »Mir san mir« schon längst weg und alle würden sagen, dass es ganz klar sei, dass »die da unten nichts zustande bringen«. Nicht bei der eingefleischten Rapid-Fangemeinde. Sie hörten nicht auf, an ihre Mannschaft – ihre Religion – zu glauben und trieben ihr Team weiterhin an. Der junge Mann hinter uns, noch immer mit nacktem Oberkörper (nur ein grün-weißer Schal wärmte bei noch immer minus sieben Grad seinen Hals) schrie hochmotiviert:

»*Raaaaaapid, Raaaaaaapid...*«

Sein Bierbecher war mittlerweile leer – worüber ich nicht unglücklich war. Man konnte eigentlich nicht glauben, dass Rapid im Rückstand war. Auch der Gegner aus Israel erschien mir kurzfristig verwirrt. Nach der Pause ging es gleich weiter, wie es vor der Pause aufgehört hatte. Der junge Mann hinter mir, ich will gar nicht wissen, wie es ihn am Tag, den Tagen und den Wochen danach gesundheitlich erging, hatte wieder einen vollen Bierbecher und meine Angst vor einer kalten Bierdusche war wieder sehr präsent. Es fiel, wie leider befürchtet, das 0:2. Spätestens jetzt hätten viele Fans anderer Fußballteams, was auch bei dieser Kälte nur allzu verständlich gewesen wäre, das Weite gesucht. Nicht so die Fans des SK Rapid. Der junge Mann hinter mir ... ich glaub, Sie wissen, was er seiner Mannschaft sagen wollte, auch, wenn seine Verständlichkeit stark nachließ.

»*Raaaapd ... Raapd... eohh!*«

Kurz darauf war es dann so weit. Es fiel das 0:3.

Ende, aus, dachte ich mir, aber wir blieben, weil sich nun etwas zutrug, was ich noch nie auf einem Fußballplatz gesehen hatte. Es begann die sogenannte Rapid-Viertelstunde. 50.000 Fans erhoben sich von ihren Plätzen und der Mann hinter mir hatte schon wieder einen vollen Bierbecher in seiner Hand und sang voller Inbrunst.

Noch mal zur Klarstellung: Rapid war 0:3 im Rückstand. Natürlich gibt es im Fußball, auch im österreichischen Fußball, immer wieder mal Wunder. Vielleicht bin ich, bei meinem ersten Besuch bei Rapid Wien, bei einem solchen Wunder dabei, dachte ich mir. Und weil die Hoffnung zuletzt stirbt, waren wir bis zum Ende der Rapid-Viertelstunde mit dabei. Dem jungen Mann hinter mir ging langsam, aber sicher die Stimme aus. Dennoch gab er noch immer sein Bestes. Das Spiel endete mit einer 0:3-Niederlage für Rapid, aber die Fans waren bis zur letzten Sekunde für ihre Mannschaft da.

Jetzt kann man das auf der einen Seite sehr nüchtern betrachten und sagen, dass die Rapid-Fans offensichtlich nicht gleich verstanden haben, dass ihre Mannschaft verloren hat. Oder, und das ist es wohl eher, dass Rapid besonders treue Fans hat. Und das ist eine feine Sache. Nach dem Abpfiff verließen wir, nicht ohne uns vorher davon zu überzeugt zu haben, dass der junge Mann hinter uns auch eine Jacke hatte, das Stadion.

In der U-Bahn war es dann doch um einiges ruhiger als bei der Hinfahrt. Als ich einige Fans bei der Heimfahrt belauschte, waren alle einer Meinung, warum das Spiel so unglücklich verlaufen ist. Schuld waren der unfair agierende Gegner, die schlechten Platzverhältnisse und vor allem der unfähige Schiedsrichter.

Heimatwissen – Die Rapid-Viertelstunde

Für Fans des Vereins ist die Rapid-Viertelstunde fester Bestandteil eines jeden Spiels. Nach 75 Spielminuten wird die Rapid-Viertelstunde etwa ein bis zwei Minuten laut vom Publikum eingeklatscht. Es gibt sie bereits seit 1919, nicht mehr wegzudenken ist sie jedoch seit dem Meisterschaftsspiel gegen den Wiener AC im Jahr 1921. Am Ende der ersten Halbzeit stand es 5:1 für den Gegner, vor Beginn der Rapid-Viertelstunde noch immer 5:3. In den letzten 15 Minuten schoss Rapid noch vier Tore und ging schließlich mit einem sensationellen 7:5-Sieg vom Platz. Rapid konnte schon so manches Spiel in den letzten Minuten drehen, was zum einen an Ausdauer und Kampfkraft der Spieler liegt, bestimmt aber auch an der Unterstützung durch die treuen Rapid-Fans. Der Fanclub Grün-Weiße Akademiker stellte im März 2011 einen Antrag bei der UNESCO. Ihr Ziel: Die Rapid-Viertelstunde sollte als immaterielles Kulturerbe Österreichs anerkannt werden. Der Antrag wurde jedoch einstimmig abgelehnt.

Quelle: Kurier

Heimstadion des SK Rapid Wien

Gerhard Hanappi-Stadion
Keisslergasse 6
1140 Wien

Sitzplätze: 17.500
Anfahrt: U4, S1, S3, S45, S50, Westbahn, SB 49, regionale Buslinien

Tickets
Fanshop des SK Rapid: Mo–Fr 10–18 Uhr, Sa 10–17 Uhr
Telefonisch unter +43 (0) 1 / 544 544 0, Mo–So 9–20 Uhr

Weitere Informationen unter www.skrapid.at

Wien ist wichtiger

Der Wasserkopf

Das hier wird keine Episode, das hier wird eine Beschwerde.

Buchgraber und ich sind nach Wien gezogen, weil wir es im Kabarett zu etwas bringen wollten. Immerhin gibt es in Wien die wichtigsten Kabarettbühnen des Landes, wenn man es wo schaffen muss, dann hier. Die Provinz wird schon folgen. Wien ist somit das kulturelle New York Österreichs: »If I can make it there, I'll make it anywhere!«

In den zwei Jahren, die seit unserem Umzug vergangen sind, haben wir festgestellt, dass Wien nicht nur das kulturelle, sondern auch das politische, das mediale, das gesellschaftliche, das sportliche und das meteorologische New York Österreichs ist. Soll heißen: In Wien ist alles nicht nur besser, sondern auch wichtiger als in Restösterreich. Zumindest sehen das die Wiener so. Dieser Aussage kann man entgegenhalten, dass auch in anderen Ländern der Hauptstadt ein besonderer Wert zukommt. Das mag so sein, aber in anderen Ländern lässt die Hauptstadt den anderen Städten zumindest ein wenig Luft zum Atmen. Wien ist da wesentlich gemeiner, es legt sogar Wert darauf, sich selber immer an erster Stelle zu positionieren. Die anderen Städte sind schon fast ein wenig böse, sie maulen hinter vorgehaltener Hand über den »Wasserkopf Wien«.

Nicht nur wegen diesem Gebäude halten sich die Wiener für was Besseres

Nehmen wir zu Beginn jenen Bereich unter die Lupe, in dem Wien am offensichtlichsten mehr Gewicht hat als die anderen Städte: die Politik. Natürlich ist der Sitz der Bundesregierung automatisch auch der Nabel der politischen Welt eines Landes. Hier trifft man sich zu Beratungen, hier werden die großen Entscheidungen getroffen, hier gibt es die wichtigen Bälle und Feste, hier geht man schon mal auf ein Glaserl Wein, um abseits von Parlament und Medien das eine oder andere Gesetz zu beschließen. Das ist so weit auch verständlich, das sehen auch die Nicht-Wiener so. Die Sache bekommt aber ein anderes Gesicht, wenn man sich die Ebene unter der Bundespolitik anschaut. Wien ist nämlich nicht nur eine Stadt, sondern gleichzeitig auch ein Bundesland Österreichs. (Das alleine zeugt schon von einer gewissen Überheblichkeit, finden Sie nicht?) Damit ist der

Wiener Bürgermeister auch Landeshauptmann von Wien, und somit ein sehr mächtiger Mann. Viele munkeln, dass er der wahre Drahtzieher hinter vielen Entscheidungen ist, die ein Stockwerk weiter oben, im Parlament, getroffen werden. Wobei das nichts zu tun hat mit offener Einmischung in Angelegenheiten, die das Amt des Bürgermeisters und Landeshauptmannes betreffen. Da geht es vielmehr darum, dass man sich in Wien »halt trifft und redet«. Die Wiener finden das ganz normal, die Restösterreicher finden das manchmal ein wenig bedenklich.

Die Wichtigkeit Wiens aus der Sicht der Wiener setzt sich in vielen anderen Lebensbereichen fort: Die wichtigsten Medien des Landes kommen, natürlich, aus Wien. Da können Bundesländer-Zeitungen schreiben, was sie wollen, wenn die »Kronen Zeitung« hustet, hält das ganze Land inne. Da können Regionalradios die Beatles klonen und ins Studio einladen, wenn Ö3 eine neue Comedyserie macht, hängt das Land an den Lautsprechern. Das ist einerseits gut und schön für die »Krone«, Ö3 und die Wiener, macht die österreichische Medienlandschaft aber ein klein wenig flacher, als es wünschenswert wäre. Wobei die österreichische Medienlandschaft auch historisch recht belastet ist, sehr lange Zeit gab es sie schlichtweg nicht. Privatradio begann 1997, Privatfernsehen erst 2003. Das Selbstverständnis des öffentlichen Rundfunks war lange Zeit geprägt von dem Unverständnis darüber, dass es die »anderen« überhaupt geben darf.

Die Liste der Bereiche, in denen Wien aus Sicht der Wiener wichtiger ist als die anderen Städte im Land, lässt sich beliebig fortsetzen: Theater, Oper, Musik, Medizin, Verkehr, Sport, Humor, Wetter. Theater und Oper lassen sich auch aus Sicht eines Restösterreichers einigermaßen verstehen, die Hauptstadt zieht eben die Szene an. Was den Verkehr angeht, so legen die Wiener ganz besonderen Wert darauf, dass man in Wien eigentlich kein Auto braucht, das wird auch immer wieder als Argument für die hohe Lebensqualität der Stadt vorgebracht (siehe auch *Durch Wien durch – Autofahren in der Hauptstadt, Seite 17*). Und wirklich ist das Netz aus U-Bahn, Straßenbahn und Bus sehr effizient und bequem. Das aber den Restösterreichern unter die Nase zu reiben, als hätten die Wiener ihre U-Bahn quasi selber gebaut, finden die Restösterreicher nicht fair. Kabarettisten-Kollege Michael Auernigg hat dieses Thema in einem Programm aufgegriffen und einen Auto-Sticker entworfen, mit dem die Wiener in die Bundesländer fahren könnten: »Wir haben U-Bahn, Ihr nicht!«

Auch was den Sport angeht, ist Wien ein wenig auf sich selbst konzentriert. Nur um das klarzustellen: Sport gibt es durchaus in ganz Österreich. Da wird Fußball gespielt, Hand- und Volleyball, da wird Leichtathletik betrieben und Ski gefahren (wobei wir Letzteres ausklammern müssen, über die Österreicher und das Skifahren zu sprechen, würde ein eigenes Buch erfordern). Betrachtet man jedoch die nationale Sportberichterstattung, die praktisch ident ist mit der Wiener Sportberichterstattung, dann ... Sie erkennen ein Muster, oder? Wien hat seine zwei Traditions-Fußballvereine und beim Stadionausgang endet Sport-Österreich quasi auch schon wieder. Wie oft haben schon wunderbare Fußballspiele zwischen Salzburg und Sturm Graz stattgefunden und keiner hat es mitbekommen, weil das Fernsehen ein Spiel von Rapid oder Austria übertragen hat. Aus mir spricht hier auch der in seinem Stolz gekränkte Ex-Restösterreicher, aber das ist wohl nur zu verständlich.

Und hier endet es nicht! Es gibt mehr Klischees über Wiener als über sonst eine Bevölkerungsgruppe in Österreich, es gibt Lieder über Wien, aber keine über Feldbach in der Steiermark, es gibt Fernsehserien über Wien, die Wiener, es gab schon Dokus über den Wiener Stephansdom und den Wiener Zentralfriedhof. Sogar das Wetter ist in Wien interessanter als sonst irgendwo. Kein anderes Wetter hat sein eigenes Klischee. Niemand spricht über die Grazer Beckenlage, niemand schreibt über den Regen über Salzburg oder den besonders dichten Nebel in Fuschl am Wolfgangsee. In Wahrheit weiß ich nicht einmal, ob es in Fuschl am Wolfgangsee besonders dichten Nebel gibt, und wenn es ihn gibt, könnte ich es nicht wissen, weil niemand darüber schreibt! Nur der Wind in Wien, der ist natürlich sein eigenes Stereotyp. Darüber regen sich alle Österreicher auf, egal wie oft sie in Wien sind. Und diejenigen, die nie in Wien sind, begründen ihre Absenz mit: »Da geht doch den ganzen Tag der Wind, oder?« Ja, tut er, aber das ist noch lange kein Grund, ein Klischee draus zu machen!

Für die Wiener ist das alles ganz selbstverständlich. Wien ist der Nabel der Welt, der kulturelle Hotspot, der Tonangeber, der Tabellenführer, der Touristenmagnet, die schönste und interessanteste Stadt, dort hat (natürlich) der Kaiser gelebt, dort wurde der Walzer erfunden, dort hat Mozart gewirkt. Alles richtig, aber man müsste nicht so drauf herumreiten.

Wien hat auch viele Dinge nicht: Wien hat keine Berge, Wien hat keine Seen, keine Dirndl, keine Lederhosen, kein Kernöl, keine Kasnocken, kein Österreich. Braucht es auch nicht, wenn es nach den Wienern geht. Denn die teilen Österreich in »Wien« und »die Bundesländer«, die Menschen in Wiener und Restösterreicher. Somit bleibt Wien der Wasserkopf und der Rest von Österreich eben das, was es ist: Österreich.

PS: Wobei man schon sagen muss, dass es Spaß macht, in der wichtigsten Stadt im Land zu leben. Das färbt auch schon ein wenig auf einen selbst ab. Immerhin sind wir die Hauptstadt.

10 Dinge, die man auf jeden Fall getan oder gesehen haben muss

1 Verträdeln Sie einen Tag im Kaffeehaus
Planen Sie bei Ihrem Wien-Besuch einen Nachmittag ein, den Sie in einem Café verbringen. Am besten nicht im 1. Bezirk, im Zentrum, da sind zu viele Touristen unterwegs. Wir empfehlen etwa das Café Westend (Mariahilfer Straße 128), das Café Monarchie (Nußdorfer Straße 69) oder das Café Rüdigerhof (Hamburgerstraße 20). Nehmen Sie sich nichts vor, lesen Sie Zeitung, schauen Sie den Leuten zu, essen Sie Kuchen. Lassen Sie Wien auf sich wirken. Es entspannt.

2 Liegen Sie faul auf einem Enzi
Bei Schönwetter tun Sie dasselbe auf einem Enzi im Museums-Quartier (Museumsplatz 1). Hier sehen Sie das junge Wien.

3 Frühstücken Sie im Kunsthistorischen Museum
Das Kunsthistorische Museum ist auf jeden Fall einen Besuch wert, besonders genießen kann man es in Kombination mit dem Brunch, der dort sonntags angeboten wird. Ein

ausgezeichnetes Buffet im schönsten Speisesaal der Stadt, anschließend geht es gut gestärkt zu einer Sonderführung. So müsste man jeden Sonntag beginnen.

Alle Infos gibt's auf: www.khm.at

4 Schauen Sie vom Leopoldsberg auf die Stadt

Aussichtspunkte haben immer einen gewissen schalen Nachgeschmack. Man steht wo oben und schaut runter. Und dann? Wir versichern Ihnen, der Blick vom Leopoldsberg ist die Anfahrt wert. Mit dem Auto oder der Buslinie 38a fährt man bis auf eine Felsnase, die oberhalb Wiens direkt an der Donau liegt. Spazieren Sie die paar Minuten um die Kirche herum. Von dort liegt Ihnen nicht nur ganz Wien, sondern auch das ganze Land flussaufwärts zu Füßen. Atemberaubend.

5 Besuchen Sie das Theater am Alsergrund

Wien hat nicht nur die Oper, das Burgtheater und die Philharmoniker zu bieten. Erleben Sie gutes, erdiges Kabarett im Theater am Alsergrund (Löblichgasse 5–7). Dort spielt der Nachwuchs, solche Leute, über die Sie später sagen können: »Ha, den hab ich schon gesehen, als er noch völlig unbekannt war!« Ein wunderbares Theater, ein nettes Team, gute Unterhaltung.

6 Holen Sie sich Weihnachtsstimmung am Spittelberg

Sollten Sie Wien in der Vorweihnachtszeit besuchen, dann machen Sie einen Abstecher zum Weihnachtsmarkt am Spittelberg (Stiftgasse, Spittelberggasse – hinter dem Museums-Quartier, erreichbar mit der Straßenbahn 49, Bus 2A). Kleine alte Gassen, nicht zu viel Trubel, gerade richtig zum In-Stimmung-Kommen.

7 Sehen Sie den Türkenschanzpark im Herbst

Der Türkenschanzpark im 18. Bezirk ist immer ein lohnendes Ziel, besonders allerdings im Herbst. An kaum einem anderen Ort der Stadt wird ein solches Farbfeuerwerk abgefackelt wie dort. »Schuld« ist die nahe gelegene Universität für Bodenkultur, die im Park Bäume aus aller Herren Länder gepflanzt hat. Indian Summer mitten in Wien. traumhaft.

Tipp: Gemütlicher Weihnachtsmarkt ab Mitte November.

8 Gehen Sie über das alte Pflaster auf der Freyung

Es ist nur ein Fleck am Boden. Wenn man im ersten Bezirk über die Freyung spaziert, wird man einen »Fehler« im Pflaster finden. Das ist aber kein Fehler, sondern der letzte Rest des Straßenpflasters aus dem 12. Jahrhundert. Vielleicht gilt das nur für Brandl, weil der ein Mittelalter-Freak ist. Aber über eine 900 Jahre alte Straße zu marschieren, lässt ihn kurz ehrfürchtig werden.

Ein Abstecher für Geschichtsfreunde.

9 Trinken Sie einen gemischten Satz

Besuchen Sie einen kleinen Heurigen am Stadtrand oder einen Nobelheurigen in Grinzing und bestellen Sie einen »gemischten Satz«: Damit wird Wein bezeichnet, der aus verschiedenen Rebsorten zusammengemischt wird. Früher war das der Wein des Bauern. Er nahm die Ernte seiner kleinsten Weinberge, die zu gering war, um als eigenständige Sorte bestehen zu können, und mischte sich seinen Hauswein. Weil man inzwischen gelernt hat, dass der Weinbauer selbst nur das Beste trinkt, hat sich der gemischte Satz in Wien (und in der Steiermark) wieder durchgesetzt.

10 Fahren Sie mit den öffentlichen Verkehrsmitteln

Es ist nicht nur die schnellste und angenehmste Art voranzukommen, Sie werden auch aus dem Schauen nicht mehr herauskommen. Hier bekommen Sie alles, was Wien zu bieten hat. Vom lautstark telefonierenden Yuppie über grantige Pensionisten bis hin zu rappenden Jugendlichen. Einfach einsteigen und zuschauen – großes Theater um nur 1,80 Euro.

10 Wege, um auf jeden Fall (negativ) aufzufallen

1 Bestellen Sie »Schorle«
Liebe Besucher aus Deutschland, eine »Schorle« gibt es in Österreich nicht – und in Wien schon gar nicht. Bestellen Sie eine der folgenden Variationen:
* »Apfelsaft gespritzt auf einen halben (Liter) mit Leitungswasser.« (1/4 Apfelsaft, 1/4 Leitungswasser)
* »Apfelsaft gespritzt auf einen halben (Liter) mit Soda.« (1/4 Apfelsaft, 1/4 Sodawasser)
* »einen Gespritzten« (1/8 Weißwein, 1/8 Soda, manchmal eine Zitronenscheibe)
* »einen süßen Gespritzten« (1/8 Weißwein, 1/8 Kräuterlimo)
* »einen Aperol-Spritzer« (Aperol, Weißwein, Soda, Eis)

2 Bestellen Sie beim Heurigen Cola
Heurige werden von Wirten betrieben, die dort ihren eigenen Wein ausschenken. Und darauf sehr stolz sind. Zusätzlich gibt es Fruchtsäfte, manchmal sind auch die aus eigener Erzeugung. An so einem Ort nach Cola zu fragen, ist beinahe eine Beleidigung, auf jeden Fall sehr unhöflich.

Wenn Sie Cola wollen, gehen Sie zum Burger-Brater. Genauso können Sie negativ auffallen, wenn Sie an einem Würstelstand nach einem Kebab fragen.

3 Seien Sie unfreundlich zu einem Kellner

Falls Sie einmal unter einem unfreundlichen Kellner leiden, versuchen Sie, es ihm heimzuzahlen. Wie gut Sie das geschafft haben – ein schöner Weg, um negativ aufzufallen –, merken Sie daran, wann Sie Ihre Bestellung bekommen. Wenn Sie ganz gut waren, hat der Kellner Sie schlicht und einfach vergessen.

4 Fragen Sie, wo der Kaiser wohnt

Damit versetzen Sie dem nostalgischen Herzen des Wieners einen herben Schlag. Obwohl Wien sehr stolz auf den Kaiser war und ist, und fast noch mehr auf die Kaiserin, müssen sich die Wiener doch eingestehen, dass der Kaiser seit einiger Zeit tot ist. Die Kaiserzeit wird in irgendeiner Form in Wien jedoch immer weiterleben.

5 Versuchen Sie, sich anzupassen

Tun Sie so, als ob Sie ein echter Wiener wären. Jeder wird es sofort merken und Sie dafür verachten. Den echten Wiener gibt es gar nicht. Und wenn es ihn gibt, dann hasst er Anbiederung am meisten.

6 Drängen Sie einen Wiener, sich zu beeilen

Egal ob Taxifahrer, Sprechstundenhilfe oder Beamter: Ein Wiener macht das, was er macht, in seinem eigenen Tempo. Punkt. Sagen Sie einem Wiener, er solle *anzahn* (sich beeilen), am besten sagen Sie gleich: »*Zah an, Oida!*« Damit verstoßen Sie gegen das heilige Prinzip der Gemütlichkeit und machen sich selbst zum Ausgestoßenen. Ein Beispiel: Eine Freundin musste zum Zug und stieg in ein Taxi mit dem Satz »Grüß Gott, Westbahnhof, mein Zug geht in zwölf Minuten.« Antwort: »Is mir wurscht.«

7 Sagen Sie einem Wiener, er soll die Ruhe bewahren

So entspannt die Wiener sein können, so gehetzt können sie sein. Ein sicherer Weg, negativ aufzufallen, ist, sich einem eilenden Wiener in den Weg zu stellen, sei es zu Fuß, auf einer Rolltreppe in der U-Bahn oder mit dem Auto. Der eilende Wiener ärgert sich über das Hindernis, muss aber dennoch innehalten, um das Hindernis zu beschimpfen, und ärgert sich dann gleich noch mehr über die weitere Verzögerung. Ein wunderschöner Teufelskreis.

8 Äußern Sie sich laut und abfällig über Rapid

Sagen Sie zum Beispiel: »Rapid ist aber wirklich ein mieser Club!« Egal wo und wann Sie das in Wien tun, ein Fan des Vereins ist sicher in Ihrer Nähe und wird Sie zur Rede stellen. Und zwar nicht, weil Sie sportlich anderer Meinung sind als er, sondern wegen Blasphemie. In Wien über Rapid zu lästern, ist wie im Vatikan den Papst zu beleidigen.

9 Korrigieren Sie die Sprache eines Wieners

Der Wiener redet Wienerisch. Er weiß, dass das nicht immer etwas mit Deutsch zu tun hat, und ist gerade deshalb recht stolz auf seine Sprache. Dafür von einem *Gscherten* (also einem Nicht-Wiener egal welcher Herkunft) kritisiert zu werden, kann er nicht auf sich sitzen lassen.

10 Essen Sie vor dem Besuch im Wurstelprater viel und fettig

Am besten im Schweizerhaus, berühmt für seine üppigen *Stelzen* (Eisbeine). Während die Reihenfolge »Hochschaubahn – Schweizerhaus« nicht für Probleme sorgen dürfte, garantiert die Reihenfolge »Schweizerhaus – Hochschaubahn« negatives Auffallen vom Feinsten. In Form von Übelkeit gepaart mit Fliehkraft, den Rest überlassen wir Ihrer Fantasie.

10 Spezialitäten, die nicht Tafelspitz und Schnitzel sind

Die Wiener Küche ist weltberühmt – es muss allerdings nicht immer Schnitzel oder Tafelspitz sein. Probieren Sie auch:

1 Kartoffelsalat auf Wiener Art. Die Wiener machen das Dressing süß. Klingt eigenwillig, schmeckt hervorragend.

2 Eis-Marillenknödel. Eine Dessertspezialität aus Vanilleeis, Marillenmark und gemahlenen Nüssen. Fantastisch.

3 Käsekrainer und Bier. Der Tafelspitz des kleinen Mannes. Muss man am Würstelstand probiert haben.

4 Blunzengröstl. Blutwurst ist nicht jedermanns Sache. Mit Kartoffeln, Petersilie und Zwiebeln angebraten wird sie zur Delikatesse.

5 Kartoffelpuffer. Bekommt man vor allem im Herbst überall in der Stadt – besonders empfehlenswert auf dem Weihnachtsmarkt am Spittelberg.

6 Surschnitzel. Wie ein Wiener Schnitzel, allerdings aus gepökeltem (gesurtem) Fleisch. Besonders gut im Fischerbräu (Billrothstraße 17, 1190 Wien), dort wird dazu selbst gebrautes Bier serviert. www.fischerbraeu.at

7 Milchrahmstrudel. Ein Klassiker der Wiener Mehlspeisküche aus Milch, Semmeln, Eiern, *Topfen* (Quark), Rahm, Rosinen und Zucker.

8 Fleischlaberl oder **Faschiertes Laibchen.** Ein kleiner Laib aus Hackfleisch (*Faschiertem*) und Zwiebeln, Petersilie und in Milch eingeweichten Semmeln wird in Öl gebraten. Ähnlich wie eine deutsche Frikadelle, nur besser.

9 Krautfleckerl. Fleckerl-Nudeln und Weißkraut. Friedrich Torberg hat den Krautfleckerln in »Die Tante Jolesch« ein Denkmal gesetzt.

10 Linsen mit Speck. Linseneintopf mit angebratenen Speckwürfeln, dazu werden Semmelknödel (oder -klöße) serviert.

Wörterbüchlein

Die Sprache der Wiener ist vor allem eines: ein Streifzug durch die vielen Gruppen von Zuwanderern, die vor allem in Zeiten der Monarchie aus Süd- und Osteuropa in die Stadt gekommen sind. Hier eine kleine Auswahl.

a schene Leich – ein schönes Begräbnis, mit Würde, zahlreichen Trauergästen und fürstlicher Bewirtung

äußerln gehen – mit dem Hund Gassi gehen

anblasen – beschwipst, betrunken, dazu gibt es ein Wienerlied: »Am schönsten spielen die Schrammeln, wenn sie anblasen sind ...«

anfäuln – jemandem sehr lästig werden, anwidern. »*Der fäult mi an!*«

Bahöö, Bahöl – Lärm, Aufruhr, Streit, Durcheinander. Möglicherweise aus dem Tschechischen (*bahol* = Krawall). Oder dem Jiddischen (*paihe* = Lärm).

Bassena – Gemeinschafts-Wasserleitung und Becken in alten Mietshäusern. Bevor Wasser in jeder Wohnung eingeleitet war, gab es pro Stockwerk eine Bassena. Ein unglaublicher Fortschritt im Vergleich zum Brunnen im Hof. Von französisch *bassin* für Becken.

Beisl – kleines Gasthaus

Beuschel – Lunge. Beliebte Speise in Wien.

Beuschelreißer – sehr starke Zigaretten

Bim – Wiener Straßenbahn. Schallimitierend vom »bim bim« der Bahn.

Buchtel – eine Mehlspeise, in Bayern als Dampfnudel bekannt, in Wien serviert mit Vanillesauce. Aus der böhmischen Küche. Tschechisch *buchta*.

bürschtln – trinken

Bugl – Brotscherzerl, Brotanschnitt

Dodl – einfältiger Mensch, Depp

Durchhaus – ein Haus mit einem Durchgang, der zwei Straßen verbindet

eh – ohnehin, sowieso

Einbrenn – Mehl, das gesalzen und in heißem Öl gebräunt wird

eingeölt – angeheitert, betrunken

Eitrige mit an Bugl – Käsekrainer mit einem Stück Brot

Falott, Fallot, Fallott – Kleinkrimineller, Gauner, Spieler. Vom italienischen *fare lotto* = sein Spiel machen (*fa lotto* = er macht sein Spiel).

Federn – Angst. Entweder von der Gänsehaut, die man bei Angst bekommt. Oder von den Federbuschen der Gendarmen im 19. Jahrhundert. Federn sehen – Gendarmen sehen – Angst bekommen.

Flascherl – Babyfläschchen mit Babynahrung

Galerie – die Wiener Unterwelt. Von der Verbrecherkartei mit Fotos, die ebenfalls so genannt wurde.

Galerist – Angehöriger der Unterwelt

Gatsch – Brei, weiche Masse, Schlamm. Tschechisch *kaše* gleichbedeutend.

Gelse – Stechmücke

Gerstl – Geld

Gschamster Diener – gehorsamster Diener, wird als besonders höfliche Form der Begrüßung oder Verabschiedung verwendet, oft auch mit ironischem Beigeschmack

Gscherter – Geschorener – Landbewohner. Aus der Zeit, als unfreie Bauern noch keine langen Haare tragen durften. Inzwischen sind alle Restösterreicher automatisch *Gscherte*.

Gschropp – kleiner Mensch, Kind

Haberer – Freund, Liebhaber, Kumpel. Vom jiddischen *chawer*.

Haße – eine Heiße – Wurst. Frankfurter oder Wiener Würstchen, manchmal auch die Burenwurst

hatschn, hatschen – 1. hinken, schwerfällig gehen, 2. (allgemein) gehen. Beeinflusst vom mittelhochdeutschen *hakezen* (Haxen) oder vom mittelhochdeutschen *hatsche* (Ente).

Herrl – Hundebesitzer

Hundstrümmerl – Hundeexkrement

Jause – Brotzeit, kleine Mahlzeit am Nachmittag. Ähnlich dem slawischen *južny* = südlich (dort steht die Sonne am frühen Nachmittag).

Juchee – oberste Galerie im Theater

Kanäulforelle – Kanalforelle = Ratte

Katzelmacher – Italiener (der Ursprung ist umstritten)

Kernöl – typisch steirische Spezialität; ein aus den gerösteten Kernen einer lokalen Sorte des Gartenkürbisses, des Steirischen Ölkürbisses, hergestelltes Pflanzenöl

Kölch – Streit, Auseinandersetzung

Krokodü – vom Krokodil – Essiggurkerl, saure Gurke

Laberl – Laibchen (Sojalaibchen)

Lamsieder – langweiliger Mensch. Kommt vermutlich daher, dass beim Leim-Sieden lange Wartezeiten nötig waren, um dem Leim die richtige Konsistenz zu geben.

Lobhudelei – jemandem ironisch übertrieben huldigen

Lurch – Staubknäuel, Mist

Masl – Glück. Von hebräisch *masol* = Glücksstern.

mir san mir – wir sind wir; Wien ist der Mittelpunkt der Welt

Negerant – jemand, der nie Geld hat, Schnorrer

Nicht genügend – die schlechteste Note im österreichischen Schulsystem

Ober – Zahlkellner

im Öl sein – betrunken sein

Panier – 1. Hülle eines Schnitzels aus Mehl, Ei und Brösel, 2. Kleidung

Pfiff – ein Achtelliter Bier

Pomfineberer – Leichenbestatter. Vom französischen *pompes funèbres* = Beerdigungsfeierlichkeiten.

pudelnackt – splitternackt

reißen – Erfolg haben. »*Da wirst nix reißen.*«

Sackerl – Plastik- oder Papiersack, Tüte

Salettl – kleines Gartenhäuschen. Vom italienischen *saletta* (= kleiner Saal) oder vom französischen *châlet* (= Schlösschen).

Schani – Diener

den Scherben aufhaben – Pech haben. Vom Bild des über den Kopf gestülpten *Nachtscherbens* (Nachttopfes).

Schlawiner – 1. windiger, unzuverlässiger Typ, auch Gauner, 2. verächtlich für »Wiener«. Von »Slowene«.

Schrammeln – heute klassische Wiener Volksmusik, nach den Waldviertler Musikern, Geigern und Komponisten Johann und Josef Schrammel benannt. Die Schrammelmusik wird vor allem durch die »weinende« (raunzende), melancholische, aber trotzdem chansonartig beschwingte Instrumentierung charakterisiert.

schreams oder **gschreams** – schräg, schief

16er Blech – eine Dose Ottakringer Bier; Biermarke aus dem 16. Wiener Gemeindebezirk Ottakring

Seniorenporsche – Rollator

Steffl – Stephansdom (eigentlich Domkirche St. Stephan zu Wien); Kaufhaus in der Wiener Kärntnerstraße

Stelze – Schweinshaxe, Eisbein
strawanzen – ziellos herumziehen, auch abends um die Häuser ziehen
Strizzi – arbeitsscheuer Mensch, auch Zuhälter
Taxler – Taxifahrer
Teschek – einer, der immer ausgenützt wird. Von ungarisch *tesek* (= bitte).
umihebn – betrügen
un'gspitzt eifoahn – so richtig scheitern
urassen – verschwenden
Wabn – alte Frau
Weh – der Ausgenützte, das Opfer für alle anderen
Weisel – Abschied, Lokalverbot. Auch in Beziehungen: »*Se hat mir an Weisel geben.*«
Wödmasta – Weltmeister
Würstler – Würstelstandbesitzer
zergatschen – grob zusammendrücken; zermanschen
zwider – mürrisch

Quellen: Österreichisches Wörterbuch Schulausgabe, 41. Auflage, Österreichischer Bundesverlag Schulbuch, Wien 2006, 2009 – Peter Wehle: Sprechen Sie Wienerisch?, Ueberreuter, Wien 2003 – Wikipedia

Glossar

A schene Leich. Redensart für ein anständiges Begräbnis. Genügend Trauergäste, gutes Essen, ein angemessener Sarg. So will der Wiener abtreten.

Alte Donau. Die Alte Donau ist ein stehendes Gewässer, das am linken Donauufer einen Halbkreis beschreibt. Sie entspricht dem ursprünglichen Hauptstrom der Donau, vor der Regulierung.

Ambros, Wolfgang. Popmusiker und Liedermacher, geboren 1952. In den 70ern und 80ern schrieb und sang Ambros einige Hymnen des Austropop, darunter den »Hofer« (geschrieben von Joesi Prokopetz), »*Schifoan*«, »Es lebe der Zentralfriedhof« und »Die Blume aus dem Gemeindebau«.

Austria Wien. Fußballverein seit 1911. 23 Mal österreichischer Meister und ewiger Rivale von Rapid. Spitzname »Veilchen«, nach der violetten Vereinsfarbe.

Bundesländer. Aus Sicht des Wieners alles, was nicht Wien ist.

Café Monarchie. Klassisches Wiener Kaffeehaus, Nußdorfer Straße 69.

Café Westend. Klassisches Wiener Kaffeehaus, Mariahilfer Straße 128.

- **»Der dritte Mann«.** Film von Carol Reed, GB 1949. Mit Orson Welles, Joseph Cotton, Alida Valli und Paul Hörbiger. Der Film machte das Wien der Nachkriegszeit unsterblich, unter anderem durch die Zithermusik von Anton Karas.
- **Der liebe Augustin.** Spitzname für Marx Augustin, Bänkelsänger im Wien des 17. Jahrhunderts. Nach der Legende hat er eine Nacht in einer Pestgrube überlebt. Unsterblich geworden durch das Lied »O du lieber Augustin«.
- **Donauinsel.** Die Donauinsel liegt auf dem Gebiet eines früheren Überschwemmungsgebietes, das der Donau bei Hochwasser Platz bieten sollte. Als das nicht mehr ausreichte, wurde im Überschwemmungsgebiet ein zweites Flussbett ausgehoben, die Neue Donau. Das Aushubmaterial wurde zur Donauinsel. Sie hat eine Länge von 21,1 Kilometern und ist bis zu 250 Meter breit. Sie wurde nach ihrer Fertigstellung im Jahre 1988 zu einem der beliebtesten Naherholungsgebiete der Wiener.
- **Donaukanal.** Der Donaukanal trennt den 2. und den 20. Bezirk vom 1. Bezirk. Früher ein Seitenarm der Donau, wurde der Kanal zuerst als echter Abwasserkanal reguliert, später auch als Schifffahrtsweg. Noch heute benutzen kleine Ausflugsboote den Donaukanal, die Ufer, »Lände« genannt, sind quasi eine Erweiterung der Fußgängerzone in der Innenstadt.
- **Donauregulierung.** Die Donau suchte seit jeher ihr Bett selbst, sie durchquerte auf der Höhe Wiens eine weite Auenlandschaft. Was natürlich immer wieder zu verheerenden Überflutungen führte. Ab 1870 wurde ein neues Bett für die Donau gegraben, die Auenlandschaft trockengelegt oder in stehende Gewässer umgewandelt. In den 1970ern wurde ein zweites Flussbett gegraben, das Aushubmaterial bildete die Donauinsel.
- **Donaustadt.** 22. Wiener Gemeindebezirk. 1904 eingemeindet.

Enzi. Outdoor-Sitzmöbel im Hof des Museums-Quartiers. Entworfen von den Architekten Anna Popelka und Georg Poduschka und benannt nach der Prokuristin des MQ, Daniela Enzi. An schönen Sommertagen muss man Glück haben, um noch ein freies Einzi zu erwischen, die Wiener haben die »urbanen Sofas« zum Kultobjekt gemacht. Zwölf Enzis aneinandergereiht ergeben beinahe einen Kreis, genau genommen ein Zwölfeck.

Falco. Eigentlich Johann Hölzel, 1957–1998. Sein Lied »Rock me Amadeus« erreichte die Nummer eins der US-Billboard-Charts, als erstes und bisher einziges deutschsprachiges Lied.

Fiaker. Wiener Lohnkutscher sowie das Gespann und die Kutsche selbst. Der Begriff stammt von der französischen »Rue de Saint Fiacre«, in der die ersten Lohnkutscher auf Kundschaft warteten. Die Wiener Fiaker wurden bald zum Fixbestandteil der Stadt, viele Kutscher waren stadtbekannte Originale. Unsterblich geworden sind sie durch das Fiakerlied:

> *Mei Stolz is i bin halt a echt's Weana Kind,*
> *a Fiaker, wia man ned alle Tag find't,*
> *mei Bluat is so lüftig und leicht wia der Wind,*
> *ja, i bin halt an echt's Weana Kind.*

Heute sind die Fiaker als Touristenattraktion immer noch unterwegs.

Floridsdorf. 21. Wiener Gemeindebezirk. 1904 eingemeindet, davor war Floridsdorf ein Konglomerat von verschiedenen Dörfern.

Gemütlichkeit. Neben dem Grant wichtigste emotionale Grundhaltung der Wiener. Oft assoziiert mit einem Glas Wein, Schrammelmusik und netter Gesellschaft. Für Gemütlichkeit braucht man aber in Wahrheit all das nicht, man kann es sich auch alleine gemütlich machen. Eine Frage der Sichtweise.

Gloriette. Eine Gloriette ist ein Prachtbauwerk und ein Blickfang in einem Park oder Garten. Die Gloriette im Schlosspark Schönbrunn ist wohl die bekannteste aller Glorietten. Andere stehen im Park von Schloss Esterházy in Eisenstadt, in Trogir (Kroatien), in Karlsbad (Tschechische Republik) und im Jardin des Plantes in Paris.

Grätzl. Bezeichnung für ein kleines Stadtviertel in Wien. Ein Grätzl hat keine klar definierten Grenzen, es entscheidet mehr oder wenig selbst, wo es anfängt und wo es aufhört.

Grant. Wichtige emotionale Grundhaltung der Wiener. Der Grant liegt zwischen der Erregung und der Wut. Er köchelt langsam vor sich hin, hält dafür länger.

Gürtel. Eine der wichtigsten Verkehrsadern der Stadt. Umrundet die Stadt zur Hälfte von Nordwesten bis Südosten entlang des ehemaligen Linienwalls, der äußeren Stadtbefestigung, die um die Vororte außerhalb der eigentlichen Stadtmauern gezogen wurde. Als die Befestigungen ihre Bedeutung verloren hatten, nutzte man den freien Platz für eine »Stadtautobahn« inklusive U-Bahn-Linie. Der Gürtel ist berühmt-berüchtigt für seine Staus.

Holocaust-Mahnmal. Errichtet im Jahre 2000 als »Mahnmal für die österreichischen jüdischen Opfer der Schoah« von der britischen Künstlerin Rachel Whiteread. Es besteht aus einem Betonblock (10 x 7 x 3,8 Meter), der die Buchreihen einer Bibliothek darstellt, gefüllt mit endlos vielen Ausgaben ein und desselben Buches. Die Bücher sind verkehrt herum aufgestellt, man sieht also nicht die Buchrücken, sondern die »ungeschützten« Seiten. Sie stehen für die vielen Opfer und ihre Lebensgeschichten.

Judenplatz. Der Judenplatz in der Wiener Innenstadt war früher das Zentrum der mittelalterlichen jüdischen Gemeinde Wiens, dort stand die alte Synagoge. Inzwischen stehen dort das Museum am Judenplatz sowie das Holocaust-Mahnmal.

Käsekrainer. Wurst aus Schweinefleisch und (meistens) Emmentaler Käse. In Graz zu Beginn der 1980er-Jahre als Erweiterung zur althergebrachten Krainer Wurst erfunden. Inzwischen Standard an allen Wurstständen in Österreich. Während in Graz die Käsekrainer immer noch gekocht wird, legen die Wiener sie auf den Grill oder eine Bratfläche. In Wien bestellt man eine *Eitrige*. Der austretende Käse erklärt den wenig schmeichelhaften Namen.

Kaffee. Nationalgetränk der Wiener. Man rühmt sich, das Kaffeehaus erfunden zu haben. Der Kaffee fand seinen Weg im Zuge der Türkenbelagerung Ende des 17. Jahrhunderts nach Wien.

Karas, Anton. Österreichischer Komponist und Zitherspieler, 1906–1985. Komponierte das Harry-Lime-Thema für den »Dritten Mann«.

Karlsplatz. Einer der zentralen Plätze in Wien, entstand in seiner heutigen Form erst, als die Wien, neben der Donau der zweite Fluss im Stadtgebiet, zwischen Naschmarkt und Stadtpark eingehaust wurde. Davor war an Stelle des Karlsplatzes ein Flusstal. Berühmt durch die Karlskirche und die Wiener Secession.

Kurzparkzonen. In den inneren Bezirken Wiens gilt eine Beschränkung der Parkzeiten, außerdem ist das Abstellen eines Autos kostenpflichtig.

Leopold Museum. Eröffnet 2001 im Museums-Quartier, bekannt für seine außergewöhnliche Schiele- und Klimt-Sammlung. Zurückgehend auf die Sammlung des Kunstsammlers Rudolf Leopold.

Marchfeld. Eine etwa 900 Quadratkilometer große Tegel- und Schotterebene östlich von Wien, die bis zur March, dem Grenzfluss zur Slowakei, reicht. Das Marchfeld ist traditionell der wichtigste Gemüselieferant Wiens und die Kornkammer Österreichs.

MUMOK. Museum Moderner Kunst Stiftung Ludwig Wien im Museums-Quartier. Eröffnet 1962 als »Museum des 20. Jahrhunderts« im Schweizer Garten im 3. Bezirk. Später wegen Platzmangels übersiedelt und schließlich im MQ angekommen. Der Bestand geht auf die Sammlung des Aachener Ehepaares Irene und Peter Ludwig zurück, die einige ihrer Stücke als Dauerleihgaben spendeten. Darunter sind Werke von Picasso und Warhol.

Mundl. Spitzname von Edmund Sackbauer, der Hauptfigur der Fernsehserie »Ein echter Wiener geht nicht unter«, 1975–1979. Mundl wurde von Karl Merkatz gespielt, und das so eindringlich, dass er zum Stereotyp des Gemeindebau-Wieners wurde. Inzwischen gilt *Mundl* auch als wenig schmeichelhafte Bezeichnung für die Wiener überhaupt. Wird eher von Restösterreichern gebraucht.

Museums-Quartier. Früher die kaiserlichen Stallungen, 2001 zum Kulturareal umgestaltet. Inzwischen eines der größten Kunst- und Kulturzentren der Stadt, unter anderem mit dem MUMOK, dem Leopold Museum, der Kunsthalle. Cafés und Restaurants laden zum Verweilen ein.

Naschmarkt. DER Delikatessenmarkt in Wien. Steht auf der Einhausung der Wien, westlich des Karlsplatzes. Ein Besuch auf dem Naschmarkt ist Pflicht.

Neue Donau. Entlastungsgerinne zum Hochwasserschutz. Die Neue Donau entstand, als zwischen 1972 und 1988 ein zweites Flussbett für die Donau ausgehoben wurde. Die Neue Donau ist kein fließendes Gewässer, sie ist beim Einlass durch ein Sperrwerk abgetrennt. Bei Hochwasser wird die Neue Donau geflutet und entlastet den Hauptstrom.

Operntoilette. Private öffentliche Bedürfnisanstalt in der Passage zur U-Bahn-Station Karlsplatz, von der Staatsoper kommend. Das Besondere ist die Gestaltung der Operntoilette. Man erleichtert sich zu Walzermusik, es gibt ein Piano, Zuschauerränge und eine Bühne.

Pest in Wien. Während der Pandemie im Jahre 1679 fielen Tausende Wiener der Krankheit zum Opfer. Zeitgenössische Berichte schreiben von bis zu 120.000 Toten, nachweisbar sind etwa 10.000.

Philipp Schlucker. Zeichnete für die 22 Kilometer lange Mauer rund um die Hermesvilla verantwortlich. Sein Preisangebot war damals so niedrig, dass die Wiener Bevölkerung befürchtete, dass der arme Maurermeister verhungern müsste. Daher stammt der heute bekannte Begriff »armer Schlucker«.

Prater. Früher ein Jagdgebiet, von Joseph II. im Jahre 1766 für die allgemeine Benutzung geöffnet. Jetzt ein Park, der mit sechs Quadratkilometern größer ist als der Central Park in New York. Der Prater beherbergt zahlreiche Freizeitaktivitäten, eine Rennbahn, ein Stadion, Lokale und einen Vergnügungspark.

Rapid Wien. Fußballverein seit 1898, unter den Namen Rapid seit 1899. Erfolgreichster Club der österreichischen Fußballgeschichte, bis 2011 war Rapid 32 Mal österreichischer Meister. Genießt in Wien einen besonderen Stellenwert, fast zur Religion erhoben. Dementsprechend wird das Heimstadion auch »St. Hannapi« genannt.

Rapid-Viertelstunde. Zählt zu den Besonderheiten der Fankultur des Vereins. Damit sind die letzten 15 Minuten eines Spiels gemeint, in denen Rapid zahlreiche Spiele komplett umdrehen konnte, was daran liegen mag, dass die Stärken Rapids immer in den Bereichen Ausdauer und Kampfkraft lagen.

Restösterreicher. Aus der Sicht des Wieners alle, die nicht aus Wien sind.

St. Pölten. Niederösterreichische Landeshauptstadt; ein gerne erwähnter Ort im Kabarett, an dem nichts, aber wirklich nichts los ist – angebliche Sahelzone des Humors.

Schönbrunn. Schönbrunn ist das größte Schloss und eines der bedeutendsten und meistbesuchten Kulturgüter Österreichs. Das Schloss und der etwa 160 Hektar große Park sind seit 1996 Teil des UNESCO-Weltkulturerbes. Eine Hauptattraktion im Schlosspark ist der älteste noch bestehende Zoo der Welt, der Tiergarten Schönbrunn (16 Hektar).

Sobieskiplatz. Kleiner Platz im 9. Bezirk (Alsergrund) und Mittelpunkt des Grätzls. Zwei wunderschöne Gastgärten lassen den Besucher zur Ruhe kommen.

»Sound of Music«. Weltberühmtes Film-Musical mit Julie Andrews, das in Österreich noch kaum jemand gesehen hat.

Spittelberg. Grätzl hinter dem Museums-Quartier, bestehend aus vier parallel liegenden Gassen, darunter die namensgebende Spittelberggasse. Dort findet man Designer, Kunsthandwerk, Cafés und Restaurants. Eine der hippsten Gegenden Wiens.

Sudern. Eine dem Wiener angeborene Art der Beschwerde, des Raunzens. *Gesudert* wird über alles und jeden, auch oder vor allem dann, wenn man an einer Situation nichts ändern kann. *Sudern* geht immer.

Theater am Alsergrund. Klassische Wiener Kellerbühne, spezialisiert auf Nachwuchskabarett. Dort haben alle gespielt, die inzwischen berühmt geworden sind, es kommen immer Neue nach. Auf jeden Fall einen Besuch wert.

Transdanubien. »Jenseits der Donau«. Damit wurden über die Jahrhunderte verschiedene Landstriche bezeichnet. Die Römer meinten damit das Land nördlich des Limes, der an der Donau lag. In Ungarn bezeichnet Transdanubien die rechts der Donau gelegenen Landesteile. Heute eine nicht offizielle Bezeichnung für die Stadtteile Floridsdorf und Donaustadt, die einzigen Bezirke, die am linken Donauufer liegen.

UHBP. Ist eine in Österreich gebräuchliche (teils auch ironische) Bezeichnung für Unser Herr Bundespräsident.

UNO-City. Eigentlich das Vienna International Centre, gebaut 1979 als Amtssitz für internationale Organisationen. Rund um das VIC bildete sich bis zum Jahr 2000 ein neuer Stadtteil namens Donau City. Die Vereinten Nationen mieten das Centre für einen symbolischen Pachtzins von 7 Eurocent (bis 2001: 1 Schilling), es ist einer von nur vier offiziellen Amtssitzen der UNO. Das VIC hat exterritorialen Status.

Ur-. Vorsilbe, die vor allem von jungen Wienern bis zum Exzess ge- und missbraucht wird. Ursprünglich als Steigerungsform verwendet – *ur*-anstrengend, *ur*-fad – inzwischen sogar zum eigenständigen Adverb aufgestiegen: Ich liebe dich *ur*.

Wasserkopf. »Kosewort« für Wien aus Sicht der Restösterreicher. Beschreibt die Eigenschaft der Hauptstadt, sich selbst besonders wichtig zu nehmen und eine zentrale Stelle in Österreich zu beanspruchen.

Waste-Watcher. Überwachungsorgane der öffentlichen Aufsicht zur Einhaltung des Wiener Reinhaltegesetzes.

Wienfluss oder **die Wien.** Entspringt im Wienerwald, durchquert Wien, bevor sie bei der Urania in den Donaukanal mündet.

Wurstelprater. Der Vergnügungspark im Prater. Benannt nach der Puppenspielerfigur des »Hanswurst«, der vor allem die Kinder im Prater unterhielt.

Zentralfriedhof. Als Wien immer weiter wuchs, wurden die Friedhöfe am Stadtgebiet zu klein. So wurde 1874 der Zentralfriedhof weit vor den Toren der Stadt eröffnet. Mit seinen 2,5 Quadratkilometern Fläche zählt er zu den größten Friedhöfen Europas.

Zweierlinie. Straßenzug parallel zur Ringstraße, vom Zentrum aus gesehen außerhalb gelegen. »Zweierlinie« ist nicht der offizielle Name der Straße, er stammt von der Straßenbahnlinie 2, die früher dort ihren Dienst versah.

LITERATUR

Charmant-ironische Episoden über und quer durch die neuseeländische Gesellschaft.

Allen Falls
**DER GERUPFTE KIWI - NEUSEELAND.
FAST WIE IM RICHTIGEN PARADIES**

ISBN 978-3-934918-49-8

DER GERUPFTE KIWI - NEUSEELAND. FAST WIE IM RICHTIGEN PARADIES. Aotearoa, wie der maoriphile Weltreisende Neuseeland fachmännisch gerne nennt ist ein unbestritten schönes Land, das auf den ersten Blick tatsächlich wirklich einzigartig aussieht. Doch hä das Flair des kleinen Musterlandes am anderen Ende der Welt auch einer spontanen Nagelprobe stand? W fördert wohl ein verschämter Blick unter den neuseeländischen Rasenteppich zutage?

Der lemmingartigen Begeisterung für das Land der Kiw leicht überdrüssig, wagt Allen Falls einen kritischen, ironischen und sehr unterhaltsamen Blick auf Land ur Leute, fördert dunkle Geheimnisse zutage und führt den Lesern eine Gesellschaft vor Augen, die viele unsere mühsam erarbeiteten wertdeutschen Errungenschafte so ganz und gar nicht nachvollziehen kann.

»Der gerupfte Kiwi« versteht sich als Episodenerzähler mit in sich weitgehend abgeschlossenen Kapiteln, die absichtlich immer wieder Fragen offen lassen und in locker er Folge diverse Auffälligkeiten des neuseeländischen Lebens beschreiben.

Soviel sei an dieser Stelle schon verraten: Genaugenommen ist auf dieser Doppelinsel alles eine einzige große Auffälligkeit.

CONBOOK VERLAG
www.conbook-verlag.de

LITERATUR

Wie Sie in Italien immer eine *bella figura* machen und sich nicht als typisch-deutscher Tourist outen.

dro Mattioli
**TNÄPFCHENFÜHRER
LIEN – WIE MAN SO TUT, ALS SEI
N ITALIENER**

N 978-3-934918-47-4

FETTNÄPFCHENFÜHRER ITALIEN – WIE MAN SO TUT, ALS SEI MAN ITALIENER. Dolce Vita, Pasta und Vino – das ist für viele Deutsche Italien. Doch dies ist nur die halbe Wahrheit, das Land ist viel komplexer. Zum Dolce Vita gehört als Gegenpart harte Arbeit, zur Laissez-faire-Attitüde gesellt sich eine Regelwut, die jedem deutschen Ministerialbeamten zur Ehre gereichen würde.

Wann bestellt man einen Cappuccino, auf welches Essen darf nun Käse und wann trinkt man besser keinen Wein? Warum lässt man die Jogginghose besser zuhause und mit wem darf ich eigentlich über welche Themen reden? Wer Italien wie ein Italiener erleben möchte, sollte dieses Buch zur Hand nehmen, um die Regeln zu erkennen. Sonst fällt man schnell mal unangenehm auf.

Die Erasmus-Studentin Franziska Weiss und ihr Vater Paul, den eine Geschäftsreise nach Rom führt, können davon ein Lied singen. Sie beide lernen, jeder auf seine Art, dass Italiener ganz anders ticken als die Deutschen. Am Ende finden die beiden, die sich nicht mehr viel zu sagen hatten, in Rom neu zueinander. Auch das kann passieren, in Italien, dem Land der Familie und dem Land der starken Gefühle.

»Locker geschrieben, amüsant zu lesen [...] Ein Beitrag zur Völkerverständigung.«
(Johannes Vesper, Musenblätter - Magazin für Kultur und Reise)

»Ein lesenswertes Buch für jeden Italienreisenden, der nicht wie ein typischer deutscher Tourist wirken möchte.«
(crema Magazin)

www.conbook-verlag.de

Mit liebevollem Blick und bissigem Humor führt Kabarettistin und Autorin Sarah Hakenberg durch ihre Wahlheimat München

Sarah Hakenberg
MÜNCHEN
Wo Bavaria Dirndl mit Highheels trägt –
ein Heimatbuch
ISBN 978-3-934918-91-7

Sarah Hakenberg, geboren 1978 in Kö[ln], wurde 1981 von ihren Eltern in die bekann[te] bayerische Groß- und Kulturstadt Zorned[ing] bei München verschleppt. Seit 2005 tritt [sie] mit ihrem literarischen Kabarett auf. D[er] Erzählungsband *Knut, Heinz, Schorsch u[nd] die anderen* erschien 2010, das Album *D[er] Fleischhauerball* 2011. Seit Frühjahr 2011 [ist] Sarah Hakenberg gemeinsam mit Micha[el] Feindler und ihrem dritten Programm *D[ie] Grenzen des Schlagers* auf Tour.

Die Heimatbuch-Reihe

www.conbook-verlag.de

Alles zu den Heimatbüchern: **www.heimatbuch.**[de]